ERI 독해가
문해력이다

4단계 기본

초등 4 ~ 5학년 권장

ERI 독해가

문해력 이다

4단계 기본

초등 4 ~ 5학년 권장

교과서를 혼자 읽지 못하는 우리 아이?
평생을 살아가는 힘, '문해력'을 키워 주세요!

'ERI 독해가 문해력이다'
독해 학습으로 문해력 키우기

1 학습 수준에 따라
체계적인 독해 학습이 가능합니다.

단순히 많은 글을 읽고 문제를 푸는 것만으로는 문해력이 늘지 않습니다.
쉬운 글부터 어려운 글까지, 글의 난이도에 따라 체계적인 단계 학습이 가능하도록 구성하였습니다.

2 **특허받은 독해 능력 수치 산출 프로그램(특허 번호 제10-2309633)을 통해**
과학적으로 구성하였습니다.

EBS가 전국 문해력 전문가, 이화여대 산학협력단과 공동 개발한 ERI(EBS Reading Index) 지수에 따라 과학적인 독해 학습이 가능합니다.

3 다양한 교과의 핵심 개념과 소재를 반영한
학년별 2권×4주 학습으로 풍부한 독해 훈련이 가능합니다.

독해의 3대 요소인 '낱말', '문장', '배경지식'의 수준을 고려하여 기본, 심화 단계로 구성하였습니다.
인문, 사회, 과학, 예술 영역 교과의 핵심 개념과 소재를 다룬, 다양한 글을 골고루 수록하였습니다.

4 관용 표현, 교과서 한자어까지 문제를 통해
어휘력의 깊이와 넓이를 동시에 키워 줍니다.

독해 능력의 40% 이상을 차지하는 어휘력은 독해 학습에 필수적입니다.
다양한 어휘 관련 문제로 어휘 학습까지 놓치지 않도록 하였습니다.

5 '한눈에 보는 읽기 방법'과 'STEAM 독해'로
문해력을 UP!

읽기 방법을 그림으로 표현한 '한눈에 보는 읽기 방법'으로 독해의 기본 원리를 확실히 잡을 수 있도록 하였습니다. 또한 지문 하나로 여러 과목을 동시에 학습하는 'STEAM 독해'를 통해 융합 사고력을 키우고, 문해력과 함께 문제 해결 능력을 쑤욱 올릴 수 있도록 하였습니다.

ERI 지수가 무엇인가요?

ERI(EBS Reading Index) 지수는
아이들이 읽는 글의 난이도를 낱말, 문장, 배경지식에 따라 등급화하여 정량화하고, 독해 전문가들이 정성평가를 통해 최종 보정한 수치로서 EBS가 전국 문해력 전문가, 이화여대 산학협력단과 공동 개발하였습니다.

ERI 지수는 어떻게 산정되나요?

각 학년마다 꼭 알아야 하는 읽기 방법, 교과의 핵심 개념과 학습 요소들을 중심으로 체계적으로 지문을 구성합니다.
구성된 지문의 낱말 수준과 문장의 복잡도, 배경지식이 학년 수준에 적합한지 여부를 계산합니다. 전문가들의 최종 정성평가와 보정을 거쳐 최종 지수와 적정 학년 수준과 단계가 산정됩니다.

ERI 지수 범위와 학습 단계

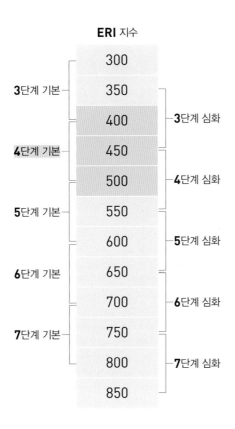

교재명	ERI 지수 범위	학년 수준
3단계 기본	300 이상~400 미만	초등 3~4학년
3단계 심화	350 이상~450 미만	초등 3~4학년
4단계 기본	400 이상~500 미만	초등 4~5학년
4단계 심화	450 이상~550 미만	초등 4~5학년
5단계 기본	500 이상~600 미만	초등 5~6학년
5단계 심화	550 이상~650 미만	초등 5~6학년
6단계 기본	600 이상~700 미만	초등 6학년 ~중학 1학년
6단계 심화	650 이상~750 미만	초등 6학년 ~중학 1학년
7단계 기본	700 이상~800 미만	중학 1~2학년
7단계 심화	750 이상~850 미만	중학 1~2학년

이 책의 구성과 특징

회차별 지문을 미리 확인하고 공부 계획을 짤 수 있도록 했어요.

낱말, 문장, 배경지식 각각의 수준이 학년 수준 내에서 어느 정도인지 막대그래프로 표현했어요.

막대그래프가 제일 높은 것을 어떻게 공부해야 할지 안내했어요.

이번 주 지문들의 수준이 어느 정도인지 한눈에 볼 수 있어요.

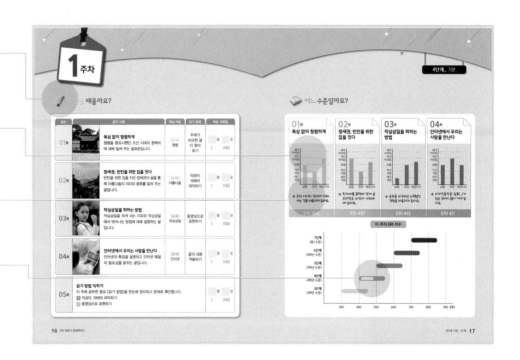

지문을 이해하는 데 도움을 주는 사진이나 그림을 넣었어요.

지문의 핵심 개념, 내용, 읽기 방법을 간단히 요약했어요.

지문의 핵심 개념을 미리 떠올리고 확인할 수 있도록 문제로 구성했어요.

간단한 문제로 핵심 읽기 방법을 확인할 수 있게 했어요.

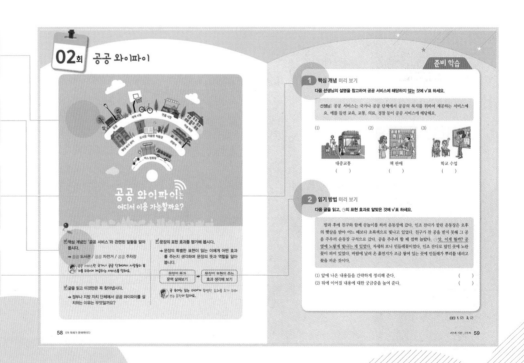

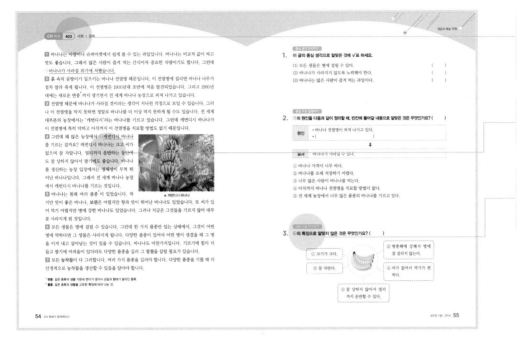

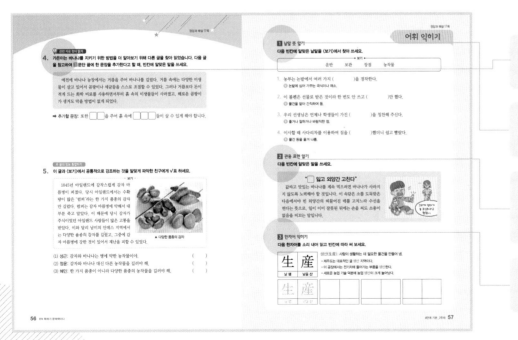

지문의 ERI 지수와 해당 영역, 교과를 표시하여 글의 난이도 수준과 교과서 학습 연계를 나타냈어요.

어려운 낱말에는 노란 형광색 표시를 했어요.

다양한 읽기 방법을 적용한 문제들로 지문을 꼼꼼히 이해하고 사고력을 확장할 수 있게 했어요.

핵심 읽기 방법을 적용한 문제를 제시했어요.

지문의 노란 형광색으로 표시한 어려운 낱말들을 공부하도록 했어요.

지문 내용과 관련된 속담, 관용어, 사자성어 등 관용 표현을 공부하도록 했어요.

지문과 관련된 한자어를 익히고 쓰는 연습을 하도록 했어요.

한 주를 정리하며 그동안 배웠던 핵심 읽기 방법 두 개를 심화하여 공부할 수 있도록 했어요.

읽기 방법과 관련된 개념과 과정을 간단히 요약하여 정리했어요.

읽기 방법을 적용한 문제로 문해력을 향상시킬 수 있도록 구성했어요.

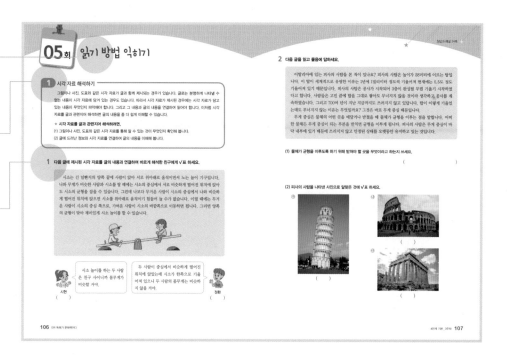

사회, 과학, 수학, 미술, 음악 등 다양한 교과의 내용을 융합한 지문과 문제들로 지식과 사고력을 확장할 수 있게 했어요.

쓰기, 그리기, 표시하기 등 다양한 유형의 문제를 제시하여 학교 수업과 연관될 수 있도록 구성했어요.

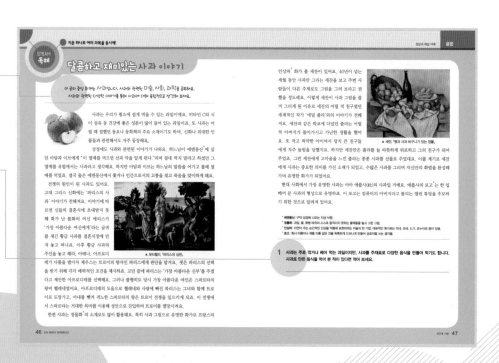

이 책의 **차례**

의성어, 의태어 파악하기

★ 의성어는 소리를, 의태어는 모양이나 움직임을 흉내 낸 말입니다.

동영상으로 표현하기

★ 글을 동영상으로 표현하려면 글의 내용을 어떻게 시각적, 청각적으로 표현할지 정해야 합니다.

사건의 배경 파악하기

★ 글에 설명된 사건의 배경을 파악하면 글의 내용을 더 깊이 있게 이해할 수 있습니다.

내용 문단 구분하기

★ 내용이 서로 연관되는 문단끼리 묶어 읽으면 글의 내용을 효과적으로 파악할 수 있습니다.

시각 자료 해석하기

★ 그림이나 사진, 도표와 같은 시각 자료를 글과 관련지어 해석하면 글의 내용을 좀 더 쉽게 이해할 수 있습니다.

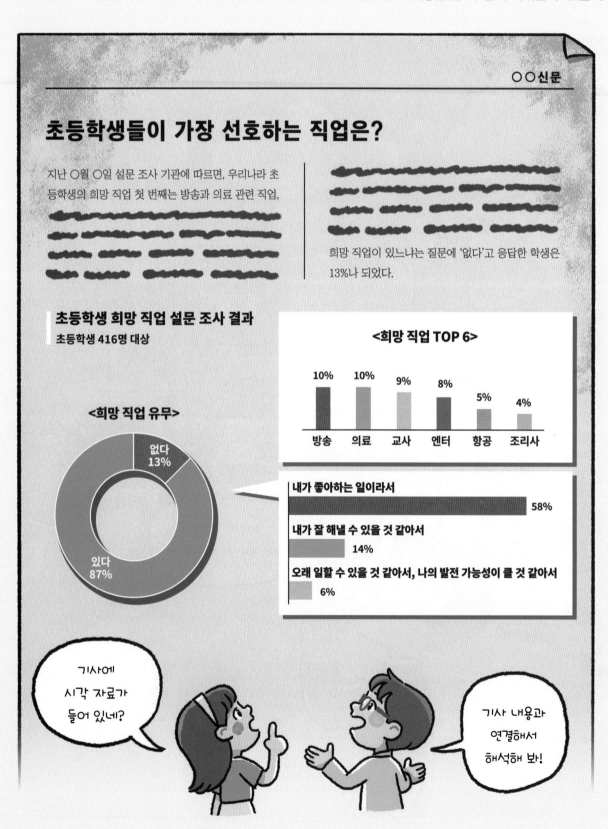

두 글의 차이 파악하기

★ 동일한 대상을 다룬 두 글을 비교하며 읽으면 대상을 보다 폭넓게 이해할 수 있습니다.

지리산에 대해 알아봅시다.

• 지리산 등고선 사진

• 지리산 풍경 사진

두 사진을 비교하며 보니까 이해가 더 잘 되네.

문단 관계 파악하기

★ 각 문단의 중심 내용을 바탕으로 문단의 관계를 파악하면 글을 짜임새 있게 이해할 수 있습니다.

예시를 활용하여 중심 내용 추론하기

★ 글에 제시된 다양한 예시는 글의 중심 내용과 관련된 구체적인 정보를 담고 있습니다.

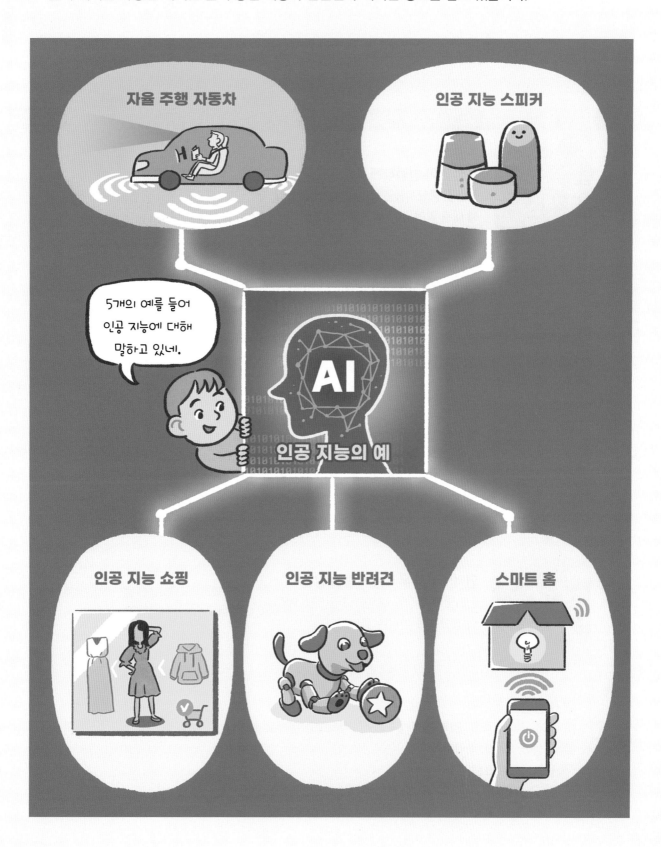

1 주차

 무엇을 배울까요?

회차	글의 내용	핵심 개념	읽기 방법	학습 계획일
01회	**욕심 없이 청렴하게** 청렴을 중요시했던 조선 시대의 청백리에 대해 알려 주는 발표문입니다.	[도덕] 청렴	주제가 비슷한 글 더 찾아 읽기	월 일 (요일)
02회	**정세권, 빈민을 위한 집을 짓다** 빈민을 위한 집을 지은 정세권의 삶을 통해 아름다움의 의미와 종류를 알려 주는 글입니다.	[도덕] 아름다움	의성어, 의태어 파악하기	월 일 (요일)
03회	**작심삼일을 피하는 방법** 작심삼일을 하게 되는 이유와 작심삼일에서 벗어나는 방법에 대해 설명하는 글입니다.	[도덕] 작심삼일	동영상으로 표현하기	월 일 (요일)
04회	**인터넷에서 우리는 사람을 만난다** 인터넷의 특징을 설명하고 인터넷 예절의 필요성을 밝히는 글입니다.	[도덕] 인터넷	글의 내용 적용하기	월 일 (요일)
05회	**읽기 방법 익히기** 이 주에 공부한 중요 [읽기 방법]을 한눈에 정리하고 문제로 확인합니다. 1 의성어, 의태어 파악하기 2 동영상으로 표현하기			월 일 (요일)

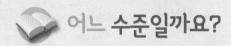 어느 수준일까요?

01회
욕심 없이 청렴하게

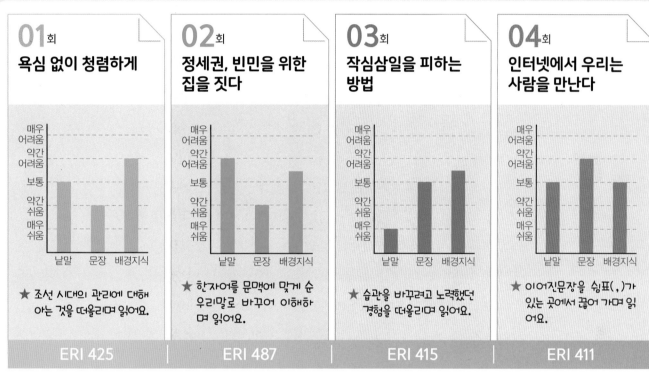

매우
어려움
약간
어려움
보통
약간
쉬움
매우
쉬움

낱말　문장　배경지식

★ 조선 시대의 관리에 대해
아는 것을 떠올리며 읽어요.

ERI 425

02회
정세권, 빈민을 위한 집을 짓다

매우
어려움
약간
어려움
보통
약간
쉬움

낱말　문장　배경지식

★ 한자어를 문맥에 맞게 순
우리말로 바꾸어 이해하
며 읽어요.

ERI 487

03회
작심삼일을 피하는 방법

매우
어려움
약간
어려움
보통
약간
쉬움
매우
쉬움

낱말　문장　배경지식

★ 습관을 바꾸려고 노력했던
경험을 떠올리며 읽어요.

ERI 415

04회
인터넷에서 우리는 사람을 만난다

매우
어려움
약간
어려움
보통
약간
쉬움

낱말　문장　배경지식

★ 이어진문장을 쉼표(,)가
있는 곳에서 끊어 가며 읽
어요.

ERI 411

이 주의 ERI 지수

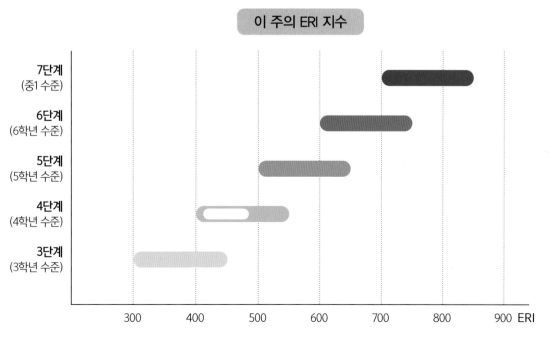

7단계
(중1 수준)

6단계
(6학년 수준)

5단계
(5학년 수준)

4단계
(4학년 수준)

3단계
(3학년 수준)

300　400　500　600　700　800　900 ERI

욕심 없이 청렴하게

▲ 조선 시대의 대표적 청백리인 맹사성의 고택(충남 아산)

☑ 핵심 개념인 '청렴'과 관련된 말들을 알아 둡시다.

→ 청렴결백 / 청렴도

청렴은 마음이 깨끗하고 욕심이 없는 것을 의미해요.

☑ 글을 읽고 이것만은 꼭 찾아냅시다.

→ 조선 시대에 나라에서 '청백리'를 뽑은 이유는 무엇인가요?

☑ 주제가 비슷한 글을 더 찾아 읽어 봅시다.

→ 주제가 같거나 비슷한 글을 더 찾아 읽으면 그 주제에 대해 더 잘 이해하게 됩니다.

내가 읽은 글의 주제	과일은 몸에 좋다.

↓

비슷한 주제의 글들	1. 과일에는 비타민이 많다. 2. 과일은 피부를 건강하게 한다.

주제란 글에서 글쓴이가 나타내려고 하는 중심 내용을 말해요.

1 핵심 개념 미리 보기

'청렴'의 뜻을 읽고, 다음 중 청렴한 사람을 골라 ∨표 하세요.

청렴: 마음이 깨끗하고 욕심이 없음.

(1)

(   )

(2)

(   )

2 읽기 방법 미리 보기

다인이가 읽은 책의 주제에 대해 더 알게 해 주는 책이 <u>아닌</u> 것에 ∨표 하세요.

이 책은 고양이를 키우는 방법에 대해 소개하고 있어.

(1) 고양이의 일생
(   )

(2) 고양이는 이것을 잘 먹어요!
(   )

(3) 야생 동물을 잡는 방법
(   )

(4) 반려동물과 놀아 주기
(   )

안녕하세요? 저는 오늘 조선 시대의 '청백리'에 대해 발표하려고 해요. 여러분, '청백리'가 무엇인지 아시나요? '청백리'는 백성을 보살피는 관리 중 욕심 없이 청렴한 사람으로 뽑힌 관리를 가리키는 말이에요.

㉠만약 관리들이 백성을 보살피지 않는다면 어떨까요? 백성의 억울함을 공정하게 해결해 주지 않는다면요? 그리고 관리로서 쓸 수 있는 힘으로 자기 배만 불리려 한다면요? 백성들이 살기 힘들어지겠지요. 백성들에게는 청렴하면서 백성을 사랑하는 관리가 필요했어요. 그래서 나라에서는 청백리를 뽑아 다른 관리들에게 모범으로 보여 주려고 했답니다.

조선 시대는 약 500년 정도 이어졌어요. 그런데 청백리로 뽑힌 이는 고작 217명에 불과했어요. 청백리로 뽑히려면 여러 기준을 통과해야 했거든요. 우선 중앙 관리가 아니라 지방 관리로 일한 적이 있어야 했어요. 지방 관리는 중앙 관리와 달리 백성들 곁에서 백성들과 함께 생활을 했어요. 이들은 백성들에게 어려움이 있을 때 직접적인 도움을 줄 수 있는 위치에 있었다고 볼 수 있지요. 또한 청백리로 뽑히려면 청렴한 삶을 살아왔음이 인정되어야 했어요. 게다가 가족들도 모두 청렴한 삶을 살도록 이끌어야 했지요. 마지막으로 관리로서 백성의 삶을 편안하게 하거나 나라를 위해 훌륭한 일을 했다는 사실도 인정되어야 했어요. 청백리가 되기 위해서는 청렴해야 할 뿐만 아니라, 관리로서의 능력도 탁월해야 했던 것이지요.

㉡나라에서는 청백리로 뽑힌 이들에게 상을 내렸어요. 그리고 그들의 자식들을 관리로 뽑아 주기도 했어요. 이처럼 청백리를 우대한 것은 청렴한 관리가 많아질수록 백성들이 관리들을 믿고 의지할 수 있게 되기 때문이에요.

지금까지 청백리에 대해 말씀드렸어요. 어떤 이들이 청백리가 될 수 있었는지, 청백리에게 어떤 혜택이 주어졌는지 알게 되셨나요? 이상으로 청백리에 대한 발표를 마칠게요. 잘 들어 주셔서 감사합니다.

맹사성   이원익   이항복

▲ 조선 시대의 대표적인 청백리

1. 이 글의 내용과 일치하면 ○표, 일치하지 않으면 ✕표 하세요.

(1) 조선 시대에는 청백리를 일 년에 한 명꼴로 뽑았다. ( )

(2) 청백리가 되려면 지방 관리로 일한 경험이 있어야 했다. ( )

(3) 청백리가 되면 나라로부터 많은 혜택을 받을 수 있었다. ( )

(4) 청백리는 조선 시대부터 오늘날까지 계속하여 뽑고 있다. ( )

2. ㉠에 대한 답을 다음과 같이 정리할 때, 빈칸에 공통으로 들어갈 말을 쓰세요.

> 관리들은 ☐☐을 보살피는 역할을 하는데, 이들이 공정하게 일하지 않고 자기 배만 불리려 한다면 ☐☐의 삶이 고통스러워진다.

3. 다음은 ㉡을 비판적으로 평가한 내용입니다. 빈칸에 알맞은 말을 쓰세요.

> 청백리의 자식들을 관리로 뽑아 주는 것은 정당한 일일까? 청백리를 뽑는 과정에서 가족들의 청렴함이 확인되었으므로, 청백리의 자식들이 관리로서의 청렴함은 갖추었다고 볼 수 있다. 그러나 이들이 ( )을 갖추었다고 볼 수는 없다.

4. 다음은 이 글을 읽으며 조선 시대에 '청백리'를 뽑아 그들을 우대한 이유를 정리한 것입니다. 빈칸에 알맞은 말을 쓰세요.

> ### 조선 시대에 '청백리'를 뽑아 그들을 우대한 이유
> • 청백리는 다른 관리들이 따라야 할 ☐☐이 되기 때문이다.
> • 청렴한 관리가 많아질수록 백성들이 관리들을 믿고 ☐☐할 수 있게 되기 때문이다.

자신의 생각 말하기

5. 이 글을 읽은 학생들의 반응으로 알맞지 <u>않은</u> 것은 무엇인가요? (　　　)

① 조선 시대에 청백리를 뽑는 기준은 정말 엄격했구나.
② 청렴한 삶은 중앙 관리보다 지방 관리에게 더 중요한 일이었구나.
③ 가족들이 청렴하지 않아 청백리가 되지 못한 관리들도 있었겠구나.
④ 청렴하면서 관리로서의 능력도 갖추어야 청백리가 될 수 있었구나.
⑤ 아무리 능력이 뛰어나도 청렴하지 않으면 청백리가 될 수 없었겠구나.

주제가 비슷한 글 더 찾아 읽기

6. 〈보기〉는 '청백리'에 대한 또 다른 글입니다. 〈보기〉를 읽고 알 수 있는 정보는 무엇인지 빈칸에 알맞은 말을 쓰세요.

> 보기
>
> 　청백리의 '청(淸)'은 맑은 물처럼 깨끗하다는 뜻이고, '백(白)'은 흰색처럼 다른 빛깔에 물들지 않고 때 묻지 않았다는 뜻입니다. 이는 조선 시대에 백성을 다스리는 관리에게 맑고 깨끗한 마음으로 욕심 없이 청렴한 삶을 사는 것이 매우 중요한 덕목이었음을 보여 줍니다. 조선 시대의 대표적인 청백리로는 가장 높은 관직에 올랐으면서도 자신은 비가 새는 집에서 살 정도로 검소했던 맹사성이 있습니다.

➡ '청백리'라는 말의 ☐과 조선 시대 청백리의 ☐를 알 수 있다.

어휘 익히기

1 낱말 뜻 알기

다음 빈칸에 알맞은 낱말을 〈보기〉에서 찾아 쓰세요.

● 보기 ●

관리   공정   모범   우대

1. 윤건이는 정말 (   ) 학생이구나!
   뜻 남이 따라서 배울 만한 훌륭한 본보기.

2. 이번 반장 선거는 (   )하게 치러졌다.
   뜻 어느 한쪽으로 이익이나 손해가 치우치지 않고 올바름.

3. 겸손한 사람을 (   )하는 세상이 되면 좋겠다.
   뜻 특별히 잘 대함.

4. (   )이/가 된 사람은 누구보다 청렴결백해야 한다.
   뜻 나랏일을 맡아보는 사람.

2 관용 표현 알기

다음 빈칸에 알맞은 말을 쓰세요.

"☐이 안으로 굽지 밖으로 굽나"

옛날 관리 중에는 자신과 가까운 이들에게만 좋게 일을 처리하는 공정하지 못한 관리도 있었어요. 이 속담은 자신에게 멀리 있는 사람은 신경 쓰지 않고, 자신에게 가까운 사람에게 정이 더 쏠리거나 유리하게 편드는 것을 이르는 말이에요.

3 한자어 익히기

다음 한자어를 소리 내어 읽고 빈칸에 따라 써 보세요.

地	方
땅 지	모 방

지방(地方): 서울이 아닌 지역.

• 지방에 있는 백성들이 한양으로 올라왔다.
• 서울에서만 살다가 지방으로 이사를 가게 되었다.
• 여행을 가면 지방마다 독특한 문화가 있다는 걸 알 수 있다.

地	方				
땅 지	모 방				

정세권, 빈민을 위한 집을 짓다

▲ 북촌 한옥 마을

☑ 핵심 개념인 '아름다움'과 관련된 말들을 알아 둡시다.

→ 외면적 아름다움 / 내면적 아름다움

 아름다움은 눈으로 보거나 귀로 듣기에 만족스러운 것을 가리키기도 하지만, 행동이나 마음씨 등이 훌륭한 것을 가리키기도 해요.

☑ 글을 읽고 이것만은 꼭 찾아냅시다.

→ 정세권의 삶이 아름다운 이유는 무엇인가요?

☑ 의성어, 의태어를 파악하며 글을 읽어 봅시다.

→ '의성어'는 소리를 흉내 낸 말이고, '의태어'는 모양이나 움직임을 흉내 낸 말이에요.

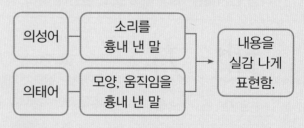

의성어, 의태어를 사용하면 내용을 더 실감 나고 재미있게 표현할 수 있어요.

1 핵심 개념 미리 보기

다음 각 장면에서는 어떤 아름다움이 느껴지는지 (   ) 안에서 알맞은 말을 골라 ○표 하세요.

(1)

사진에 담긴 날씬하고 멋진
엄마 아빠의 모습은
(외면적, 내면적) 아름다움

(2)

아이들을 위해 열심히 노력하는
엄마 아빠의 모습은
(외면적, 내면적) 아름다움

2 읽기 방법 미리 보기

다음 글을 읽고 빈칸에 알맞은 말을 쓰세요.

> 우리 동네에는 수탉이 산다. 아침이면 꼬끼오 소리를 내며 우는데, 어찌나 목청이 큰지 그 소리에 잠에서 깬다. 어쩌다 길에서 마주치면 나는 아침 일을 앙갚음하느라 수탉을 쫓아 달려가는데, 놀라서 후다닥 도망가는 꼴을 보면 그제야 웃음이 나며 속이 시원하다.

➡ 이 글에서 '(   )'은/는 소리를 흉내 낸 말이고, '(   )'은/는 모양을 흉내 낸 말이다.

참된 아름다움이란 무엇일까요? 아름다움에는 외면적 아름다움, 내면적 아름다움, 도덕적 삶의 아름다움 등 세 가지 종류가 있습니다. 먼저 '외면적 아름다움'은 겉모습에서 드러나는 아름다움입니다. 예를 들면 멋진 옷차림을 한 사람에게서 외면적 아름다움을 느낄 수 있습니다. 그런데 우리는 겉모습과 상관없이 끊임없이 노력하며 열정적으로 사는 사람에게서도 아름다움을 느낍니다. 이것을 '내면적 아름다움'이라고 합니다. '도덕적 삶의 아름다움'은 착하고 바른 생활에서 보이는 아름다움입니다. 그렇다면 ㉠다음 이야기에서 '정세권'이라는 인물은 어떤 아름다움을 보여 줄까요?

1 정세권은 1919년에 현재의 서울인 경성에서 땅과 건물을 개발하는 회사를 세웠습니다. 당시는 일본이 우리나라를 강제로 차지했던 시기였습니다. 그래서 경성에 사는 우리나라 사람들이 일본인들에게 땅을 많이 빼앗겼습니다. 살 곳을 잃은 우리나라 사람들은 경성의 가장자리로 점차 밀려났습니다. 경성의 가장자리에는 지방에서 올라온 빈민들까지 모여들었습니다. 이들은 이곳에서 땅에 굴을 파고 살았습니다. 시간이 갈수록 이들이 만든 굴의 개수가 ㉡우후죽순 늘어나게 되었습니다.

2 정세권은 살 곳이 필요한 우리나라 사람들을 위해 경성의 북촌이라는 마을에 우리 전통 방식의 집을 많이 지으려 했습니다. 그러자 일본인들은 그에게 일본식으로 집을 지으라고 강요했습니다. 그러나 그는 "조선의 집이어야 조선 사람이 살기 편하다."라고 말했습니다. 그리고 전통 방식의 집을 짓는 일을 멈추지 않았습니다. 그가 지은 집은 크기가 작아서 가격이 저렴했습니다. 그러면서도 물과 전기를 편리하게 쓸 수 있었습니다. 그래서 그가 지은 집을 사겠다는 사람들이 우르르 몰려들었습니다.

3 그는 집을 팔아 차곡차곡 돈을 모았습니다. 그리고 그 돈을 우리 민족을 위해 사용했습니다. 우리말을 지키거나 우리나라의 경제를 살리는 운동을 이끄는 이들에게 돈을 보낸 것입니다. 이런 그의 활동을 막기 위해 일본인들은 그의 땅 35,000평을 빼앗았습니다. 그리고 일본식으로 집을 짓도록 계속 강요했습니다. 그는 일본식 집을 짓느니 차라리 집을 짓지 않겠다고 하며 집 짓는 일을 그만두었습니다. 그리고 일본으로부터 우리나라가 자유로워지자 가난한 사람들이 살 수 있는 작은 집의 건축을 계속해 나갔습니다.

1. 다음은 '정세권'에 관한 이야기를 정리한 것입니다. 빈칸에 알맞은 말을 쓰세요.

인물	땅과 건물을 ( )하는 일을 한 정세권
사건	• 우리 전통 방식의 집을 짓고, 돈을 모아 ( )을 위해 사용함. • 우리나라가 일본으로부터 자유로워진 이후 ( ) 집의 건축에 힘씀.
배경	• 시간: ( )이 우리나라를 강제로 차지했던 때 ~ ( )으로 부터 우리나라가 자유로워진 때 • 장소: 우리나라 경성(서울)

2. 다음은 ㉠의 답을 찾는 과정입니다. 각각의 물음에 답하세요.

(1) 정세권은 멋진 외모로 '외면적 아름다움'을 보여 주나요? (네, 아니요)

(2) 정세권이 평생 건축에 힘쓴 것은 '내면적 아름다움'을 보여 주나요? (네, 아니요)

(3) 정세권이 우리 민족을 위해 힘쓴 것은 '도덕적 삶의 아름다움'을 보여 주나요?

(네, 아니요)

3. 다음은 국어사전에서 ㉡의 뜻을 찾은 것입니다. 빈칸에 들어갈 말로 알맞은 것은 무엇인가요?

( )

> '우후죽순(雨後竹筍)'은 비가 온 뒤에 여기저기 솟는 대나무의 어린싹이라는 뜻으로,
> ( )을 비유적으로 이르는 말이다.

① 비 오는 것처럼 흔히 일어남

② 규칙적이고 일정하게 생겨남

③ 어떤 일이 한때에 많이 생겨남

④ 곧은 대나무와 같이 높이 솟음

⑤ 비만 오면 자라나듯 쉽게 일어남

글의 구조 파악하기

4. **1**~**3**에 대한 설명으로 알맞으면 ○표, 알맞지 않으면 ✕표 하세요.

(1) **1**은 **2**가 일어난 배경에 대해 설명하고 있다. ( )

(2) **3**은 **2**보다 정신적으로 성장한 정세권의 모습을 설명하고 있다. ( )

(3) **1**~**3**은 시간 순서대로 일어난 일들을 설명하고 있다. ( )

의성어, 의태어 파악하기

5. 다음 설명을 읽고, ( ) 안에서 알맞은 말을 모두 골라 ○표 하세요.

> 의성어나 의태어를 사용하면 장면을 실감 나게 표현할 수 있습니다. 이 글에서는 (점차, 우르르, 차곡차곡)(이)라는 (의성어, 의태어)가 쓰여, 글을 실감 나게 읽게 해 줍니다.

인물의 마음 짐작하기

6. 다음 부분에 나타난 정세권의 마음을 바르게 짐작한 것에 ✔표 하세요.

(1)
> 일본인들은 그에게 일본식으로 집을 지으라고 강요했습니다. 그러나 그는 "조선의 집이어야 조선 사람이 살기 편하다."라고 말했습니다. 그리고 전통 방식의 집을 짓는 일을 멈추지 않았습니다.

① 우리나라 사람들을 위한 집을 지어 주고 싶었다. ( )

② 우리나라 사람들이 일본인들과 더불어 살기를 바랐다. ( )

(2)
> 그의 활동을 막기 위해 일본인들은 그의 땅 35,000평을 빼앗았습니다. 그리고 일본식으로 집을 짓도록 계속 강요했습니다. 그는 일본식 집을 짓느니 차라리 집을 짓지 않겠다고 하며 집 짓는 일을 그만두었습니다.

① 일본인들이 자신의 땅을 빼앗자 크게 좌절하였다. ( )

② 일본인들이 자신의 땅을 빼앗았지만 자신의 의지를 굽히고 싶지 않았다. ( )

어휘 익히기

1 낱말 뜻 알기

다음 빈칸에 알맞은 낱말을 〈보기〉에서 찾아 쓰세요.

> • 보기 •
>
> 개발   빈민   저렴   건축

1. 이분께서 도서관의 (   )을 맡아 주기로 하였다.
   뜻 집이나 건물, 다리 등을 설계하여 지음.

2. 여전히 세계적으로 (   )의 숫자가 많다고 한다.
   뜻 가난한 사람.

3. 이 물건은 우리 동네에서 이 가게가 가장 (   )하다.
   뜻 값이 쌈.

4. 오랫동안 버려져 있던 이 땅을 공원으로 (   )하면 어떨까?
   뜻 땅이나 자원 등에 힘을 들여 쓸모 있게 만듦.

2 관용 표현 알기

다음 빈칸에 알맞은 사자성어를 쓰세요.

"  "

정세권이 편리하고 저렴하면서도 우리 전통의 멋을 살린 집을 짓자, 그가 지은 집을 사겠다고 사람들이 우르르 몰려들었다고 해요. 이 사자성어는 사람이 산을 이루고 바다를 이루었다는 뜻으로, 사람이 수없이 많이 모인 상태를 이르는 말이에요.

한자	뜻	음
人	사람	
山	뫼	
人	사람	
海	바다	

3 한자어 익히기

다음 한자어를 소리 내어 읽고 빈칸에 따라 써 보세요.

內	面
안 내	낯 면

내면(內面): 겉으로 잘 드러나지 않는 사람의 정신이나 마음속.

- 내면의 목소리에 귀 기울이는 시간을 갖자.
- 이 순간을 항상 나의 내면에 담아 두어야겠다.
- 다른 사람의 내면을 쉽게 짐작해서는 안 된다.

內	面						
안 내	낯 면						

03회 작심삼일을 피하는 방법

☑ 핵심 개념인 '작심삼일'과 관련된 말들을 알아 둡시다.

→ 작심삼일로 끝나다. / 작심삼일에 그치다.

 작심삼일이란 단단히 먹은 마음이 사흘을 가지 못한다는 뜻으로, 결심이 굳지 못함을 이르는 말이에요.

☑ 글을 읽고 이것만은 꼭 찾아냅시다.

→ 작심삼일에서 벗어나는 방법은 무엇인가요?

☑ 글의 주제나 한 부분을 동영상으로 표현하는 방법을 알아봅시다.

→ 글을 동영상으로 만들려면 글의 내용을 시각적, 청각적으로 표현해야 합니다.

| 동영상으로 표현할 부분 정하기 | 시각적으로 표현하기 |
| | 청각적으로 표현하기 |

 글의 주제나 한 부분을 동영상으로 표현하려면 글의 내용을 어떻게 시각적, 청각적으로 표현할지 정해야 해요.

1 핵심 개념 미리 보기

'작심삼일'이라는 말이 어울리는 상황에 √표 하세요.

(1) (　　) (2) (　　)

2 읽기 방법 미리 보기

다음 글을 동영상으로 표현하려고 할 때, 알맞지 <u>않은</u> 계획에 √표 하세요.

> "빨리 일어나서 학교 안 가니!"
> 엄마의 목소리가 들렸다. '아직 어두컴컴한데 왜 벌써 깨우시지?'라고 생각하면서 나는
> 부스스 일어나 커튼을 열었다. 날이 훤하다. 아뿔싸, 지각이다.
> "엄마, 왜 빨리 안 깨웠어요!"

(1) 어두컴컴한 방 안에 들려오는 엄마의 목소리로 영상을 시작한다. (　　)

(2) '나'는 학생답게 기운차게 일어나서 커튼을 활짝 연다. (　　)

(3) 지각인 것을 안 후 '나'의 대사는 원망하는 말투로 말한다. (　　)

정답 1. (1) 2. (2)

1 새해가 되면 사람들은 새로운 계획을 세우곤 해요. '올해에는 이것만은 꼭 해내야지!' 하는 약속을 자신과 하곤 하지요. 여러분은 혹시 어떤 약속을 했는지 기억하나요? 그리고 그 약속은 잘 지켜지고 있나요? 아마 약속을 지키는 일이 쉽지 않았을 거예요.

2 영국의 한 대학의 연구 결과에 따르면, 매년 10명 중 9명이 새해 계획을 지키지 못한다고 해요. 그중 2~3명은 일주일도 되기 전에 계획의 실천을 포기한다고 하고요. 단단히 먹은 마음이 사흘을 가지 못한다는 말인 '작심삼일 (作心三日)'은 바로 이럴 때 쓰는 말이에요.

3 '작심삼일'을 하게 되는 이유는 무엇일까요? 어떤 이들은 지키기 어려운 비현실적인 계획을 세워서 계획을 실천하는 데 실패해요. 이들은 심지어 반복하여 비현실적인 계획을 세우기도 해요. 이러한 현상을 '헛된 희망 증후군'이라고 불러요. '헛된 희망 증후군'이 발생하는 이유는 무엇일까요? 큰 계획을 세우면 자신을 잘 통제하고 있다는 만족을 느끼게 돼요. 자신이 세운 목표가 크면 클수록 더 큰 만족을 느끼게 되지요. 이러한 현상이 일어나는 것은 계획을 세우는 것만으로도 계획을 지켰을 때의 만족이 느껴지는 듯한 착각을 하게 되기 때문이에요. (㉠   ) 여러 번 실패했을지라도 또다시 비현실적인 계획을 세우는 일을 반복하게 된다고 해요.

4 계획을 실천하지 못하는 또 다른 이유도 있어요. 미국의 로버트 마우어 교수는 이미 습관이 된 행동을 바꾸려 할 때, 뇌에서는 거부 반응이 일어난다고 말하였어요. 예를 들어 평소 운동을 하지 않던 사람이 있다고 해 봐요. 이 사람이 매일 한 시간씩 운동을 하는 등 생활 습관을 바꾸려고 해요. 이때 이 사람의 뇌는 이런 변화를 위협으로 여긴다는 거예요. 그리고 변화가 일어나는 것을 방해하죠. 이러한 점을 고려하면 나를 위해 계획을 실천하는 과정은 말 그대로 자신과의 싸움 이라고 말할 수 있어요.

5 그렇다면 어떻게 계획을 실천할 수 있을까요? 이를 위한 아주 간단한 방법이 있어요. 예를 들어 '매일 팔 굽혀 펴기 20회 하기'라는 계획이 힘들게 느껴진다면, 우선 팔 굽혀 펴기를 한 번만이라도 실천해 보는 거예요. 위대한 목표를 현실로 바꿔 주는 시작은 결국 작은 실천 하나이기 때문이에요. 작은 실천의 소중함을 잊지 말고, '작심삼일'하지 않는 여러분이 되세요.

내용 파악하기

1. 이 글의 내용과 일치하면 ○표, 일치하지 않으면 X표 하세요.

(1) 매년 10명 중 1명 정도가 새해 계획을 지킨다고 볼 수 있다. ( )

(2) '헛된 희망 증후군'에 빠진 사람들은 큰 목표에 부담을 느낀다. ( )

(3) 계획을 제대로 실천하는 방법은 뇌의 거부 반응을 줄이는 것이다. ( )

(4) '작심삼일'은 단단히 먹은 마음이 사흘을 가지 못한다는 뜻의 말이다. ( )

내용 문단 구분하기

2. 내용상 관련 있는 문단끼리 바르게 묶은 것은 무엇인가요? ( )

① 1 / 2 , 3 / 4 , 5

② 1 / 2 , 3 , 4 / 5

③ 1 , 2 / 3 , 4 / 5

④ 1 , 2 / 3 / 4 , 5

⑤ 1 , 2 , 3 / 4 / 5

이어 주는 말 파악하기

3. 다음은 ㉠에 들어갈 말이 무엇인지 짐작하는 과정입니다. 빈칸에 알맞은 말을 쓰세요.

㉠의 앞 문장은 뒤 문장의 ( )이 된다. 이럴 때 두 문장을 매끄럽게 연결하려면 ㉠에 '( )'라는 이어 주는 말을 써야 한다.

세부 내용을 단서로 추론하기

4. ④문단의 내용을 단서로 자신과의 싸움 이 의미하는 바를 다음과 같이 정리할 때, 빈칸에 알맞은 말을 쓰세요.

'자신과의 싸움'은 계획을 세워 실천하는 과정이 생활 습관을 바꾸려는 ☐☐과 생활 습관을 바꾸기를 거부하는 자신의 ☐가 싸우는 일과 같음을 표현한 말이다.

사실과 의견 구분하기

5. 다음 내용을 사실과 의견으로 구분하여 선으로 알맞게 이으세요.

(1) 영국의 한 대학의 연구 결과에 따르면, 매년 10명 중 9명이 새해 계획을 지키지 못한다고 해요.

• ㉠ 사실

(2) 어떤 이들은 지키기 어려운 비현실적인 계획을 세워서 계획을 실천하는 데 실패해요.

• ㉡ 의견

(3) 작은 실천의 소중함을 잊지 말고, '작심삼일'하지 않는 여러분이 되세요.

동영상으로 표현하기

6. ①~⑤문단을 동영상으로 만들기 위한 계획으로 알맞지 않은 것은 무엇인가요? (   )

① ①: 새해 계획을 일기장에 쓰는 학생의 모습을 영상으로 찍는다.
② ②: '작심삼일'의 뜻을 모르는 시청자를 위해 그 뜻을 음성으로 들려준다.
③ ③: 큰 계획을 세운 학생이 계획을 세운 직후 걱정하는 표정을 찍는다.
④ ④: 뇌를 사람처럼 표현해서 계획을 세우자 찌푸리는 표정을 짓게 한다.
⑤ ⑤: 조금씩이지만 매일 팔 굽혀 펴기를 해 나가는 학생의 뿌듯한 표정을 찍는다.

어휘 익히기

1 낱말 뜻 알기

다음 빈칸에 알맞은 낱말을 〈보기〉에서 찾아 쓰세요.

● 보기 ●

실천   비현실적   통제   반응

1. 이곳은 오래전부터 출입을 (   )하고 있다.
   뜻 정해 놓은 목적을 이루려고 어떤 행동이나 일을 줄이거나 못 하게 함.

2. 앞으로는 (   )이/가 가능한 계획을 세워야겠다.
   뜻 마음먹은 일을 실제로 함.

3. 그가 전학 간다는 소식이 내게는 (   )(으)로 들렸다.
   뜻 실제로 존재하지 않거나 실현될 수 없는 것.

4. 학생회장 후보가 제시한 공약에 대한 학생들의 (   )이/가 뜨겁다.
   뜻 자극을 받아서 어떤 움직임이 생김. 또는 그런 움직임.

2 관용 표현 알기

다음 빈칸에 알맞은 말을 쓰세요.

"☐☐이 반이다"

이 속담은 무슨 일이든지 시작하기가 어렵지 일단 시작하면 일을 끝마치기는 그리 어렵지 아니함을 비유적으로 이르는 말이에요. 위대한 목표를 현실로 바꿔 주는 시작은 결국 작은 실천 하나라는 말과도 뜻이 통한다고 할 수 있어요.

3 한자어 익히기

다음 한자어를 소리 내어 읽고 빈칸에 따라 써 보세요.

生	活
날 생	살 활

생활(生活): 사람이나 동물이 일정한 환경에서 활동하며 살아감.
• 행복한 학교생활이 되길 바랍니다.
• 어느 곳에 사느냐에 따라 사람들의 생활 방식은 서로 다르다.
• 그는 어렸을 적 힘든 생활을 했지만, 잘 이겨 내며 성장하였다.

生	活						
날 생	살 활						

 ☑ 핵심 개념인 '인터넷'과 관련된 말들을 알아 둡시다.

→ 인터넷 예절 / 인터넷의 익명성

인터넷이란 전 세계의 컴퓨터가 연결되어 정보를 교환할 수 있는 거대한 통신망을 말해요.

☑ 글을 읽고 이것만은 꼭 찾아냅시다.

→ 인터넷에서 예절을 지켜야 하는 이유는 무엇인가요?

☑ 글의 내용을 새로운 상황에 적용해 봅시다.

→ 글에 담긴 내용을 적용할 수 있는 상황을 찾아, 글의 내용을 적용해 봅니다.

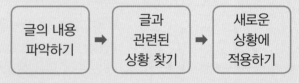

| 글의 내용 파악하기 | → | 글과 관련된 상황 찾기 | → | 새로운 상황에 적용하기 |

 글의 내용을 새로운 상황에 적용할 때는 글과 관련된 상황을 찾아 글의 내용을 적용할 수 있을지 생각해 보아야 해요.

1 핵심 개념 미리 보기

빈칸에 들어갈 말을 〈보기〉에서 찾아 쓰세요.

─ 보기 ─
별명   실명   익명

> 인터넷 안에서 나는 여러 가지 이름을 사용해요. 나의 본래 이름은 '수연'인데, 어떤 홈페이지에서는 '수수'라는 이름을 쓰고, 또 어떤 홈페이지에서는 '션'이라는 이름을 쓰기도 해요.

➡ '수연'은 ☐☐이고, '수수', '션'은 인터넷에서 쓰는 ☐☐이다.

2 읽기 방법 미리 보기

다음 글의 내용을 효과적으로 적용한 친구는 진우와 윤기 중 누구인지 쓰세요.

> 우리나라에는 지켜야 할 식사 예절이 있습니다. 식사를 시작할 때 어른보다 먼저 숟가락이나 젓가락을 들지 말아야 하며, 어른이 식사를 마치기 전에 먼저 일어나지 말아야 합니다.

• 축구를 하고 들어온 진우는 배가 고팠습니다. 부모님은 밥상을 차리느라 바쁘시기에, 서둘러 손을 씻고 와서 먼저 차려진 반찬들을 먹기 시작했습니다.

• 윤기는 배가 고파서 밥을 조금 빨리 먹었습니다. 부모님과 동생이 아직 식사 중이기에, 자리에서 일어나지 않고 오늘 학교에서 있었던 일을 이야기했습니다.

(   )

정답 1. 실명, 별명 2. 윤기

인터넷으로 할 수 있는 일은 **무궁무진**하게 많습니다. 각종 홈페이지에 들어가 물건을 살 수 있습니다. 새로운 정보를 얻을 수도 있습니다. 그리고 전 세계의 사람들과 이야기를 나눌 수도 있습니다. 최근에는 학교 대신 가정에서 수업을 듣는 일도 많아졌습니다. 이런 일이 가능한 것은 인터넷 덕분입니다. 이렇게 인터넷은 우리의 삶에 많은 편의를 제공하지만, 잘못 쓰였을 때의 위험성도 높습니다. 이러한 인터넷의 특징은 무엇이며, 어떤 점에 유의하여 인터넷을 이용해야 할까요?

인터넷에서는 자신의 본래 **신분**을 드러내지 않고, 새로운 모습으로 활동할 수 있습니다. 자신이 남성인지 여성인지, 아이인지 어른인지 밝히지 않을 수 있습니다. 이러한 특성을 '익명성'이라고 합니다. 익명성 덕분에 인터넷은 현실 사회에서는 보여 주지 못했던 자신의 모습을 내보일 수 있는 기회를 마련해 줍니다. (㉠   ) 인터넷에서는 익명성을 **악용**하는 사람들 때문에 문제가 발생하기도 합니다. 인터넷에서는 자신이 누군지 숨긴 채 다른 사람의 글에 근거 없이 **험담**하는 댓글*을 쓰는 사람들이 때때로 나타납니다. 인터넷에 쓰인 글은 많은 사람이 동시에 볼 수 있습니다. (㉡   ) 이러한 행동은 누군가에게 말할 수 없이 큰 상처를 입힙니다. 그러므로 장난으로라도 그런 행동을 해서는 안 됩니다.

인터넷의 또 다른 특징은 다양한 정보를 쉽게 이용할 수 있다는 것입니다. 인터넷에는 다양한 분야의 정보가 올라와 있으며, 지금도 새로운 정보가 올라오고 있습니다. 그래서 인터넷은 '정보의 바다'라고 불립니다. 이러한 정보는 몇 개의 버튼을 누르는 것만으로 쉽게 옮길 수 있습니다. 그런데 인터넷에는 때때로 정확하지 않은 정보가 올라오기도 합니다. 그래서 인터넷에 있는 정보를 이용할 때에는 누가 올린 것인지, 믿을 수 있는 내용인지 등을 확인하는 자세가 필요합니다. 또한 정보를 이용할 때 유의할 점이 한 가지 더 있습니다. ㉮남이 쓴 글을 옮기면서 자신이 쓴 것처럼 하는 행위를 하지 말아야 합니다. 이는 처음 글을 쓴 사람에게 피해를 주는 행위입니다. 그래서 이러한 행위를 하면 법적인 처벌을 받을 수 있습니다.

인터넷은 우리에게 많은 편의를 제공해 줍니다. 하지만 잘못 사용하면 자기 자신뿐만 아니라 여러 사람에게 피해를 줄 수 있습니다. 그러므로 인터넷의 특징에 대해 잘 이해하고 우리의 삶에 도움이 되도록 유의하여 사용해야 하겠습니다.

* **댓글**: 인터넷에 오른 글에 대하여 짤막하게 답하여 올리는 글.

글의 유형 파악하기

1. 이 글에 대한 설명으로 알맞은 것은 무엇인가요? (   )

① 인터넷에서 경험한 일을 실감 나게 표현한 글이다.

② 인터넷에서 하지 말아야 하는 일을 설명한 글이다.

③ 인터넷에서 다양한 활동을 하자고 주장하는 글이다.

④ 인터넷에 대해 연구한 결과를 체계적으로 정리한 글이다.

⑤ 인터넷에서 일어난 일을 육하원칙에 따라 정리한 글이다.

글의 형식 파악하기

2. 다음은 이 글의 내용을 '처음 – 중간 – 끝'으로 나누어 정리한 것입니다. 빈칸에 알맞은 말을 쓰세요.

처음	인터넷에서 할 수 있는 다양한 일
중간 1	( )이 있는 인터넷의 특징과 이를 고려할 때 지켜야 할 일
중간 2	( )를 쉽게 이용할 수 있는 인터넷의 특징과 이를 고려할 때 지켜야 할 일
끝	인터넷을 유의하여 사용해야 할 필요성

두 글의 정보 통합하기

3. 주호는 ㉮에 대해 궁금증이 생겨 관련 자료를 찾아보았습니다. 빈칸에 알맞은 말을 쓰세요.

인터넷에서 다른 사람이 쓴 글을 자신의 홈페이지나 누리 소통망(SNS)에 옮겨 오고 싶을 때는 어떻게 해야 할까? 출처, 즉 누가 쓴 글인지를 밝혀 주어야 한다. 왜냐하면 모든 글에는 그 글을 쓴 사람에게 주어지는 법적 권리인 '저작권'이 있기 때문이다. 그래서 출처를 밝히지 않고 다른 사람의 글을 옮겨 오는 것은 그 사람의 글을 훔쳐 오는 것과 같다.

㉮는 글을 쓴 사람의 (   )을 침해하는 행위야. 그러므로 남이 쓴 글을 옮겨 쓸 때에는 (   )를 반드시 밝혀 주어야 해!

이어 주는 말 파악하기

4. 문장들의 관계를 고려하여 ㉠, ㉡에 들어갈 말로 알맞은 것에 ○표 하세요.

(1)
> ㉠의 뒤 문장은 인터넷의 익명성에 대해 앞 문장과 다른 입장을 취하고 있어. 그러니까 ㉠에는 (그리고, 그래서, 그런데)라는 말이 들어가는 것이 좋겠어.

(2)
> ㉡의 뒤 문장은 앞 문장을 원인으로 해서 일어날 결과에 해당해. 그러니까 ㉡에는 (그리고, 그래서, 그런데)라는 말이 들어가는 것이 좋겠어.

느끼거나 깨달은 점 공유하기

5. 이 글을 읽은 학생들의 반응으로 알맞지 <u>않은</u> 것은 무엇인가요? (   )

① 인터넷에서는 신분을 밝히지 않고 이야기할 수 있다는 점이 흥미로웠어.
② 집에서 온라인 수업을 들을 수 있는 것이 인터넷 덕분이라는 걸 알게 되었어.
③ 앞으로는 인터넷에 다른 사람을 함부로 흉보는 글은 올리지 않도록 해야겠어.
④ 인터넷에 있는 글은 누가 쓴 것인지가 분명해서 믿을 수 있다는 걸 알게 되었어.
⑤ 인터넷에서도 현실에서처럼 다른 사람을 존중해야 한다는 사실을 잊지 말아야겠어.

글의 내용 적용하기

6. 다음은 한 초등학교 홈페이지의 게시판입니다. 이 글의 내용을 참고하여 무엇이 잘못되었는지 생각해 보고 빈칸에 알맞은 말을 쓰세요.

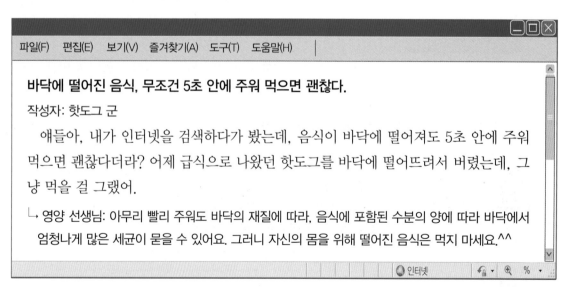

| 파일(F)   편집(E)   보기(V)   즐겨찾기(A)   도구(T)   도움말(H) |

바닥에 떨어진 음식, 무조건 5초 안에 주워 먹으면 괜찮다.

작성자: 핫도그 군

  애들아, 내가 인터넷을 검색하다가 봤는데, 음식이 바닥에 떨어져도 5초 안에 주워 먹으면 괜찮다더라? 어제 급식으로 나왔던 핫도그를 바닥에 떨어뜨려서 버렸는데, 그냥 먹을 걸 그랬어.

  └ 영양 선생님: 아무리 빨리 주워도 바닥의 재질에 따라, 음식에 포함된 수분의 양에 따라 바닥에서 엄청나게 많은 세균이 묻을 수 있어요. 그러니 자신의 몸을 위해 떨어진 음식은 먹지 마세요.^^

                                                      🔵 인터넷   % ▾

➡ 인터넷은 다양한 정보가 있어서 '(   )'라고 불린다. 하지만 그중에는
  (   ) 정보도 있으니 이런 정보를 옮기지 않도록 조심해야 한다.

어휘 익히기

1 낱말 뜻 알기

다음 빈칸에 알맞은 낱말을 〈보기〉에서 찾아 쓰세요.

● 보기 ●

무궁무진   신분   악용   험담

1. 인규는 재주가 (   )으로 많다.
   뜻 헤아릴 수 없을 만큼 많거나 끝이 없음.

2. 학생증은 학생의 (   )을 확인할 때 필요하다.
   뜻 사람이 사회에서 지니는 지위.

3. 그들끼리 하는 (   )에 신경 쓰지 않으려 한다.
   뜻 남의 흠을 잡아 나쁘게 말하는 것.

4. 인터넷은 장점이 많지만, 때때로 (   )되는 경우도 있다.
   뜻 올바르지 않게 쓰거나 나쁜 일에 씀.

2 관용 표현 알기

다음 빈칸에 알맞은 말을 쓰세요.

"무심코 던진 돌에 ☐☐☐는 맞아 죽는다"

이 속담은 가볍게 한 행동이 누군가에게는 큰 상처가 될 수 있다는 것을 뜻하는 말이에요. 인터넷에서는 얼굴을 마주하고 있지 않기 때문에 말을 더욱 조심해야 해요. 비록 장난으로 쓴 댓글일지라도 되돌릴 수 없는 결과를 불러올 수 있거든요.

3 한자어 익히기

다음 한자어를 소리 내어 읽고 빈칸에 따라 써 보세요.

通	信
통할 **통**	믿을 **신**

통신(通信): 편지, 전화, 컴퓨터 등으로 소식이나 정보를 전하는 것.

• 깊은 산속에 들어가자 통신이 끊어졌다.
• 저곳에서는 전화기의 통신 상태가 좋지 않다.
• 휴대폰은 많은 사람이 사용하는 통신 수단이다.

通	信						
통할 **통**	믿을 **신**						

1 의성어, 의태어 파악하기

'짹짹', '멍멍', '졸졸' 등과 같이 소리를 흉내 낸 말을 '의성어'라고 하고, '구불구불', '쑥쑥', '덥석' 등과 같이 모양, 움직임을 흉내 낸 말을 '의태어'라고 합니다. 의성어와 의태어가 적절히 쓰인 글을 읽으면 그 소리를 듣거나, 그 모양을 보는 것 같은 인상을 받게 됩니다.

때때로 어떤 낱말들은 의성어이면서, 동시에 의태어로 쓰이는 경우가 있습니다. 예를 들어 '보글보글'은 '적은 양의 액체가 요란하게 계속 끓는 소리. 또는 그 모양.'이라는 뜻의 말로, 그 소리와 모양을 함께 떠올리게 합니다.

★ **의성어, 의태어를 파악하며 읽으려면,**

(1) 사람이나 사물의 소리나 모양을 흉내 낸 말을 찾습니다.

(2) 어떤 소리나 모양을 표현하려고 했는지 떠올리며 읽습니다.

1 친구들의 말을 참고하여 ㉠에 들어갈 알맞은 말을 쓰세요.

정세권은 집을 팔아 차곡차곡 돈을 모았습니다. 그리고 그 돈을 우리 민족을 위해 사용했습니다. 우리말을 지키거나 우리나라의 경제를 살리는 운동을 이끄는 이들에게 돈을 보낸 것입니다. 이런 그의 활동을 막기 위해 일본인들은 그의 땅 35,000평을 빼앗았습니다. 그리고 일본식으로 집을 짓도록 계속 강요했습니다. 이러한 일본인들의 강요에도 불구하고 정세권은 오직 우리 민족을 위한 길만을 (　㉠　) 걸어갔습니다.

 ㉠에 들어갈 말은 의성어이면서, 동시에 의태어로 쓰이는 낱말이야.

 '발자국 소리를 매우 분명하게 내며 계속 걸어가는 소리. 또는 그 모양.'을 뜻하는 말이지.

 첫소리만 알려 줄까? 첫소리는 'ㄸㅂㄸㅂ'이야.

 ㉠에 들어갈 말은, 바로 (　　　　　　)이야!

2 다음 글을 읽고 물음에 답하세요.

1 소곤소곤, 쑥덕쑥덕. ㉠내가 모르는 사이에 다른 사람들이 모여 나에 대한 이야기를 한다면 기분이 어떨까요? 나에 대해 좋은 이야기를 하면 좋겠지만, 그렇지 않을 가능성도 있으니 기분이 나쁠 수 있을 거예요. 어떤 사람이 없는 자리에서 그 사람을 헐뜯는 것을 '뒷담화'라고 해요. 그리고 '뒷담화'는 하지 말아야 할 행동이라고 배워요.

2 그렇지만 사람들은 때때로 '뒷담화'를 하곤 합니다. 왜 그런 것일까요? 다른 사람에 대해 평가를 할 수 있는 능력은 3세부터 발달해요. 5세가 되면 타인에 대한 평가와 더불어 그 이유를 논리적으로 설명할 수도 있게 되지요. 누군가를 평가하고 판단하는 대화는 아주 어린 시절부터 시작되는 거예요. 특히 사람들은 누군가를 좋게 평가하는 말보다 나쁘게 평가하는 말에 귀를 쫑긋 기울이게 돼요. 학자들은 이러한 현상이 여럿이 함께 모여 살아가는 인간의 특성과 관련이 있다고 말해요. 위험인물에 대한 정보를 나누는 것이 자신을 지키는 데 꼭 필요한 일이었기 때문이라고요.

3 그러나 뒷담화가 아무리 인간의 특성과 관련된 것이라 해도, 자기도 모르게 나쁜 평가를 받는 사람은 펄펄 뛸 일이지요. 그러한 평가가 사실이 아닐 경우, 그 사람은 정말 억울할 것이고요. 당사자가 없는 자리에서 그 사람에 대해 나쁘게 평가하는 것은 바람직한 일이 아니라는 사실을 잊지 마세요.

(1) **1**~**3**문단에서 의성어나 의태어를 모두 찾아 쓰세요.

- **1**문단: (   )
- **2**문단: (   )
- **3**문단: (   )

(2) ㉠을 의태어가 들어가도록 고쳐 쓰려고 합니다. 빈칸에 알맞은 말을 쓰세요.

[도움말] 1. 뜻: 크기가 다른 작은 것들이 고르지 아니하게 많이 모여 있는 모양.
  2. 첫소리: 'ㅇㄱㅈㄱ'

내가 모르는 사이에 다른 사람들이 (   ) 모여 나에 대한 이야기를 한다면 기분이 어떨까요?

2 동영상으로 표현하기

글은 말하고자 하는 바를 '문자'로 나타냅니다. 반면 동영상은 말하고자 하는 바를 영상을 이용해 '시각적'으로, 소리를 이용해 '청각적'으로 나타냅니다. 그러므로 글의 내용을 동영상으로 표현한다는 것은 글의 내용 중 시각적, 청각적으로 표현할 수 있는 부분을 효과적으로 나타낸다는 뜻입니다.

글을 동영상으로 표현할 때는, 표현하려는 부분의 내용과 주제를 정확히 파악해야 합니다. 그리고 글의 내용을 어떻게 시각적으로, 청각적으로 표현할지 정해야 합니다. 이때 동영상을 만드는 이의 의도에 따라 같은 내용이라도 서로 다르게 표현될 수 있습니다.

★ **글의 주제나 한 부분을 동영상으로 표현하려면,**
(1) 표현하려는 부분의 내용과 주제를 정확히 파악합니다.
(2) 글의 내용을 시각적, 청각적으로 표현해 봅니다.

---

1 다음은 아래 글의 내용을 동영상으로 표현하기 위해 세운 계획입니다. 어떤 계획이 시각적 혹은 청각적인 표현에 해당하는지 선으로 알맞게 이으세요.

> 새해가 되면 사람들은 새로운 계획을 세우곤 해요. '올해에는 이것만은 꼭 해내야지!' 하는 약속을 자신과 하곤 하지요. 여러분은 혹시 어떤 약속을 했는지 기억하나요? 그리고 그 약속은 잘 지켜지고 있나요? 아마 약속을 지키는 일이 쉽지 않았을 거예요.
>
> 영국의 한 대학의 연구 결과에 따르면, 매년 10명 중 9명이 새해 계획을 지키지 못한다고 해요. 그중 2~3명은 일주일도 되기 전에 계획의 실천을 포기한다고 하고요.

(1) 새해 계획을 세우는 사람들의 얼굴 표정을 찍어야지. •

(2) 새해의 희망찬 느낌을 밝은 느낌의 배경 음악으로 표현해야지. •

(3) 새해 계획을 지키지 못하는 사람의 수를 그래프로 나타내야지. •

• ㉠ 시각적 표현

• ㉡ 청각적 표현

2 다음 글을 읽고 물음에 답하세요.

독서의 중요성은 누구나 알고 있지만, 실제로 독서를 실천하는 사람은 많지 않습니다. 독서를 하는 방법에 대해서는 잘 알지 못하기 때문입니다. 오늘은 책을 즐겨 읽는 두 사람의 독서 방법을 소개하도록 하겠습니다.

1만 7천 권의 책을 가지고 있을 정도로 책을 좋아하는 한 영화 평론가는 책을 대단한 것이라고 생각하거나 우러러보지 말라고 조언합니다. 그리고 그는 독서에서 가장 중요한 것은 꾸준히 재미를 느끼는 것이라고 말합니다. 그래서 모든 책을 끝까지 읽어야 한다는 부담감에서 벗어나야 하며, 어떤 책은 10쪽만 읽고 덮어도 좋고, 어떤 책을 읽다가 다른 책을 읽어도 좋다는 것입니다.

노벨 문학상을 수상한 어떤 작가는 책을 읽을 때 두 자루의 색연필을 준비한다고 합니다. 책을 읽다가 정말 좋다고 생각하는 구절은 빨간색 색연필로, 이해가 가지 않는 부분은 파란색 색연필로 밑줄을 긋습니다. 외우고 싶은 문장은 특별히 선을 굵게 그어 둡니다. 이런 식으로 가장 아름다운 문장을 자신의 것으로 만들어 나간다는 것입니다. 또한 읽었던 책을 다시 읽기도 하는데, 처음 책을 읽을 때는 미로를 헤매듯이 책을 읽고, 두 번째 읽을 때는 일정한 목표를 정해 탐구하면서 읽는다고 합니다.

(1) 각 문단의 중심 내용을 다음과 같이 정리할 때, 빈칸에 알맞은 말을 쓰세요.

1문단	책을 즐겨 읽는 두 사람의 독서 방법을 소개하고자 함.
2문단	한 영화 평론가의 독서 방법 – 꾸준히 ( )를 느끼면서 독서를 함.
3문단	어떤 작가의 독서 방법 – ( )을 그으면서 독서를 함.

(2) 이 글의 내용을 동영상으로 표현한 것으로 알맞지 <u>않은</u> 것은 무엇인가요? (   )

①  책이 많은 방에 있는 영화 평론가의 모습을 담는다.

②  책을 끝까지 읽으려 애쓰는 영화 평론가의 모습을 빠른 음악과 함께 보여 준다.

③  두 자루의 색연필을 든 작가의 모습을 담는다.

④  밑줄 긋는 소리와 함께 밑줄 긋는 모습을 확대하여 보여 준다.

⑤  '첫 번째 읽기'라고 자막을 쓰고, 미로를 헤매는 작가의 모습을 보여 준다.

달콤하고 재미있는 사과 이야기

이 글의 중심 화제는 **사과**입니다. 사과와 관련된 **미술, 사회, 과학**을 공부해요.
사과와 관련된 다양한 이야기를 통해 사과에 대해 융합적으로 생각해 보세요.

사과는 우리가 평소에 쉽게 먹을 수 있는 과일이에요. 비타민 C와 식이 섬유 등 건강에 좋은 성분이 많이 들어 있는 과일이죠. 또 사과는 어릴 때 접했던 동요나 동화책의 주요 소재이기도 하며, 신화나 위대한 인물들과 관련해서도 자주 등장해요.

성경에도 사과와 관련된 이야기가 나와요. 하느님이 에덴동산*에 살던 아담과 이브에게 "이 열매를 먹으면 선과 악을 알게 된다."라며 절대 먹지 말라고 하셨던 그 열매를 유럽에서는 사과라고 생각해요. 하지만 아담과 이브는 하느님의 말씀을 어기고 몰래 열매를 먹었죠. 결국 둘은 에덴동산에서 쫓겨나 인간으로서의 고통을 겪고 죽음을 맞이하게 돼요.

전쟁의 원인이 된 사과도 있어요. 고대 그리스 신화에는 '파리스의 사과' 이야기가 전해져요. 이야기에 따르면 신들의 결혼식에 초대받지 못해 화가 난 불화의 여신 에리스가 '가장 아름다운 여신에게'라는 글귀를 새긴 황금 사과를 결혼식장에 던져 놓고 떠나죠. 이후 황금 사과의 주인을 놓고 헤라, 아테나, 아프로디

▲ 보티첼리, 「파리스의 심판」

테가 다툼을 벌이자 제우스는 트로이의 왕자인 파리스에게 판단을 맡겨요. 셋은 파리스의 선택을 받기 위해 각각 매력적인 조건을 제시하죠. 고민 끝에 파리스는 '가장 아름다운 신부'를 주겠다고 제안한 아프로디테를 선택해요. 그러나 불행히도 당시 가장 아름다운 여인은 스파르타의 왕비 헬레네였어요. 아프로디테의 도움으로 헬레네와 사랑에 빠진 파리스는 그녀와 함께 트로이로 도망가고, 아내를 뺏겨 격노한 스파르타의 왕은 트로이 전쟁을 일으키게 되죠. 이 전쟁에서 스파르타는 거대한 목마를 이용해 성안으로 진입하여 트로이를 멸망시켜요.

한편 사과는 정물화*의 소재로도 많이 활용돼요. 특히 사과 그림으로 유명한 화가로 프랑스의

인상파[*] 화가 폴 세잔이 있어요. 40년이 넘는 세월 동안 사과만 그리는 세잔을 보고 주변 사람들이 다른 주제로도 그림을 그려 보라고 권했을 정도래요. 이렇게 세잔이 사과 그림을 즐겨 그리게 된 이유로 세잔의 어릴 적 친구였던 세계적인 작가 '에밀 졸라'와의 이야기가 전해져요. 세잔과 같은 학교에 다녔던 졸라는 어릴 적 아버지가 돌아가시고 가난한 생활을 했어요. 또 작고 허약한 아이여서 덩치 큰 친구들

▲ 세잔, 「병과 사과 바구니가 있는 정물」

에게 자주 놀림을 당했지요. 하지만 세잔만은 졸라를 늘 따뜻하게 위로하고 그의 친구가 되어 주었죠. 그런 세잔에게 고마움을 느낀 졸라는 종종 사과를 선물로 주었대요. 이를 계기로 세잔에게 사과는 중요한 의미를 가진 소재가 되었고, 수많은 사과를 그리며 자신만의 화법을 완성해 가며 유명한 화가가 되었어요.

　현대 사회에서 가장 유명한 사과는 아마 애플사(社)의 사과일 거예요. 애플사의 로고[*]는 한 입 베어 문 사과의 형상으로 유명하죠. 이 로고는 컴퓨터의 아버지라고 불리는 앨런 튜링을 추모하기 위한 것으로 알려져 있어요.

* **에덴동산**: 구약 성경에 나오는 지상 낙원.
* **정물화**: 과일, 꽃, 화병 따위의 스스로 움직이지 못하는 물체들을 놓고 그린 그림.
* **인상파**: 자연이 주는 순간적인 인상을 작품에 표현하려는 미술의 한 기법. 대표적인 화가로는 마네, 모네, 드가, 르누아르 등이 있음.
* **로고**: 회사 이름이나 제품 이름 같은 것을 독특하게 드러나게 만들어 상표처럼 쓰는 글자꼴.

1 사과는 주로 깎거나 베어 먹는 과일이지만, 사과를 주재료로 다양한 음식을 만들어 먹기도 합니다. 사과로 만든 음식을 먹어 본 적이 있다면 적어 보세요.

달콤하고 재미있는 **사과 이야기**

2 이 글에서 알 수 있는 내용이 <u>아닌</u> 것은 무엇인가요? (　　　)

① 사과에는 식이 섬유가 풍부하게 들어 있다.

② 애플사의 로고 디자인은 앨런 튜링과 관련 있다.

③ 폴 세잔은 에밀 졸라에게 사과를 자주 선물하였다.

④ 트로이 전쟁의 시작은 '파리스의 사과'와 관련 있다.

⑤ 유럽에서는 성경에 나오는 선악과를 사과라고 여긴다.

3 다음 그림을 보고, (　　　) 안에서 알맞은 말을 골라 ○표 하세요.

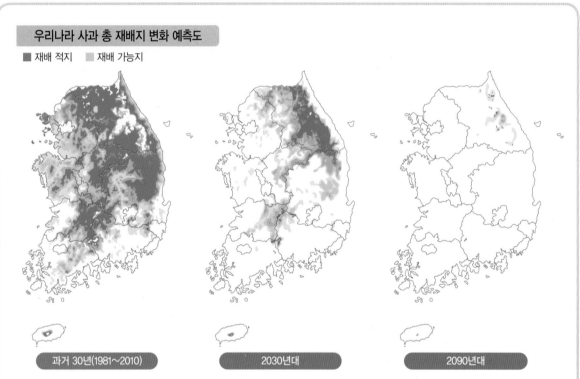

우리나라 사과 총 재배지 변화 예측도

■ 재배 적지　■ 재배 가능지

과거 30년(1981~2010)　　2030년대　　2090년대

　지구 온난화로 인해 우리나라의 사과 재배 지역도 빠르게 변하고 있습니다. 사과는 평균 기온 15~18도로 기후가 비교적 서늘하고 일교차가 큰 지역에서 잘 자랍니다. 하지만 지난 100년 동안 우리나라의 평균 기온이 1.7도가량 상승하면서, 사과가 자라기에 적합한 지역이 (동, 서, 남, 북)쪽으로 이동하고 재배지 면적도 크게 (줄었습니다, 늘었습니다). 앞으로도 지금과 같은 지구 온난화가 계속 진행된다면 2090년에는 우리나라에서 사과나무가 거의 사라질지도 모릅니다.

4 다음 글을 읽고, 빈칸에 알맞은 말을 쓰세요.

껍질을 벗긴 사과를 관찰한 적이 있나요? 처음과 달리 시간이 지나면서 조금씩 색이 어두워지는 것을 발견하게 될 거예요. 주로 갈색으로 변하기 때문에 이러한 현상을 '갈변 현상'이라고 합니다. 이 현상은 사과 안에 있던 효소가 공기 중 산소와 만나 일으키는 산화 반응이에요. 이 갈변 현상은 배와 바나나, 감자에서도 관찰할 수 있어요. 갈변을 막기 위한 방법으로는 공기를 완전히 차단할 수 있는 용기에 담거나 (   )에 담가 두는 방법이 있어요.

5 다음 글을 읽고, 평소 미안함을 느낀 친구에게 편지를 써서 사과의 마음을 전해 보세요.

'사과'라는 낱말은 '사과나무의 열매.'라는 의미 외에도 '잘못을 용서함.'이라는 의미로도 쓰여요. 이러한 의미를 활용해서 사과를 주고받으며 서로 화해하고 용서하는 날인 '애플 데이'를 매년 10월 24일에 운영하는 학교가 많답니다.

2주차

 무엇을 **배울까요?**

회차	글의 내용	핵심 개념	읽기 방법	학습 계획일
01회	**바나나가 위험해** 바나나가 사라질 위기에 처한 원인을 밝히고, 다양한 품종의 농작물을 길러야 한다고 주장하는 글입니다.	[경제] 생산	관련 자료 찾아 읽기	월 일 (요일)
02회	**공공 와이파이** 와이파이의 뜻과 특징을 설명한 후, 공공 서비스 중 하나인 공공 와이파이에 대해 소개하는 글입니다.	[정치] 공공 서비스	문장의 표현 효과 평가하기	월 일 (요일)
03회	**큰불의 비극에서 탄생한 초고층 도시** 오늘날 대도시에 고층 건물이 많은 것은 시카고에서 일어난 대형 화재 사건 때문임을 설명하는 글입니다.	[지리] 도시	사건의 배경 파악하기	월 일 (요일)
04회	**작은 지구 여행** 다양한 나라의 사람들이 살고 있는 안산시 원곡동의 '국경 없는 마을'에 대해 소개하는 글입니다.	[사회 문화] 다문화	내용 문단 구분하기	월 일 (요일)
05회	**읽기 방법 익히기** 이 주에 공부한 중요 [읽기 방법]을 한눈에 정리하고 문제로 확인합니다. **1** 사건의 배경 파악하기 **2** 내용 문단 구분하기			월 일 (요일)

어느 수준일까요?

01회	02회	03회	04회
바나나가 위험해	**공공 와이파이**	**큰불의 비극에서 탄생한 초고층 도시**	**작은 지구 여행**

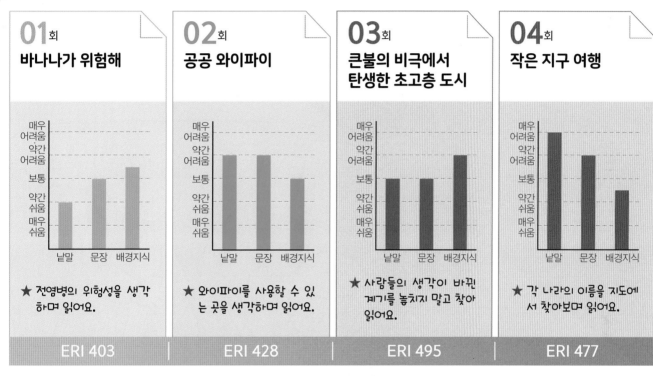

★ 전염병의 위험성을 생각하며 읽어요.

★ 와이파이를 사용할 수 있는 곳을 생각하며 읽어요.

★ 사람들의 생각이 바뀐 계기를 놓치지 말고 찾아 읽어요.

★ 각 나라의 이름을 지도에서 찾아보며 읽어요.

ERI 403	ERI 428	ERI 495	ERI 477

이 주의 ERI 지수

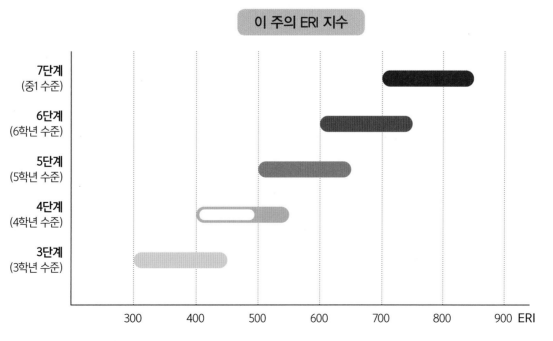

20년 후

엄마, 바나나가 뭐예요?

 핵심 개념인 '생산'과 관련된 말들을 알아 둡시다.

→ 생산 활동 / 상품 생산 / 생산과 소비

생산이란 사람이 생활하는 데 필요한 물건을 만들어 내는 것을 말해요.

 글을 읽고 이것만은 꼭 찾아냅시다.

→ 바나나가 사라질 위기에 처한 원인은 무엇인가요?

 글의 내용과 관련된 자료를 찾아봅시다.

→ 글을 읽다가 궁금한 점이 생기면 관련 자료를 찾아 참고하며 읽습니다.

글에서 설명되지 않은, 궁금한 내용 발견하기	→	궁금한 내용을 글 밖에서 찾아보기

글을 읽다가 생긴 궁금증을 글 안에서 해결할 수 없다면 백과사전이나 인터넷 등을 이용하여 해결할 수 있어요.

1 **핵심 개념** 미리 보기

다음 '생산'의 뜻을 참고하여 생산 활동에 해당하지 <u>않는</u> 것에 ✔표 하세요.

> 생산: 사람이 생활하는 데 필요한 물건을 만들어 냄.

(1) (　　)　　(2) (　　)　　(3) (　　)　　(4) (　　)

2 **읽기 방법** 미리 보기

다음 글을 읽고 궁금한 내용을 더 알아보려고 합니다. 알맞게 말한 친구에게 ✔표 하세요.

> 아주 오래전 남미에서 재배되기 시작한 감자와 고구마는 이제 우리나라를 비롯하여 세계 곳곳에서 재배되며 많은 사람에게 사랑받는 농작물이 되었다.
> 감자와 고구마는 모두 뿌리채소이다. 뿌리채소는 땅속에 묻힌 뿌리와 줄기를 먹는 농작물인데, 감자와 고구마는 먹는 부위가 서로 다르다. 감자는 줄기를, 고구마는 뿌리를 먹는다. 감자는 땅속에 있는 줄기의 일부에 영양분이 저장되어 덩이 모양을 이룬 것이다. 이와 달리 고구마는 뿌리에 영양분이 저장되어 둥그렇게 크기가 커진 것이다.

(1) 지훈: 뿌리채소가 무슨 뜻인지 우리 반 친구한테 물어봐야겠어. (　　)
(2) 연우: 우리나라에서는 감자와 고구마를 언제부터 재배했는지 백과사전을 찾아봐야겠어. (　　)

1 바나나는 시장이나 슈퍼마켓에서 쉽게 볼 수 있는 과일입니다. 바나나는 비교적 값이 싸고 맛도 좋습니다. 그래서 많은 사람이 즐겨 먹는 간식이자 중요한 식량이기도 합니다. 그런데 ㉠바나나가 사라질 위기에 처했습니다.

2 흙 속의 곰팡이가 일으키는 바나나 전염병 때문입니다. 이 전염병에 걸리면 바나나 나무가 점차 말라 죽게 됩니다. 이 전염병은 1900년대 초반에 처음 발견되었습니다. 그리고 1980년대에는 새로운 변종*까지 생기면서 전 세계 바나나 농장으로 퍼져 나가고 있습니다.

3 전염병 때문에 바나나가 사라질 것이라는 생각이 지나친 걱정으로 보일 수 있습니다. 그러나 이 전염병을 막지 못하면 정말로 바나나를 더 이상 먹지 못하게 될 수도 있습니다. 전 세계 대부분의 농장에서는 '캐번디시'라는 바나나를 기르고 있습니다. 그런데 캐번디시 바나나가 이 전염병에 특히 약하고 아직까지 이 전염병을 치료할 방법도 없기 때문입니다.

4 그런데 왜 많은 농장에서 ㉡캐번디시 바나나를 기르는 걸까요? 캐번디시 바나나는 크고 씨가 없으며 잘 자랍니다. 멀리까지 운반하는 동안에도 잘 상하지 않아서 팔기에도 좋습니다. 바나나를 생산하는 농장 입장에서는 경제성이 무척 뛰어난 바나나입니다. 그래서 전 세계 바나나 농장에서 캐번디시 바나나를 기르는 것입니다.

▲ 캐번디시 바나나

5 바나나는 원래 여러 품종*이 있었습니다. 작지만 맛이 좋은 바나나, 보관은 어렵지만 향과 맛이 뛰어난 바나나도 있었습니다. 또 씨가 있어 먹기 어렵지만 병에 강한 바나나도 있었습니다. 그러나 지금은 그것들을 기르지 않아 대부분 사라지게 된 것입니다.

6 모든 생물은 병에 걸릴 수 있습니다. 그런데 한 가지 품종만 있는 상태에서, 그것이 어떤 병에 약하다면 그 생물은 사라지게 됩니다. 다양한 품종이 있어야 어떤 병이 생겼을 때 그 병을 이겨 내고 살아남는 것이 있을 수 있습니다. 바나나도 마찬가지입니다. 기르기에 힘이 더 들고 팔기에 어려움이 있더라도 다양한 품종을 길러 그 장점을 살릴 필요가 있습니다.

7 모든 농작물이 다 그러합니다. 여러 가지 품종을 길러야 합니다. 다양한 품종을 기를 때 더 안정적으로 농작물을 생산할 수 있음을 알아야 합니다.

* **변종**: 같은 종류의 생물 가운데 변이가 생겨서 성질과 형태가 달라진 종류.
* **품종**: 같은 종류의 생물을 고유한 특징에 따라 나눈 것.

1. **이 글의 중심 생각으로 알맞은 것에 √표 하세요.**

(1) 모든 생물은 병에 걸릴 수 있다. ( )

(2) 바나나가 사라지지 않도록 노력해야 한다. ( )

(3) 바나나는 많은 사람이 즐겨 먹는 과일이다. ( )

2. **㉠의 원인을 다음과 같이 정리할 때, 빈칸에 들어갈 내용으로 알맞은 것은 무엇인가요? ( )**

원인	• 바나나 전염병이 퍼져 나가고 있다. • ( )

↓

결과	바나나가 사라질 수 있다.

① 바나나 가격이 너무 싸다.

② 바나나를 오래 저장하기 어렵다.

③ 너무 많은 사람이 바나나를 먹는다.

④ 아직까지 바나나 전염병을 치료할 방법이 없다.

⑤ 전 세계 농장에서 너무 많은 품종의 바나나를 기르고 있다.

3. **㉡의 특징으로 알맞지 <u>않은</u> 것은 무엇인가요? ( )**

① 크기가 크다.

② 병충해에 강해서 병에 잘 걸리지 않는다.

③ 잘 자란다.

④ 씨가 없어서 먹기가 편하다.

⑤ 잘 상하지 않아서 멀리까지 운반할 수 있다.

🔘 **관련 자료 찾아 읽기**

4. 가은이는 바나나를 지키기 위한 방법을 더 알아보기 위해 다른 글을 찾아 읽었습니다. 다음 글을 참고하여 **7** 문단 끝에 한 문장을 추가한다고 할 때, 빈칸에 알맞은 말을 쓰세요.

> 예전에 바나나 농장에서는 거름을 주어 바나나를 길렀다. 거름 속에는 다양한 미생물이 살고 있어서 곰팡이나 세균들을 스스로 조절할 수 있었다. 그러나 거름보다 돈이 적게 드는 화학 비료를 사용하면서부터 흙 속의 미생물들이 사라졌고, 해로운 곰팡이가 생겨도 막을 방법이 없게 되었다.

➡ 추가할 문장: 또한 ☐☐ 을 주어 흙 속에 ☐☐☐ 들이 살 수 있게 해야 합니다.

두 글의 정보 통합하기

5. 이 글과 〈보기〉에서 공통적으로 강조하는 것을 알맞게 파악한 친구에게 ∨표 하세요.

● 보기 ●

1845년 아일랜드에 갑작스럽게 감자 마름병이 퍼졌다. 당시 아일랜드에서는 수확량이 많은 '럼퍼'라는 한 가지 품종의 감자만 길렀다. 럼퍼는 감자 마름병에 약해서 대부분 죽고 말았다. 이 때문에 당시 감자가 주식이었던 아일랜드 사람들이 많은 고통을 받았다. 이와 달리 남미의 안데스 지역에서는 다양한 품종의 감자를 길렀고, 그중에 감자 마름병에 강한 것이 있어서 재난을 피할 수 있었다.

▲ 다양한 품종의 감자

(1) **성근:** 감자와 바나나는 병에 약한 농작물이야. ( )

(2) **정윤:** 감자와 바나나 대신 다른 농작물을 길러야 해. ( )

(3) **혜민:** 한 가지 품종이 아니라 다양한 품종의 농작물을 길러야 해. ( )

어휘 익히기

1 낱말 뜻 알기

다음 빈칸에 알맞은 낱말을 〈보기〉에서 찾아 쓰세요.

• 보기 •

운반   보관   장점   농작물

1. 농부는 논밭에서 여러 가지 (   )을 경작한다.
   뜻 논밭에 심어 가꾸는 곡식이나 채소.

2. 이 볼펜은 선물로 받은 것이라 한 번도 안 쓰고 (   )만 했다.
   뜻 물건을 맡아 간직하여 둠.

3. 우리 선생님은 언제나 학생들이 가진 (   )을 칭찬해 주신다.
   뜻 좋거나 잘하거나 바람직한 점.

4. 이사할 때 사다리차를 이용하여 짐을 (   )했더니 쉽고 빨랐다.
   뜻 물건 등을 옮겨 나름.

2 관용 표현 알기

다음 빈칸에 알맞은 말을 쓰세요.

"[ ] 잃고 외양간 고친다"

값싸고 맛있는 바나나를 계속 먹으려면 바나나가 사라지지 않도록 노력해야 할 것입니다. 이 속담은 소를 도둑맞은 다음에서야 빈 외양간의 허물어진 데를 고치느라 수선을 떤다는 뜻으로, 일이 이미 잘못된 뒤에는 손을 써도 소용이 없음을 비꼬는 말입니다.

그러게 엄마가 늘 조심하라고 했잖니.

3 한자어 익히기

다음 한자어를 소리 내어 읽고 빈칸에 따라 써 보세요.

生	産
날 생	낳을 산

생산(生産): 사람이 생활하는 데 필요한 물건을 만들어 냄.
• 제주도는 대표적인 귤 생산 지역이다.
• 이 공장에서는 전기차에 들어가는 부품을 생산한다.
• 새로운 농업 기술 덕분에 농업 생산이 크게 늘어났다.

生	産						
날 생	낳을 산						

공공 와이파이

공공 와이파이는
어디서 이용 가능할까요?

☑ **핵심 개념인 '공공 서비스'와 관련된 말들을 알아 둡시다.**

→ 공공 도서관 / 공공 자전거 / 공공 주차장

 공공 서비스란 국가나 공공 단체에서 사람들의 복지를 위하여 제공하는 서비스를 말해요.

☑ **글을 읽고 이것만은 꼭 찾아냅시다.**

→ 정부나 지방 자치 단체에서 공공 와이파이를 설치하는 이유는 무엇일까요?

☑ **문장의 표현 효과를 평가해 봅시다.**

→ 문장의 특별한 표현이 읽는 이에게 어떤 효과를 주는지 생각하며 문장의 뜻과 역할을 알아봅니다.

> 문장의 뜻과 → 문장의 표현이 주는
> 문맥 살펴보기   효과 생각해 보기

글 속에는 읽는 이에게 특별한 효과를 주기 위해 쓰는 문장이 있어요.

1 핵심 개념 미리 보기

다음 선생님의 설명을 참고하여 공공 서비스에 해당하지 <u>않는</u> 것에 ✓표 하세요.

> 선생님: 공공 서비스는 국가나 공공 단체에서 공공의 복지를 위하여 제공하는 서비스예요. 예를 들면 교육, 교통, 의료, 경찰 등이 공공 서비스에 해당해요.

(1) 대중교통 ( )	(2) 책 판매 ( )	(3) 학교 수업 ( )

2 읽기 방법 미리 보기

다음 글을 읽고, ㉠의 표현 효과로 알맞은 것에 ✓표 하세요.

> 방과 후에 친구와 함께 공놀이를 하러 운동장에 갔다. 인조 잔디가 깔린 운동장은 오후의 햇살을 받아 어느 때보다 초록색으로 빛나고 있었다. 친구가 찬 공을 받지 못해 그 공을 주우러 운동장 구석으로 갔다. 공을 주우려 할 때 깜짝 놀랐다. ㉠앗, 이게 뭘까? 공 옆에 노랗게 빛나는 게 있었다. 자세히 보니 민들레꽃이었다. 인조 잔디로 덮인 곳에 노란 꽃이 피어 있었다. 바람에 날려 온 흙먼지가 조금 쌓여 있는 곳에 민들레가 뿌리를 내리고 꽃을 피운 것이다.

(1) 앞에 나온 내용들을 간략하게 정리해 준다. ( )
(2) 뒤에 이어질 내용에 대한 궁금증을 높여 준다. ( )

수수께끼를 하나 내 볼게요. ㉠세상에서 가장 인기 있는 파이는 무엇일까요? 정답은 와이파이(Wi-Fi)입니다. 스마트폰을 가지고 있는 사람들은 와이파이 없이 잠시도 지내기 어렵다고 합니다. 이렇게 인기 있는 와이파이는 어디에 있을까요?

와이파이는 무선 인터넷을 이용할 수 있게 해 주는 기술을 말합니다. 와이파이를 이용하여 통신을 하려면 와이파이 연결 장치가 있어야 합니다. 요즘에는 대부분의 사무실이나 가정집, 학교, 상점 등에 이 장치를 설치하고 있습니다.

그런데 와이파이 연결 장치가 내보내는 전파는 어느 정도의 거리까지만 닿습니다. 도로나 공원과 같은 야외에서는 와이파이로 통신을 하기 어렵습니다. 그래서 통신 회사들은 사람들이 어디서나 통신을 할 수 있도록 기지국*을 곳곳에 세우고 있습니다. 우리나라의 경우 사람이 거의 살지 않는 산속이나 먼바다가 아니라면 어디서든 통신을 할 수 있습니다. 그러나 이런 전파를 사용하려면 통신 회사에 요금을 내야 합니다.

이런 요금을 내지 않고도, 누구든 쓸 수 있도록 한 것이 ㉡공공 와이파이입니다. 공공 와이파이는 누구나 무선 인터넷을 무료로 이용할 수 있도록 정부나 지방 자치 단체가 돈을 들여 제공하는 와이파이를 말합니다. 공공 와이파이 연결 장치는 주로 사람들이 많이 이용하는 공공장소에 설치됩니다. 공원이나 버스, 지하철, 전통 시장, 주민 센터 등이 여기에 해당합니다. 그리고 섬처럼 사람이 많이 살지 않더라도 통신이 꼭 필요한 곳에도 설치됩니다.

지하철이나 공공 자전거처럼 공공 와이파이도 우리 모두가 이용할 수 있는 공공 서비스입니다. 하지만 지하철이나 공공 자전거와 달리 공공 와이파이는 누구나 무료로 이용할 수 있습니다. 누구나 공공 와이파이를 이용하여 인터넷 검색, 동영상 시청, 전자 우편 보내기 등을 할 수 있는 것입니다.

정부와 지방 자치 단체에서는 계속해서 공공 와이파이 설치 지역을 넓혀 간다고 합니다. 앞으로는 더욱 많은 지역에서 더 많은 사람이 공공 와이파이를 이용할 수 있게 될 것입니다. 공공 와이파이는 국민들의 통신비 부담을 줄여 줄 것입니다. 그리고 다른 공공 서비스와 마찬가지로 국민들이 더 나은 삶을 살 수 있도록 도움을 줄 것입니다.

---

* **기지국**: 전파를 주고받는 기능을 하는 작은 통신 기관.

중심 화제 파악하기

1. 이 글에서 주로 설명하고 있는 대상은 무엇인가요? (　　　)

① 전파　　　　　　　　　　　② 기지국

③ 인터넷　　　　　　　　　　④ 공공 서비스

⑤ 공공 와이파이

내용 파악하기

2. 이 글을 읽고 알 수 있는 사실이 <u>아닌</u> 것은 무엇인가요? (　　　)

① 요즘에는 대부분의 사무실에 와이파이 연결 장치가 설치되어 있다.

② 통신 회사에서 제공하는 와이파이를 이용하려면 요금을 내야 한다.

③ 와이파이 연결 장치에서 멀리 떨어질수록 인터넷 연결이 더 잘 된다.

④ 와이파이를 이용하려면 와이파이 연결 장치가 설치되어 있어야 한다.

⑤ 앞으로는 공공 와이파이를 이용할 수 있는 지역이 더욱 많아질 것이다.

문장의 표현 효과 평가하기

3. ㉠의 표현 효과를 알맞게 이해한 친구에게 √표 하세요.

'가장 인기 있는 파이'를 물어서, 먹는 파이를 생각했어. 그런데 갑자기 '와이파이'가 나와서 엉뚱해 보였어. 내용이 어려울 거라는 걸 미리 알려 주는 것 같아.

'가장 인기 있는 파이'로 여러 가지를 떠올리게 한 뒤에 '와이파이'를 소개했어. 그래서 읽는 사람에게 재미를 주면서 이어지는 내용에 관심을 갖게 하고 있어.

시현

(　　　)

정환

(　　　)

4. ⓛ이 설치되는 곳에 해당하지 <u>않는</u> 것은 무엇인가요? (　　)

① 공원　　　　　　② 가정집　　　　　　③ 지하철
④ 주민 센터　　　　⑤ 전통 시장

5. 이 글의 내용으로 보아, 공공 서비스의 목적과 밀접한 관련이 있는 것은 무엇인가요? (　　)

① 경제　　　　　　② 국방　　　　　　③ 복지
④ 과학　　　　　　⑤ 환경

6. 이 글과 다음 자료를 읽고 공공 서비스의 특징을 <u>잘못</u> 파악한 친구에게 ∨표 하세요.

공공 자전거는 싼 가격으로 누구나 이용할 수 있도록 시에서 제공하는 서비스로, 많은 사람이 이용할 수 있도록 지하철역이나 버스 정류장, 공원 등에 설치되어 있다.

공공 와이파이

공공 와이파이는 공원, 도서관, 전통 시장, 버스 등 시민들이 자주 이용하는 공공장소에서 누구나 무료로 이용 가능한 와이파이 서비스이다.

(1) 유나: 주로 공공장소에 설치됩니다.　　　　　　　　　　　　　(　　)

(2) 희진: 누구나 무료로 이용할 수 있습니다.　　　　　　　　　　(　　)

(3) 상민: 사람들이 자주 이용하는 곳에 설치합니다.　　　　　　　(　　)

(4) 태준: 정부나 지방 자치 단체가 돈을 들여 설치합니다.　　　　(　　)

어휘 익히기

1 낱말 뜻 알기

다음 빈칸에 알맞은 낱말을 〈보기〉에서 찾아 쓰세요.

• 보기 •
통신   설치   전파   제공

1. 주민들은 쓰레기 소각장 (   )에 반대했다.
   뜻 기구나 장치를 달거나 세움.

2. 놀이공원에서는 어린이들을 위해 풍선을 무료로 (   )하였다.
   뜻 필요한 것이나 쓸모 있는 것을 줌.

3. 번개가 치니 (   )이/가 제대로 잡히지 않아 전화가 자주 끊긴다.
   뜻 라디오 같은 무선 통신이나 전기 통신에 쓰는 전자파.

4. 요즘은 (   )이/가 발달해서 외국에 있는 친구와도 쉽게 연락할 수 있다.
   뜻 편지, 전화, 컴퓨터 등으로 정보나 소식 등을 전함.

2 관용 표현 알기

다음 빈칸에 알맞은 말을 쓰세요.

"☐리 길도 ☐걸음부터"
'천 리'는 무척 먼 거리를 뜻합니다. 아무리 먼 길이라 하더라도 일단 첫걸음을 내딛는 것부터 시작할 수 있겠죠? 이 속담은 무슨 일이나 그 일의 시작이 중요하다는 것을 뜻하는 말입니다.

3 한자어 익히기

다음 한자어를 소리 내어 읽고 빈칸에 따라 써 보세요.

公	共
공변될 **공**	함께 **공**

공공(公共): 한 국가 또는 사회의 모든 사람에게 관계되는 것.
• 우리 동네는 학교, 병원 등의 공공시설이 많다.
• 시민들의 불편을 덜어 주기 위해 공공 주차장을 더 만들기로 했다.
• 나는 버스를 탈 때 줄을 서서 순서대로 타는 등 공공질서를 잘 지킨다.

公	共						
공변될 공	함께 공						

03회 큰불의 비극에서 탄생한 초고층 도시

▲ 미국의 시카고

☑ 핵심 개념인 '도시'와 관련된 말들을 알아 둡시다.

→ 도시와 농촌 / 도시 생활 / 행정 도시

도시란 정치, 경제, 문화의 중심이 되고 사람이 많이 사는 지역을 말해요.

☑ 글을 읽고 이것만은 꼭 찾아냅시다.

→ 시카고에 고층 건물이 많이 세워지게 된 배경은 무엇인가요?

☑ 글에 설명된 사건의 배경을 파악해 봅시다.

→ 글의 내용에 어떤 사건이 나오면, 그 사건이 일어나게 된 배경이 무엇인지 알아봅니다.

| 글에 나온 사건 파악하기 | → | 사건이 일어난 배경 알아보기 |

글에 설명된 사건의 배경을 파악하면 그 사건을 좀 더 잘 이해할 수 있어요.

1 **핵심 개념** 미리 보기

다음 중 도시의 풍경으로 보기 <u>어려운</u> 것에 √표 하세요.

(1)

(   )

(2)

(   )

(3)

(   )

2 **읽기 방법** 미리 보기

다음 글을 읽고, 손기정 선수가 ㉠과 같은 행동을 한 이유는 무엇일지 빈칸에 알맞은 말을 쓰세요.

> 우리나라 사람 중 최초로 올림픽에서 금메달을 딴 사람은 누구일까요? 손기정 선수입니다. 손기정 선수는 1936년 독일의 베를린에서 열린 올림픽에 참가하여 마라톤 종목에서 금메달을 목에 걸었습니다. 그런데 이때는 우리나라가 일본의 식민 지배를 받고 있었기 때문에 손기정 선수는 태극기가 아니라 일본의 국기인 일장기를 가슴에 달고 뛰었습니다. ㉠시상대 맨 위에 오른 손기정 선수는 환하게 웃을 수 없었습니다. 일본의 국가가 연주되는 동안 고개를 숙인 채 눈물을 흘렸습니다.

➡ 우리나라가 ☐☐의 식민 지배를 받고 있는 현실이 슬펐기 때문이다.

1 큰 도시를 생각할 때 가장 먼저 떠오르는 것은 높은 건물입니다. 오늘날의 대도시에는 대부분 높은 건물이 가득 들어서 있습니다. 우리나라의 서울과 부산, 미국의 뉴욕, 일본의 도쿄 등은 대도시로 꼽히는 곳들입니다. 이 도시들에서는 높은 건물들이 나란히 서 있는 광경을 볼 수 있습니다.

2 그런데 대도시가 처음부터 이런 모습은 아니었습니다. 프랑스의 파리는 아주 오래전부터 큰 도시였습니다. 이곳에는 낮은 높이의 건물들이 서로 가깝게 붙어 있습니다. 당시에도 아주 커다란 탑처럼 높은 건축물을 지을 수는 있었지만 사람이 사는 집을 그만큼 높게 지을 생각을 하지 않았기 때문입니다.

3 오늘날과 같이 높은 건물이 많은 도시는 어떻게 탄생했을까요? 그것은 한 도시가 큰불로 온통 타 버린 비극에서 시작되었다고 합니다. 1871년 미국의 도시인 시카고에서 불이 났습니다. 시카고는 주변에 숲이 많아 나무로 지은 집이 대부분이었습니다. 게다가 당시에 날씨가 메마르고 바람이 세게 불었습니다. 그래서 불길이 금방 번져 도시 대부분이 불에 타고 말았습니다.

4 불이 다 꺼진 후, 사람들은 도시를 다시 건설하려고 했습니다. 남아 있는 집이 거의 없었기에 도시를 완전히 다시 만들어야 했습니다. 마침 그때는 시멘트, 강철, 유리 등으로 집을 튼튼하게 지을 수 있는 기술이 발전하고 있던 때였습니다. 사람들은 백 년을 내다보고 최신의 건축 기술로 건물들을 짓기로 했습니다. 최신 건축의 재료가 되는 시멘트, 강철, 유리 등은 불에 강하기 때문입니다. 더구나 이러한 재료들을 사용하는 ㉠새로운 건축 기술은 건물을 수십 층 높이까지도 지을 수 있게 해 주었습니다.

5 22년이 흐른 후, 시카고에서 세계 박람회가 열렸습니다. 이때에 강철로 지은 높은 건물, 엘리베이터가 설치된 건물이 전 세계 사람들에게 소개되었습니다. 높고 아름답게 지어진 건축물을 본 사람들은 새로운 건축 기술에 감탄했습니다. 이후 다른 도시에서도 사람이 생활하는 건물을 높게 짓기 시작했습니다. 이것이 오늘날의 도시 모습이 되었습니다. 대형 화재라는 비극이 계기가 되어 오늘날 시카고는 (㉡)의 도시로 유명해졌습니다.

내용 파악하기

1. 이 글을 읽고 알 수 있는, 〈보기〉에 제시된 도시들의 공통점은 무엇인가요? (   )

서울   뉴욕   도쿄

① 높은 건물이 많이 있다.

② 각 나라의 수도에 해당한다.

③ 우리나라에 있는 도시들이다.

④ 아주 오래전부터 큰 도시였다.

⑤ 다양한 국가의 사람들이 살고 있다.

사건의 배경 파악하기

2. 시카고에 불이 나서 도시가 온통 타게 된 사건의 배경을 알맞게 말한 친구에게 모두 √표 하세요.

(1) 희찬: 높은 건물들이 가득 들어서 있었어요.   (   )

(2) 지은: 시멘트와 강철, 유리 등으로 집을 지었어요.   (   )

(3) 아영: 그때 날씨가 메말랐고 바람이 세게 불었어요.   (   )

(4) 상범: 도시 주변에 숲이 많아 나무로 지은 집이 대부분이었어요.   (   )

세부 내용 파악하기

3. 다음 질문에 대한 답으로 알맞은 것에 √표 하세요.

프랑스의 파리도 큰 도시인데, 파리에는 왜 낮은 집이 많은 걸까?

(1) 높은 집은 화재가 발생할 가능성이 크기 때문이다.   (   )

(2) 당시 건축 기술로는 높은 건축물을 지을 수 없었기 때문이다.   (   )

(3) 사람이 사는 집을 높게 지을 필요가 없다고 생각했기 때문이다.   (   )

세부 내용 파악하기

4. ㉠과 같은 건축 기술로 건물을 지은 까닭으로 알맞은 것에 모두 √표 하세요.

(1) 불에 잘 타지 않기 때문이다. ( )

(2) 화재가 나면 쉽게 대피할 수 있기 때문이다. ( )

(3) 오랫동안 튼튼하게 유지할 수 있기 때문이다. ( )

(4) 자연에서 얻을 수 있는 재료를 사용하기 때문이다. ( )

생략된 내용 짐작하기

5. 5 문단의 내용을 고려할 때, ㉡에 들어갈 말로 알맞은 것은 무엇인가요? ( )

① 영화   ② 건축   ③ 예술

④ 자연   ⑤ 교육

글의 내용을 근거로 답하기

6. 선생님의 질문에 알맞게 대답한 친구에게 √표 하세요.

대형 화재가 일어난 이후에 시카고는 어떻게 변했나요?

높은 탑이 많이 생겼어요.

잿더미가 되어 더 이상 사람이 살지 않게 되었어요.

사람이 생활하는 높은 건물이 많아졌어요.

여준   가은   채연

( )   ( )   ( )

어휘 익히기

1 낱말 뜻 알기

다음 빈칸에 알맞은 낱말을 〈보기〉에서 찾아 쓰세요.

```
• 보기 •
광경        비극        최신        계기
```

1. 바닷가에서 바라본 해돋이 (   )은/는 무척 아름다웠다.
   뜻 어떤 일이나 현상이 벌어지는 장면 또는 모양.

2. 많은 비가 내렸지만 대비를 잘해서 (   )을/를 막을 수 있었다.
   뜻 매우 슬프고 비참한 일.

3. 오래된 체육관이 (   ) 시설을 갖춘 종합 체육관으로 다시 태어났다.
   뜻 가장 새로움. 또는 가장 앞서 있음.

4. 글짓기 대회에서 상을 탄 것이 (   )이/가 되어 글쓰기에 자신감을 갖게 되었다.
   뜻 어떤 일이 일어나거나 결정되도록 하는 원인이나 기회.

2 관용 표현 알기

다음 빈칸에 알맞은 말을 쓰세요.

"☐ 온 뒤에 땅이 굳어진다"

미국의 시카고는 큰 화재를 겪은 후 유명한 건축의 도시로 재탄생하였습니다. 이 속담은 비에 젖어 질척거리던 흙도 마르면서 단단하게 굳어진다는 뜻으로, 어떤 시련을 겪은 뒤에 더 강해짐을 비유적으로 이르는 말입니다.

3 한자어 익히기

다음 한자어를 소리 내어 읽고 빈칸에 따라 써 보세요.

都	市
도읍 도	시장 시

도시(都市): 정치, 경제, 문화의 중심이 되고 사람이 많이 사는 지역.
- 도시를 건설하다.
- 서울은 우리나라에서 가장 큰 도시이다.
- 삼촌은 도시에서 사시다가 얼마 전에 시골로 이사 가셨다.

都	市						
도읍 도	시장 시						

04회 작은 지구 여행

☑ 핵심 개념인 '다문화'와 관련된 말들을 알아 둡시다.

→ 다문화 가정 / 다문화 사회 / 다문화 시대

 다문화란 한 사회 안에 여러 민족이나 여러 나라의 문화가 섞여 있는 것을 말해요.

☑ 글을 읽고 이것만은 꼭 찾아냅시다.

→ 안산시 원곡동의 '국경 없는 마을'을 '작은 지구'라고 부르는 까닭은 무엇일까요?

☑ 내용이 서로 연관되는 문단끼리 묶어 글의 내용을 효과적으로 이해해 봅시다.

→ 글에 있는 여러 개의 문단을 내용이 서로 연관되는 문단끼리 묶어 글의 내용을 정리해 봅니다.

| 내용이 서로 연관되는 문단 찾기 | → | 연관되는 문단끼리 묶어 글 내용 정리하기 |

 내용이 서로 연관되는 문단끼리 묶으면 글의 내용을 좀 더 잘 이해할 수 있어요.

1 핵심 개념 미리 보기

현서는 아래 낱말 카드를 통해 '다문화'의 뜻을 추측하였습니다. 빈칸에 알맞은 말을 쓰세요.

2 읽기 방법 미리 보기

다음 두 문단을 하나의 내용 문단으로 묶으면, 중심 내용은 무엇인지 빈칸에 알맞은 말을 쓰세요.

1 장구는 한국 전통 음악에서 널리 쓰이는 타악기이다. 모래시계 모양으로 허리가 잘록한 나무통의 양면에 가죽을 대어 만든다. 왼쪽은 손이나 궁굴채로, 오른쪽은 열채로 치는데, 그 음색이 각기 다르다.

2 가야금은 한국의 전통 현악기 중 하나이다. 좁고 긴 오동나무 통에 명주실로 꼰 12개의 줄을 매는데, 줄의 굵기가 순차적으로 가늘게 되어 있다. 손가락으로 열두 줄의 현을 뜯고 퉁기며 소리를 낸다.

➡ 우리나라의 전통 ☐☐

정답 1. 생활 양식 2. 악기

1 경기도 안산시 원곡동에는 '국경 없는 마을'이 있습니다. 이곳에 가면 중국, 베트남, 인도네시아, 태국, 몽골, 우즈베키스탄, 네팔, 나이지리아 등 50여 개 나라의 문화를 만날 수 있습니다. 비행기를 타고 멀리까지 가지 않아도 여러 나라 사람들과 그들의 문화를 접할 수 있습니다. 우리나라 속에 있는 ㉠작은 지구입니다.

2 이 마을에서는 길을 걸으면서 각 나라의 **전통** 음식을 만날 수 있습니다. 여러 나라의 언어로 쓰인 간판을 달고 있는 식당들도 볼 수 있습니다. 외국 사람이 직접 자기 나라의 전통 요리를 설명해 주는 곳도 있습니다.

3 거리에는 오리알, 돼지 귀, 소 혀 등 흔히 볼 수 없는 재료로 만든 음식들이 가득합니다. 보는 것만으로도 지구를 한 바퀴 돌고 온 느낌이 날 것입니다.

4 각 나라의 문화를 배우며 즐길 수 있는 곳도 있습니다. 다문화 어린이 도서관에는 각 나라의 언어로 된 다양한 책이 많습니다. 이곳의 책들을 보면 지구 곳곳의 언어와 재미있는 이야기들을 만나게 될 것입니다.

5 ㉡세계 문화 **체험관**에서는 우리나라에서 쉽게 해 볼 수 없는 재미있는 체험을 할 수 있습니다. 각 나라의 노래도 배우고, **공예품**을 만들어 보고, 전통 옷을 입어 볼 수 있습니다. 그리고 전통차 마시기, 전통 놀이, 전통 악기 연주 등의 체험도 할 수 있습니다. 각 나라의 선생님들이 설명해 주어서 실감 나게 배울 수 있습니다.

6 축제가 열릴 때도 있습니다. 매년 4월에는 태국과 스리랑카 등 불교 국가 사람들이 축제를 ㉢엽니다. 불교 달력에서는 새해가 4월부터 시작되기 때문입니다. 이 축제에서는 잘못과 불행을 씻어 내고 새해의 시작을 알린다는 뜻에서 서로에게 물을 뿌립니다. 서로에게 나뭇잎을 건네며 행복을 빌기도 합니다.

7 이슬람교를 믿는 인도네시아 사람들도 축제를 엽니다. 한 달 동안의 종교 행사를 끝내고 나면 폭죽을 터뜨리고 기도를 합니다. 그리고 친척이나 이웃을 초대하여 음식을 나눠 먹으며 함께 축하합니다.

8 이곳 초등학교의 온누리반에서는 다양한 나라에서 온 외국인 자녀들과 다문화 가정 아이들이 공부합니다. 온누리반 학생들은 다른 반 학생들과 똑같이 국어와 수학 등을 공부합니다. 그리고 방과 후 특별 활동으로 태국어, 몽골어, 중국어와 같은 외국어 수업도 듣습니다. 대부분의 아이들이 부모 나라의 말과 한국어를 포함하여 두 가지 이상의 언어로 말합니다.

9 이처럼 '국경 없는 마을'에는 다양한 나라에서 온 사람들이 살고 있습니다. 그만큼 다양한 문화도 존재합니다. 마을 사람들은 서로의 문화를 존중하며 행복한 마을을 만들어 가고 있습니다.

1. 이 글의 중심 화제는 무엇인가요? (   )

① 불교와 이슬람교의 차이
② 각 나라의 대표적인 음식
③ 온누리반 학생들의 교육 활동
④ 안산시 원곡동의 '국경 없는 마을'
⑤ 다문화 어린이 도서관에 있는 책들

2. 다음은 2~7문단을 내용 문단으로 나눈 것입니다. 각 내용 문단의 중심 내용을 찾아 선으로 알맞게 이으세요.

(1) 2, 3문단   •

(2) 4, 5문단   •

(3) 6, 7문단   •

• ㉮ '국경 없는 마을'에서 열리는 축제

• ㉯ '국경 없는 마을'에서 만날 수 있는 각 나라의 전통 음식

• ㉰ '국경 없는 마을'에서 각 나라의 문화를 배우며 즐길 수 있는 곳

3. '국경 없는 마을'을 ㉠과 같이 표현한 이유로 가장 알맞은 것은 무엇인가요? (   )

① 이 마을이 세계적으로 유명해졌기 때문이다.
② 이 마을이 지구의 중심에 위치해 있기 때문이다.
③ 이 마을의 형태가 지구의 모습과 비슷하기 때문이다.
④ 이 마을의 사람들이 세계 곳곳으로 떠나 살고 있기 때문이다.
⑤ 이 마을에 다양한 나라의 사람들이 모여 살고 있기 때문이다.

4. ⓒ에서 할 수 있는 체험 활동을 알맞게 말하지 <u>못한</u> 친구에게 ✓표 하세요.

(1) 하은: 베트남의 전통 옷을 입어 볼 수 있어요. ( )

(2) 소희: 우즈베키스탄의 공예품을 만들어 볼 수 있어요. ( )

(3) 찬호: 한복을 입고 우리의 전통 놀이를 해 볼 수 있어요. ( )

(4) 경민: 나이지리아 어린이들이 즐겨 부르는 노래를 배울 수 있어요. ( )

낱말 뜻 짐작하기

5. ⓒ과 같은 의미로 쓰인 것은 무엇인가요? ( )

① 나는 창문을 조금 <u>열고</u> 창밖을 내다보았다.

② 누나는 집 가까운 거리에 옷 가게를 <u>열었다</u>.

③ 열쇠를 잃어버려서 자물쇠를 <u>열지</u> 못하고 있다.

④ 우리 반은 미술 시간에 만든 작품으로 전시회를 <u>열었다</u>.

⑤ 신부님은 아프리카 어린이들을 돕기 위해 어린이 학교를 <u>열었다</u>.

시사점 추론하기

6. 다음은 사회 수업 시간에 선생님이 해 주신 설명입니다. 빈칸에 들어갈 말로 가장 알맞은 것은 무엇인가요? ( )

> 다문화 지역에는 다양한 나라에서 온 사람들이 살고 있어요. 그런 만큼 다양한 문화를 경험할 수 있다는 장점이 있지요. 하지만 ( )도 생길 수 있답니다. 이런 문제가 생기지 않게 하고, 함께 어울려 행복하게 살아가기 위해서는 서로 존중하는 태도를 가져야 해요.

① 소음 문제 ② 인구 감소 문제 ③ 인종 차별 문제

④ 환경 오염 문제 ⑤ 노동력 부족 문제

어휘 익히기

1 낱말 뜻 알기

다음 빈칸에 알맞은 낱말을 〈보기〉에서 찾아 쓰세요.

● 보기 ●

전통   체험   공예품   실감

1. 입체 영화를 보면 내가 직접 움직이는 것 같은 (   )이 난다.

   뜻 실제로 겪고 있다는 느낌.

2. 농장 (   ) 학습을 통해 채소가 어떻게 자라는지를 알게 되었다.

   뜻 몸으로 직접 겪음. 또는 그런 경험.

3. 민속촌에 옛 조상들이 살던 (   ) 한옥들을 그대로 재현해 놓았다.

   뜻 어떤 집단이나 공동체에서 지난 시대부터 전해 내려오면서 고유하게 만들어진 사상, 행동 등의 양식.

4. 가죽으로 만든 지갑, 가방 등의 (   )이 관광객들의 눈길을 끌었다.

   뜻 실용적이면서 아름답게 만든 물건.

2 관용 표현 알기

다음 빈칸에 알맞은 말을 쓰세요.

"□□□도 식후경"

　이 속담은 아무리 재미있는 일이라도 배가 불러야 흥이 나지 배가 고파서는 아무 일도 할 수 없음을 비유적으로 이르는 말입니다. '국경 없는 마을'에 가서 이곳저곳 둘러보기 전에 맛있는 음식부터 먹으면 좋겠죠?

3 한자어 익히기

다음 한자어를 소리 내어 읽고 빈칸에 따라 써 보세요.

地	球
땅 지	공 구

지구(地球): 현재 인류가 살고 있는, 태양계의 셋째 행성.

· 우주에서 찍은 지구의 모습이 보석처럼 아름답다.

· 달은 한 달을 주기로 지구 주변을 한 바퀴씩 돈다.

· 태양을 중심으로 금성은 지구보다 더 가까이에 있다.

地	球						
땅 지	공 구						

1 사건의 배경 파악하기

배경은 어떤 사건이 일어난 주변 환경을 뜻합니다. 이 주변 환경은 사건이 생긴 원인의 일부로 볼 수도 있지만, 직접적인 원인은 아닌 것을 말합니다. 글 내용에 사건이 나올 때, 그 사건이 일어나게 된 배경이 무엇인지 파악하면 글의 내용을 더 깊이 있게 이해할 수 있습니다.

★ **사건의 배경을 파악하려면,**

(1) 글에 나온 사건을 파악해 봅니다.

(2) 사건이 일어난 주변 환경을 알아봅니다.

(3) 주변 환경이 사건에 끼친 영향을 파악해 봅니다.

1 다음 글을 읽고 사건과 사건의 배경을 정리하려고 합니다. 빈칸에 알맞은 말을 쓰세요.

> 오늘날과 같이 높은 건물이 많은 도시는 어떻게 탄생했을까요? 그것은 한 도시가 큰불로 온통 타 버린 비극에서 시작되었다고 합니다. 1871년 미국의 도시인 시카고에서 불이 났습니다. 시카고는 주변에 숲이 많아 나무로 지은 집이 대부분이었습니다. 게다가 당시에 날씨가 메마르고 바람이 세게 불었습니다. 그래서 불길이 금방 번져 도시 대부분이 불에 타고 말았습니다.

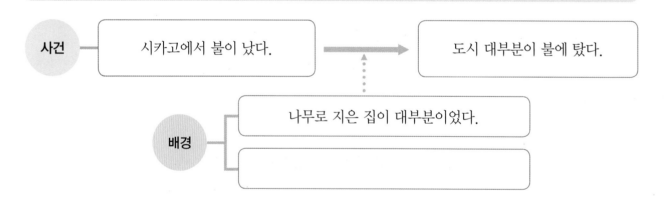

| 사건 | 시카고에서 불이 났다. | → | 도시 대부분이 불에 탔다. |

배경
- 나무로 지은 집이 대부분이었다.
-

2 다음 글을 읽고 물음에 답하세요.

> 조선 시대를 대표하는 과학자를 꼽으라면 많은 사람이 장영실을 가장 먼저 떠올릴 것이다. 그만큼 장영실은 간의, 혼천의 등의 천체 관측 기구뿐만 아니라 자격루와 같은 시계 등을 만들어 과학 발전에 공헌한 사람이다.
>
> 장영실은 원나라 사람인 아버지와 기생인 어머니 사이에서 태어났다. 어머니의 신분이 천민이었기 때문에 장영실도 그 신분을 이어받아 천민이었다. 장영실은 동래현의 노비였으나 뛰어난 재주를 인정받아 궁궐에서 일하게 되었다. 세종 대왕은 천체 관측 기구를 제작한 장영실의 공을 높이 평가하여 그가 천민의 신분에서 벗어날 수 있게 해 주었다. 그뿐 아니라 많은 신하의 반대에도 불구하고 그에게 종5품의 벼슬을 내렸다. 이후 세종 대왕의 기대에 부응하기라도 하듯 장영실은 끊임없는 노력으로 수많은 과학 기기를 만들었고, 이에 따라 더 높은 벼슬을 받게 되었다.
>
> 1442년 세종 대왕이 온천욕을 위해 이천을 다녀오던 중, ㉠왕의 가마가 갑자기 부서지는 사고가 일어났다. 그 가마의 제작을 감독한 사람은 장영실이었다. 이에 신하들은 장영실의 관직을 빼앗고 그에게 곤장 100대의 형벌을 내려야 한다고 주장하였으나, 세종 대왕은 형벌을 곤장 80대로 줄여 주었다. 벼슬에서 물러난 이후 장영실이 어떻게 살았는지는 역사에서 찾아볼 수 없다.

(1) 세종 대왕이 장영실에게 벼슬을 내린 까닭은 무엇인가요?

➡ (   ) 기구를 제작한 장영실의 공을 높이 평가했기 때문이다.

(2) 장영실에게 벼슬을 내리는 것을 신하들이 반대한 까닭은 무엇일까요?

➡ 장영실이 (   )이었기 때문이다.

(3) ㉠으로 인해 벌어진 사건을 다음과 같이 정리할 때, 빈칸에 알맞은 말을 쓰세요.

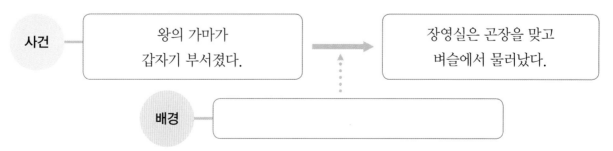

2 내용 문단 구분하기

　문단은 크게 형식 문단과 내용 문단으로 나눌 수 있습니다. 형식 문단은 형태를 기준으로 한 것으로, 들여쓰기를 통해 구분합니다. 내용 문단은 연속되는 형식 문단들 가운데 내용상 서로 연관이 있는 문단들을 묶어 놓은 것을 말합니다. 설명하는 대상이 같거나 공통점이 있는 문단을 찾아 내용 문단으로 묶어 읽으면 글의 중심 내용을 효과적으로 이해할 수 있습니다.

★ **내용 문단을 구분하려면,**

(1) 각 형식 문단의 중심 내용을 파악해 봅니다.

(2) 내용이 서로 연관 있는 문단끼리 묶어 봅니다.

---

1 다음 문단들을 내용 문단으로 나누는 과정을 아래와 같이 설명할 때, 빈칸에 알맞은 말을 쓰세요.

　1 다문화 어린이 도서관에는 각 나라의 언어로 된 다양한 책이 많습니다. 이곳의 책들을 보면 지구 곳곳의 언어와 재미있는 이야기들을 만나게 될 것입니다.

　2 세계 문화 체험관에서는 우리나라에서 쉽게 해 볼 수 없는 재미있는 체험을 할 수 있습니다. 각 나라의 노래도 배우고, 공예품을 만들어 보고, 전통 옷을 입어 볼 수 있습니다. 그리고 전통차 마시기, 전통 놀이, 전통 악기 연주 등의 체험도 할 수 있습니다. 각 나라의 선생님들이 설명해 주어서 실감 나게 배울 수 있습니다.

　3 매년 4월에는 태국과 스리랑카 등 불교 국가 사람들이 축제를 엽니다. 불교 달력에서는 새해가 4월부터 시작되기 때문입니다. 이 축제에서는 잘못과 불행을 씻어 내고 새해의 시작을 알린다는 뜻에서 서로에게 물을 뿌립니다. 서로에게 나뭇잎을 건네며 행복을 빌기도 합니다.

↓

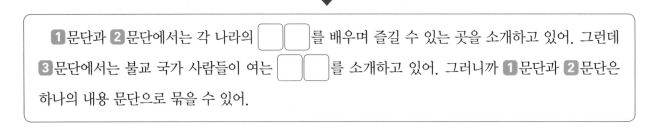

1문단과 **2**문단에서는 각 나라의 ☐☐를 배우며 즐길 수 있는 곳을 소개하고 있어. 그런데 **3**문단에서는 불교 국가 사람들이 여는 ☐☐를 소개하고 있어. 그러니까 **1**문단과 **2**문단은 하나의 내용 문단으로 묶을 수 있어.

2 다음 글을 읽고 물음에 답하세요.

1 우리 남원시를 대표하는 유형 문화재는 광한루입니다. 국가 보물로 지정된 이 누각은 조선 세종 때 명재상이었던 황희가 처음 세운 것입니다. 원래 이름은 광통루였는데, 후에 정인지가 그 수려한 경치에 감탄해 전설상의 달나라 궁궐을 닮았다고 하여 광한루라고 고쳐 불렀습니다. 이곳은 고전 소설 「춘향전」의 무대로 유명합니다.

2 우리 지역에 있는 또 다른 유형 문화재로 국보인 실상사 삼층 석탑을 꼽을 수 있습니다. 이 석탑은 통일 신라 말기에 세운 것으로, 탑의 구조와 장식이 일반적인 양식에서 크게 벗어나 있습니다. 마치 나무를 다루듯 돌을 섬세하게 조각한 모습이 시대를 뛰어넘는 아름다움을 느끼게 합니다.

3 우리 지역에는 국가에서 지정한 무형 문화재도 있습니다. 먼저 남원 농악은 남원시 금지면 옹정리에서 전승되는 무형 문화재입니다. 이곳 사람들은 '남원 농악 보존회'를 만들어 전통을 지켜 나가고 있습니다.

4 또 다른 무형 문화재로 백동 연죽장이 있습니다. 백동 연죽장은 백동 담뱃대를 만드는 기술과 그 기술을 가진 사람을 말합니다. 백동 연죽장은 그 담뱃대를 만드는 장인의 제작 기술과 장식 기법의 우수성을 인정받아 무형 문화재로 지정되었습니다.

(1) **1**~**4**문단의 중심 화제를 찾아 빈칸에 쓰세요.

문단	**1**	**2**	**3**	**4**
중심 화제		실상사 삼층 석탑		백동 연죽장

(2) **1**~**4**문단을 다음과 같이 내용 문단으로 나누어 정리할 때, 빈칸에 알맞은 말을 쓰세요.

1, **2** 문단	**3**, **4** 문단
남원의 유형 문화재	

(3) 이 글이 학교 과제물이라고 할 때, 선생님께서 내 주신 과제로 알맞은 것에 √표 하세요.

① 우리 지역의 대표적인 문화유산 조사해 오기 　　　　　　　　　(　　)

② 우리 지역에서 가장 유명한 관광지 조사해 오기 　　　　　　　(　　)

③ 우리 지역에서 태어난 역사적 인물 조사해 오기 　　　　　　　(　　)

3주차

무엇을 배울까요?

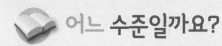 어느 수준일까요?

01회
수평 잡기의 달인

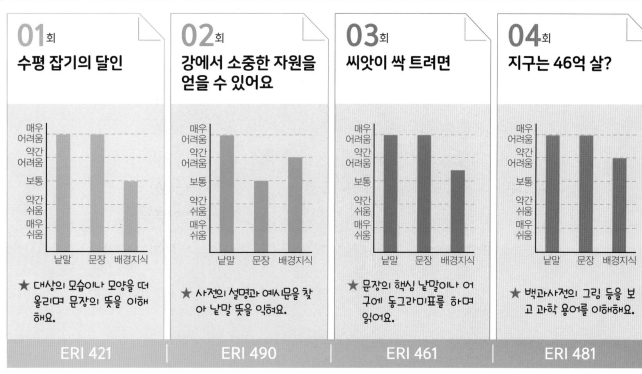

매우
어려움
약간
어려움
보통
약간
쉬움
매우
쉬움

낱말　문장　배경지식

★ 대상의 모습이나 모양을 떠올리며 문장의 뜻을 이해해요.

ERI 421

02회
강에서 소중한 자원을 얻을 수 있어요

매우
어려움
약간
어려움
보통
약간
쉬움
매우
쉬움

낱말　문장　배경지식

★ 사전의 설명과 예시문을 찾아 낱말 뜻을 익혀요.

ERI 490

03회
씨앗이 싹 트려면

매우
어려움
약간
어려움
보통
약간
쉬움
매우
쉬움

낱말　문장　배경지식

★ 문장의 핵심 낱말이나 어구에 동그라미표를 하며 읽어요.

ERI 461

04회
지구는 46억 살?

매우
어려움
약간
어려움
보통
약간
쉬움
매우
쉬움

낱말　문장　배경지식

★ 백과사전의 그림 등을 보고 과학 용어를 이해해요.

ERI 481

이 주의 ERI 지수

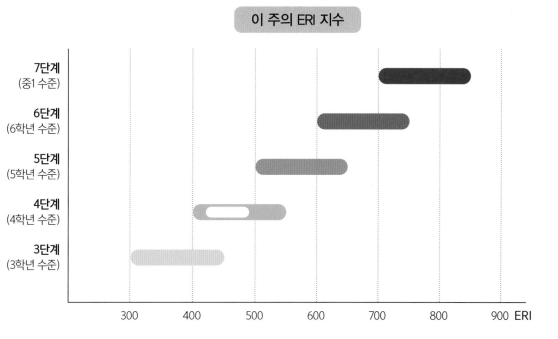

7단계
(중1 수준)

6단계
(6학년 수준)

5단계
(5학년 수준)

4단계
(4학년 수준)

3단계
(3학년 수준)

300　400　500　600　700　800　900 ERI

▲ 알렉산더 콜더의 모빌 작품

☑ 핵심 개념인 '수평 잡기'와 관련된 말들을 알아 둡시다.

→ 수평 잡기의 원리 / 힘의 균형과 수평 잡기

수평 잡기를 위해서는 무게와 거리를 생각해야 해요.

☑ 글을 읽고 이것만은 꼭 찾아냅시다.

→ 무게가 서로 다른 물체의 균형을 맞추려면 어떻게 해야 할까요?

☑ 간단한 시각 자료를 글과 관련지어 해석해 봅시다.

→ 글과 함께 있는 간단한 그림이나 사진을 글의 내용과 관련지어 해석하면 글의 내용을 더 잘 이해할 수 있습니다.

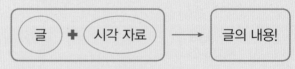

글 + 시각 자료 ⟶ 글의 내용!

글에 나타난 그림이나 사진과 같은 시각 자료를 글의 내용과 연결하여 생각해 보아요.

1 핵심 개념 미리 보기

낱말의 첫소리를 보고, 다음에서 설명하고 있는 낱말이 무엇인지 쓰세요.

ㅁ   ㄱ

- '중량'이라는 말과 비슷한 뜻으로 쓰여요.
- 물건의 무거운 정도를 나타내는 말이에요.
- 지구가 어떤 물체를 끌어당기는 힘의 크기를 말해요.

(   )

2 읽기 방법 미리 보기

다음에서 설명하고 있는 대상으로 알맞은 것에 √표 하세요.

- 긴 널빤지의 양쪽 끝에 사람이 앉아 서로 위아래로 움직이면서 노는 놀이 기구입니다.
- 무거운 사람이 기구의 중심 쪽으로, 가벼운 사람이 기구의 바깥쪽으로 이동하면 균형을 맞출 수 있습니다.

(1)
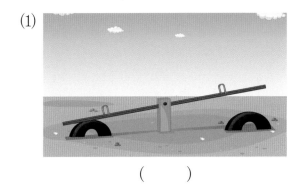
(   )

(2)

(   )

정답 1. 무게 2. (1)

가 모빌은 여러 가지 모양의 조각들을 줄로 매달아 공중에서 균형을 이루며 흔들리도록 만든 것입니다. 모빌을 처음 만든 사람은 조각가 알렉산더 콜더입니다. 콜더는 받침대 위에 붙어 있는 조각품이 아니라 계속 모양이 달라지는 조각품을 만들고 싶었습니다. 그래서 무게가 다른 여러 개의 조각을 서로 다른 길이의 줄에 매달았습니다. 그리고 그 줄을 막대에 연결하여 모빌을 만들었습니다.

모빌이 자연스럽게 움직이기 위해서는 조각들의 무게와, 모빌의 받침점으로부터 조각들이 매달린 지점까지의 거리를 조절하면서 수평을 잡아야 합니다. 조각들의 무게와 조각들을 매달 곳을 생각해야 어떤 조각은 올라가고 다른 조각은 내려가게 만들 수 있습니다. 그러면 조각끼리 부딪히지 않는 모빌을 만들 수 있습니다. 간단해 보이는 조각품인 모빌 하나에도 이렇게 무게와 거리를 활용하는 수평 잡기의 원리가 숨어 있습니다.

나 우리 주변에서 수평 잡기의 원리는 어디에서 볼 수 있을까요? 놀이터에 있는 ㉠시소에서 그 답을 찾을 수 있습니다. 시소는 긴 널빤지의 양쪽 끝에 사람이 앉아 서로 위아래로 움직이면서 노는 ㉡놀이 기구입니다. 나와 무게가 비슷한 사람과 시소를 탈 때에는 시소의 중심에서 서로 비슷하게 떨어진 위치에 앉아도 시소의 균형을 잡을 수 있습니다. 그런데 나보다 무거운 사람이 시소의 중심에서 나와 비슷하게 떨어진 위치에 앉으면 시소를 위아래로 움직이기 힘들어 놀 수가 없습니다. 이럴 때에는 무거운 사람이 시소의 중심 쪽으로, 가벼운 사람이 시소의 바깥쪽으로 이동하면 됩니다. 그러면 양쪽의 균형이 맞아 재미있게 시소 놀이를 할 수 있습니다.

그렇기 때문에 중심의 양쪽 끝에 있는 물체의 무게가 다르면 무거운 물체를 받침점에서 가깝게, 가벼운 물체를 받침점에서 멀리 두어서 양쪽 물체가 균형을 이루게 만드는 것입니다. 지렛대의 원리도 마찬가지입니다. 무거운 물체를 들어 올리려면 어떻게 해야 할까요? 물체와 가까이에 받침대를 두고 긴 막대를 꽂아 물체의 반대편에서 힘을 주어 막대를 누르면, 아주 쉽게 그 물체에 큰 힘을 가할 수 있습니다.

내용 파악하기

1. **가**의 내용으로 알맞으면 ○표, 알맞지 않으면 ✕표 하세요.

(1) 모빌은 모양이 계속 변화하는 조각품이다. ( )

(2) 모빌은 조각들의 무게와 조각들을 매다는 거리를 생각하며 만든다. ( )

(3) 알렉산더 콜더는 받침대 위에 붙어 있는 조각품을 처음 만든 사람이다. ( )

시각 자료 해석하기

2. **나**의 내용으로 보아, 나보다 무거운 엄마와 시소를 탈 때에 시소의 균형을 맞추려면 나는 어디에 앉는 것이 알맞을지 기호를 쓰세요.

( )

두 글의 정보 통합하기

3. **가**와 **나**에서 공통적으로 설명하고 있는 원리는 무엇인지 쓰세요.

➡ ☐☐☐☐의 원리

4. 다음 중 낱말의 관계가 ㉠, ㉡의 관계와 <u>다른</u> 것은 무엇인가요? (   )

① 손톱 – 손
② 장미 – 꽃
③ 사과 – 과일
④ 토끼 – 동물
⑤ 피아노 – 악기

5. 이 글의 내용을 바탕으로, 다음 질문에 대한 답의 빈칸에 공통으로 들어갈 말을 쓰세요.

> [질문] 양쪽에 매달린 물체의 무게가 서로 달라도 모빌의 균형을 맞출 수 있습니다. 무게가 서로 다른 물체의 균형을 맞추려면 어떻게 해야 하나요?
>
> [답] 모빌의 균형은 양쪽에 매달린 물체의 무게와, 받침점으로부터 물체가 매달린 지점까지의 [ ][ ]에 따라 달라집니다. 그러므로 물체의 무게가 서로 다를 때에는 받침점과 물체가 매달린 지점 사이의 [ ][ ]를 달리하여 균형을 맞추면 됩니다.

6. 수평 잡기의 원리를 이용하여 무게를 잴 수 있는 저울에 √표 하세요.

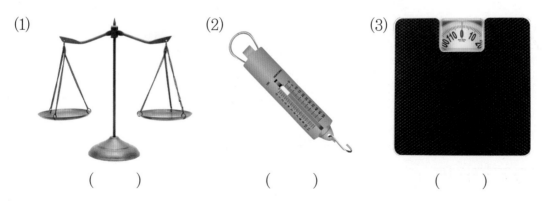

(1)   (2)   (3)

(   )   (   )   (   )

어휘 익히기

1 낱말 뜻 알기

다음 빈칸에 알맞은 낱말을 〈보기〉에서 찾아 쓰세요.

● 보기 ●
| 공중 | 조각품 | 조절 | 지렛대 |

1. 새는 (　　　　　)을/를 마음껏 날아다닌다.
   뜻 하늘과 땅 사이의 빈 곳.

2. 무거운 바위를 (　　　　　)을/를 사용하여 옮겼다.
   뜻 무거운 물건을 옮기는 데 쓰는 긴 막대기.

3. 모빌은 어떤 인위적인 힘이나 바람에 의해 움직이는 (　　　　　)이다.
   뜻 조각한 물품.

4. 건강을 위해서는 식사량을 (　　　　　)하고 적절한 운동을 해야 한다.
   뜻 균형을 이루게 바로잡거나 알맞게 잘 맞춤.

2 관용 표현 알기

다음 빈칸에 알맞은 말을 쓰세요.

"엄한 스승과 친구는 성공의 ☐☐☐이다"

　무거운 물체를 쉽게 들어 올리려면 지렛대의 도움을 받아야 합니다. 훌륭한 선생님과 좋은 친구는 내가 바르게 살아가는 데에 도움을 줍니다. 이 말은 나를 가르쳐 주는 선생님과, 함께 공부하는 친구가 나를 성공으로 이끌어 줄 수 있다는 뜻으로 쓰여요.

3 한자어 익히기

다음 한자어를 소리 내어 읽고 빈칸에 따라 써 보세요.

水	平
물 수	평평할 평

수평(水平): 잠잠한 물의 겉면처럼 한쪽으로 기울지 않고 평평한 것.
• 수평을 유지하다.
• 수평과 수직은 서로 반대말 관계이다.
• 우리는 선생님의 지시에 따라 손을 다리와 수평이 되게 쭉 뻗었다.

水	平						
물 수	평평할 평						

02회 강에서 소중한 자원을 얻을 수 있어요

 ☑ 핵심 개념인 '혼합물 분리'와 관련된 말들을 알아 둡시다.

→ 혼합물 분리 실험 / 혼합물 분리 방법

 혼합물 분리는 둘 이상의 물질이 뒤섞여 있는 것을 서로 나누어 떨어지게 하는 일을 말해요.

☑ 글을 읽고 이것만은 꼭 찾아냅시다.

→ 어떻게 하면 강에서 자원을 얻을 수 있을까요?

☑ 글의 내용을 새로운 상황에 적용해 봅시다.

→ 글을 읽고 알게 된 내용을 어떤 상황에 적용할 수 있는지 생각해 봅니다.

글의 내용 ──적용──→ 새로운 상황

글의 내용을 새로운 상황에 적용해 보면 글의 내용을 더 깊이 있게 이해할 수 있고 문제 해결 능력도 기를 수 있어요.

1 핵심 개념 미리 보기

다음 두 물질의 공통점을 바르게 설명한 것에 ✓표 하세요.

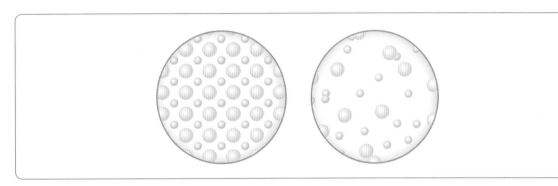

(1) 여러 가지 물질이 섞여 있는 혼합물이다.   (   )
(2) 한 가지 물질로만 이루어진 순수한 물질이다.   (   )

2 읽기 방법 미리 보기

다음 글에 제시된 방법을 활용하여 물질을 분리한 상황으로 알맞은 것에 ✓표 하세요.

> 강바닥의 흙과 수산물은 물체의 크기 차이를 이용하여 분리할 수 있습니다. 강바닥의 흙과 수산물을 함께 퍼 올려 체를 활용하여 걸러 내는 것입니다.

(1) 체를 사용하여 콩과 좁쌀을 분리하였다.   (   )
(2) 알코올램프를 사용하여 소금물에서 소금을 분리하였다.   (   )
(3) 자석을 사용하여 모래에 섞여 있는 쇳가루를 분리하였다. (   )

정답 1. (1) 2. (1)

우리나라에는 크고 작은 강이 아주 많습니다. 배를 타고 건너야 하는 큰 강도 있지만, 집 근처의 얕고 작은 강도 있습니다. 우리는 강에서 마실 물을 얻을 수 있습니다. 그리고 다양한 자원을 얻을 수 있습니다.

㉠강바닥의 흙과 모래 속에는 여러 가지 수산물이 있습니다. ㉡새우, 재첩 같은 것들입니다. (㉢   ) 강바닥의 흙과 수산물은 물체의 크기 차이를 이용하여 분리할 수 있습니다. 강바닥의 흙과 수산물을 함께 퍼 올려 체*를 활용하여 걸러 내는 것입니다. 이 방법은 안전하고 빠른 방법입니다. 사람이 일일이 물속에 들어가 수산물을 가져오는 방식이 아니기 때문입니다. 또 크기가 작은 수산물은 체에 걸러지지 않으므로 일정한 크기의 수산물을 얻을 수 있습니다.

강바닥에는 여러 가지 광물도 있습니다. 그런데 이러한 광물 자원은 여러 물질과 섞여 있는 혼합물인 경우가 많습니다. 그래서 우리는 좀 더 가치 있는 자원을 얻기 위해 혼합물을 분리합니다.

옛날 사람들은 강바닥에서 금을 얻기도 하였습니다. 강바닥에서 금을 얻는 방법을 알아볼까요? 강바닥의 모래 속에는 모래 알갱이 정도 크기의 작은 금이 있기도 합니다. 이 금의 크기가 모래보다 크다면 체를 이용해서 둘을 분리할 수 있습니다. 그런데 금의 크기가 모래와 거의 비슷하다면 체를 이용해서는 둘을 분리할 수 없습니다. 이런 경우에는 무게의 차이를 이용하여 모래와 금을 분리합니다. 우선, 넓고 얕은 접시에 강바닥에서 퍼 온 모래를 담아 물속에서 조심스럽게 흔듭니다. 무게가 가벼운 물질이 물에 뜨게 되면 이를 다시 물에 흘려보냅니다. 그러면 접시에는 무게가 무거운 물질이 남게 됩니다. 금은 금속이기 때문에 모래 알갱이보다 무거워 나중에는 금이 남게 된답니다. 이렇게 물질의 크기나 무게의 차이를 이용하면 강바닥에 있는 혼합물을 분리하여 자원을 얻을 수 있습니다.

▲ 강에서 금을 채취하는 모습

* 체: 가루를 곱게 치거나 액체를 받거나 거르는 데 쓰는 기구.

내용 파악하기

1. 이 글의 내용으로 알맞지 <u>않은</u> 것은 무엇인가요? (　　　)

① 강바닥에는 여러 가지 광물이 있다.

② 강에서는 다양한 자원을 얻을 수 있다.

③ 강바닥에 있는 수산물은 체를 활용하여 얻을 수 있다.

④ 강바닥에 있는 금은 너무 작아서 얻을 수 있는 방법이 없다.

⑤ 강바닥의 혼합물은 물질의 크기나 무게의 차이를 이용해 분리할 수 있다.

문장 관계 파악하기

2. 두 문장의 관계가 ㉠, ㉡과 같은 것은 무엇인가요? (　　　)

① 나는 아침마다 달리기를 한다. 친구는 아침마다 책을 읽는다.

② 동생이 어제 배탈이 났다. 아이스크림을 많이 먹었기 때문이다.

③ 우리 반은 음악 시간에 합창을 했다. 모두가 선생님께 칭찬을 받았다.

④ 올해 추석날에는 아침부터 비가 왔다. 저녁에 보름달을 볼 수 없어서 아쉬웠다.

⑤ 우리나라에는 다양한 민속놀이가 있다. 제기차기, 강강술래, 줄다리기 등이다.

생략된 내용 짐작하기

3. 이어지는 내용으로 보아, ㉢에 들어갈 문장으로 가장 알맞은 것은 무엇인가요? (　　　)

① 강바닥에 있는 수산물에는 어떤 것이 있을까요?

② 강바닥에 있는 흙은 어떤 성질을 가지고 있을까요?

③ 강바닥에 있는 흙과 수산물을 분리하는 방법을 알아볼까요?

④ 강바닥에 있는 흙을 푸려면 얼마나 많은 사람이 필요할까요?

⑤ 강바닥에 있는 수산물은 어떻게 흙 속에서 살 수 있는 것일까요?

4. 이 글에 나타난 설명 방법으로 가장 알맞은 것은 무엇인가요? (   )

① 강에서 자원을 얻는 방법을 예를 들어 설명하였다.

② 강에서 금을 발견하는 과정을 시간 순서대로 설명하였다.

③ 강의 혼합물과 일반적인 혼합물의 공통점을 비교하여 설명하였다.

④ 강에 혼합물이 생기는 원인과 혼합물로 인해 발생하는 현상을 설명하였다.

⑤ 강의 혼합물 때문에 발생하는 문제점과 이를 해결하기 위한 방법을 설명하였다.

5. 이 글의 내용으로 보아, 둘 이상의 물체를 분리하기 위해 물체의 크기 차이를 이용한 예로 알맞은 것에 ∨표 하세요.

(1)
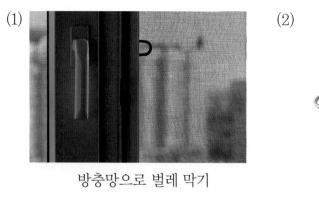
방충망으로 벌레 막기
(   )

(2)

찻물 우려내기
(   )

6. 이 글과 〈보기〉에서 공통적으로 설명하고 있는 대상은 무엇인지 빈칸에 쓰세요.

● 보기 ●

> 커다란 강은 그 주변 사람들의 생활과 밀접한 연관이 있습니다. 옛날에는 농사를 짓기 위해 강의 물을 끌어오기도 하였습니다. 그리고 강에서 살고 있는 물고기를 잡기도 하였습니다. 요즘에는 댐을 건설하여 강을 막기도 합니다. 이렇게 만든 댐으로 강의 물을 조절하여 홍수나 가뭄의 피해를 막고 있습니다. 그리고 댐에 설치한 발전기를 활용하여 전기를 생산하고 있습니다.

➡ (   )은 사람들이 살아가는 데에 도움을 줍니다.

어휘 익히기

1 낱말 뜻 알기

다음 빈칸에 알맞은 낱말을 〈보기〉에서 찾아 쓰세요.

• 보기 •

분리   일일이   광물   혼합물

1. 공책 한 장 한 장을 (   ) 넘겼다.

   뜻 하나씩 하나씩.

2. 그곳에는 다양한 (   )이/가 묻혀 있다.

   뜻 금, 은, 철, 석탄처럼 땅속에 묻혀 있는 물질.

3. 과학 시간에 물과 모래의 (   )을/를 분리하는 실험을 했다.

   뜻 서로 다른 물질이 두 가지 넘게 섞여 있는 것.

4. 빵 반죽을 할 때는 먼저 달걀의 흰자만 (   )해서 거품을 낸다.

   뜻 서로 나뉘어 떨어짐. 또는 그렇게 되게 함.

2 관용 표현 알기

다음 빈칸에 알맞은 말을 쓰세요.

"도랑물이 소리를 내지, 깊은 □이 소리를 낼까"

도랑은 매우 좁고 작은 개울이에요. 도랑물은 흘러갈 때에 물소리가 많이 난답니다. 그런데 도랑보다 깊은 강은 흘러가는 소리가 잘 나지 않아요. 이 말은 속에 든 것이 없는 사람일수록 더 아는 체하고 떠듦을 빗대어 이르는 말이에요.

3 한자어 익히기

다음 한자어를 소리 내어 읽고 빈칸에 따라 써 보세요.

混	合
섞을 혼	합할 합

혼합(混合): 여러 가지 것을 한데 뒤섞어 합함. 또는 두 가지 이상의 물질이 화학적인 결합을 하지 아니하고 섞이는 일.

• 아이들은 색칠 놀이를 하면서 색의 혼합을 배웠다.
• 이 혼합 비타민은 건강에 좋은 성분들로 만들어졌다.

混	合						
섞을 혼	합할 합						

☑ 핵심 개념인 '싹트기'과 관련된 말들을 알아 둡시다.

→ 싹트기 과정 / 싹트기의 조건

 싹트기란 씨앗에서 싹이 트는 것을 말해요.

☑ 글을 읽고 이것만은 꼭 찾아냅시다.

→ 씨앗이 싹이 트려면 어떤 조건이 필요할까요?

☑ 두 글을 읽고 초점과 정보에 어떤 차이가 있는지 찾아봅시다.

→ 동일한 대상에 대한 초점과 정보가 어떻게 다른지 생각하며 두 편의 글을 읽어 봅니다.

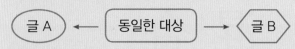

글 A ← 동일한 대상 → 글 B

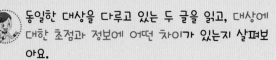 동일한 대상을 다루고 있는 두 글을 읽고, 대상에 대한 초점과 정보에 어떤 차이가 있는지 살펴보아요.

1 핵심 개념 미리 보기

다음 그림에 나타난 사실을 설명할 때, 빈칸에 알맞은 낱말을 쓰세요.

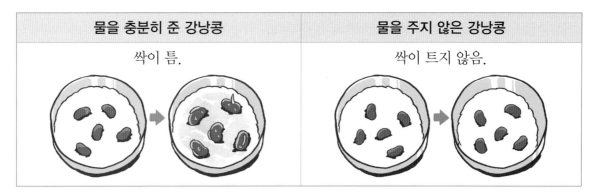

물을 충분히 준 강낭콩	물을 주지 않은 강낭콩
싹이 틈.	싹이 트지 않음.

➡ 씨앗이 싹 트기 위해서는 적당한 양의 [　] 이 필요하다.

2 읽기 방법 미리 보기

🟦가의 정보를 바탕으로 🟦나의 화분에서 싹이 트기 위해 필요한 것은 무엇인지 쓰세요.

🟦가 씨앗이 싹이 트려면 온도와 습도가 알맞아야 합니다. 알맞은 온도와 습도가 되면 씨앗은 싹이 터서 자라기 시작합니다. 온도가 따뜻해도 습도가 부족하면 싹이 트지 않습니다. 흙 속에 묻힌 씨앗의 주변이 젖어 있어도 일정한 온도가 되지 않으면 싹이 트지 않습니다. 어떠한 식물이라도 이러한 조건이 맞지 않으면 싹을 틔울 수가 없습니다.

🟦나 싹이 트지 않는 화분을 바라보며 걱정하는 나에게 엄마는 웃으시며 말씀하셨다.
"씨앗은 조건을 잘 맞춰 주어야 싹이 튼단다. 너무 추운 곳에 화분을 둔 것이 아닐까?"
"앗, 꽃집에서는 물을 잘 주면 된다고 했는데……. 또 다른 조건이 있나요? 싹이 트기 위해서는 물 말고도 다른 게 더 필요한 건가요?"

(　　　　　　　　　　)

정답 1. 물 2. 알맞은 온도

가 경상남도 우포늪에서 발견된 씨앗에 싹이 터 화제가 된 적이 있습니다. 연구원들은 우포늪의 깊은 곳에 묻혀 있던 창포 씨를 발견하였습니다. 연구원들이 이 창포 씨를 싹이 트기에 알맞은 환경에 두었더니 싹이 돋아나 자라기 시작하였습니다. 얼핏 평범한 씨앗처럼 보이는 이 창포 씨에는 비밀이 있었습니다. 이 창포 씨는 무려 1,100여 년 전에 땅에 묻힌 것이었습니다. 그리고 싹이 ㉠틀 수 있는 환경이 되었을 때 비로소 싹을 ㉡틔운 것입니다. 씨앗이 어떻게 천 년 만에 싹이 트게 된 것일까요? 씨앗은 알맞은 환경이 아니면 싹을 틔우지 않기 때문입니다.

그러면 씨앗이 싹이 트려면 어떤 조건이 필요할까요? 저마다 조금씩 다르기는 하지만, 씨앗이 싹이 트려면 온도와 습도가 알맞아야 합니다. 알맞은 온도와 습도가 되면 씨앗은 싹이 터서 자라기 시작합니다. 온도가 따뜻해도 습도가 부족하면 싹이 트지 않습니다. 흙 속에 묻힌 씨앗의 주변이 젖어 있어도 일정한 온도가 되지 않으면 싹이 트지 않습니다. 어떠한 식물이라도 이러한 조건이 맞지 않으면 싹을 틔울 수가 없습니다. 제철 채소, 제철 과일이 있는 이유도 바로 시기에 따라 싹을 틔울 수 있는 식물의 종류가 달라지기 때문입니다.

그렇다면 우포늪에서 발견된 창포 씨앗이 천 년간 싹을 틔우지 않고 잠들어 있던 이유도 설명이 됩니다. 깊은 땅속은 창포 씨앗이 싹을 틔울 수 있는 환경이 아니었기 때문입니다. 연구원들이 창포 씨에 알맞은 환경을 만들어 주었을 때 창포는 세상과 만나게 된 것입니다.

나

○월 ○일

화분에 씨앗을 심은 지 한참이 지났는데 싹이 틀 생각을 하지 않는다.

싹이 트지 않는 화분을 바라보며 걱정하는 나에게 엄마는 웃으시며 말씀하셨다.

"씨앗은 조건을 잘 맞춰 주어야 싹이 튼단다. 너무 추운 곳에 화분을 둔 것이 아닐까?"

"앗, 꽃집에서는 물을 잘 주면 된다고 했는데……. 또 다른 조건이 있나요? 싹이 트기 위해서는 물 말고도 다른 게 더 필요한 건가요?"

엄마는 씨앗이 싹이 트기 위해서는 온도와 습도가 알맞아야 한다고 말씀해 주셨다.

어서 빨리 싹이 트도록 화분을 따뜻한 곳으로 옮겨야겠다고 생각했다.

내용 파악하기

1. **가**의 우포늪에서 발견된 씨앗에 대한 설명으로 알맞지 <u>않은</u> 것은 무엇인가요? (   )

① 창포의 씨앗이다.

② 오랫동안 깊은 땅속에 묻혀 있었다.

③ 우포늪의 깊은 곳에서는 싹을 틔울 수 없었다.

④ 싹이 트기에 알맞은 환경이 되자 싹이 돋아났다.

⑤ 연구원들이 우포늪의 깊은 곳에 묻어 두었던 것이다.

중심 생각 파악하기

2. **가**의 내용을 대표하는 제목으로 가장 알맞은 것은 무엇인가요? (   )

① 늪에서 피어난 꽃

② 연구원들, 창포 씨를 발견하다

③ 우포늪은 식물 자원의 보물 창고

④ 1,100여 년 전 씨앗에서 싹이 트다

⑤ 실험실과 자연, 싹이 트는 곳은 어느 쪽?

글에 나타나지 않은 내용 질문하기

3. **가**를 읽은 후 더 알고 싶은 내용을 떠올렸을 때, 가장 알맞은 것은 무엇인가요? (   )

① 식물의 씨앗이 싹 트려면 무엇이 필요할까?

② 식물마다 씨앗이 싹 트는 조건이 어떻게 다를까?

③ 우리에게 도움이 되는 식물은 어떤 특징이 있을까?

④ 우리나라에서 가장 많이 자라나는 식물은 무엇일까?

⑤ 가장 빨리 꽃이 피는 식물을 알아보려면 어떻게 해야 할까?

중심 내용 추론하기

4. **나** 에서 '나'가 화분에 심은 씨앗이 싹 트지 <u>않은</u> 이유는 무엇인가요? (　　　)

① 물을 잘 주지 않아서
② 알맞은 온도가 아니어서
③ 집 바깥에 화분을 두어서
④ 화분에 씨앗을 너무 많이 심어서
⑤ 화분에 서로 어울리지 않는 씨앗을 심어서

낱말 뜻 파악하기

5. ㉠과 ㉡의 뜻을 국어사전에서 알아보려면 어떤 낱말을 찾아야 하는지 쓰세요.

- ㉠: (　　　　　　　　　　)
- ㉡: (　　　　　　　　　　)

두 글의 차이 파악하기

6. **가** 와 **나** 의 차이에 대한 설명으로 가장 알맞은 것은 무엇인가요? (　　　)

① **가** 의 씨앗은 우포늪에서, **나** 의 씨앗은 집 안에서 싹을 틔웠다.
② **가** 는 우포늪의 창포 씨앗을, **나** 는 꽃을 예로 들어 설명하고 있다.
③ **가** 는 씨앗이 싹 트기 위한 조건으로 온도를, **나** 는 습도를 제시하고 있다.
④ **가** 는 연구원들이 창포 씨앗을 연구한 까닭을, **나** 는 '나'가 화분에 씨앗을 심은 까닭을 설명하고 있다.
⑤ **가** 의 씨앗은 알맞은 환경에서 싹을 틔웠으나, **나** 의 씨앗은 환경이 알맞지 않아 싹을 틔우지 못하였다.

어휘 익히기

1 낱말 뜻 알기

다음 빈칸에 알맞은 낱말을 〈보기〉에서 찾아 쓰세요.

• 보기 •

화제   얼핏   저마다   제철

1. 모든 사람은 (   ) 나름의 재능이 있다.
   뜻 각각의 사람이나 사물마다.

2. (   )에 나는 과일이 신선하고 맛이 좋다.
   뜻 알맞은 때.

3. 먼 데서 (   ) 봐도 우리 강아지라는 것을 알 수 있다.
   뜻 지나는 결에 잠깐 나타나는 모양.

4. 그 사람이 겪었던 신기한 일 때문에 그 사람은 (   )의 주인공이 되었다.
   뜻 이야기할 만한 것. 또는 이야깃거리.

2 관용 표현 알기

다음 빈칸에 알맞은 말을 쓰세요.

"오뉴월 ☐ 하루만 더 쬐도 낫다"

식물이 자라는 데에는 온도와 습도가 매우 중요합니다. 음력 오뉴월에는 하루라도 햇볕을 더 쬐면 식물이 무럭무럭 자란다고 해요. 알맞은 온도와 습도 때문이겠죠? 이 말은 짧은 동안에 자라는 정도가 아주 뚜렷함을 비유적으로 이르는 말이에요.

3 한자어 익히기

다음 한자어를 소리 내어 읽고 빈칸에 따라 써 보세요.

溫	度
따뜻할 **온**	법도 **도**

온도(溫度): 덥고 찬 정도.
• 실내 온도가 높다.
• 냉방 온도는 26〜28℃를 준수해야 한다.
• 겨울철에는 낮은 온도 때문에 감기에 걸리기 쉽다.

溫	度						
따뜻할 온	법도 도						

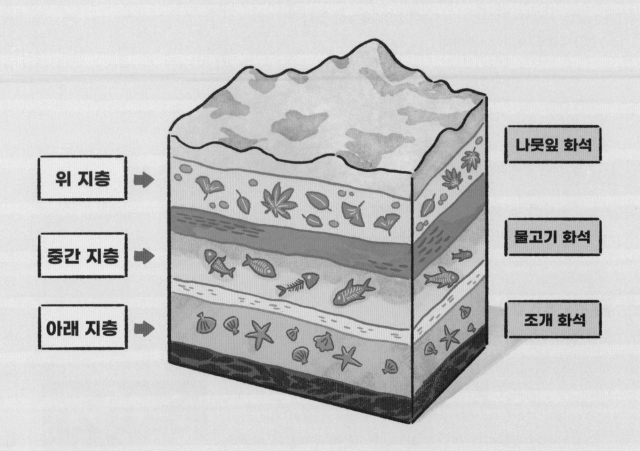

위 지층 ➡

중간 지층 ➡

아래 지층 ➡

나뭇잎 화석

물고기 화석

조개 화석

☑ 핵심 개념인 '지구의 역사'와 관련된 말들을 알아 둡시다.

→ 화석과 지층으로 만나는 지구의 역사

 나이테를 보면 나무의 역사를 알 수 있듯이, 화석 이나 지층을 보면 지구의 역사를 알 수 있어요.

☑ 글을 읽고 이것만은 꼭 찾아냅시다.

→ 지구의 나이는 무엇을 통해 알 수 있을까요?

☑ 글에 나타난 감각적 표현을 살펴봅시다.

→ 감각적 표현은 글을 생생하게 만들어 줍니다. 글에 나타난 감각적 표현이 내용을 생생하게 표현하고 있는지 생각하면서 글을 읽어 봅니다.

| 글에서 감각적 표현이 쓰인 부분 찾기 | ➡ | 감각적 표현의 효과 파악하기 |

감각적 표현은 사물을 생생하게 표현하여 글에 생기를 불어넣어 줘요.

1 핵심 개념 미리 보기

다음 글을 읽고 화석에 대해 바르게 이해한 친구는 누구인지 쓰세요.

> 생물이 죽으면 화석이 될 수 있습니다. 공룡과 같은 동물, 고사리와 같은 식물, 모기 같은 곤충 등이 그러합니다. 생물의 발자국 등과 같은 생물의 흔적도 화석이 될 수 있습니다.

민수: 고인돌은 옛날 사람들이 만들었고 흔적이 남아 있으니까 화석이야.

지연: 고인돌은 화석이 아니야. 고인돌은 생물이 아니 잖아. 화석은 생물이나 생물의 흔적으로 만들어져. 공룡 발자국처럼 말이야.

▲ 고인돌(강화 부근리)

(   )

2 읽기 방법 미리 보기

다음 문장의 밑줄 친 부분에 대한 설명으로 알맞으면 ○표, 알맞지 않으면 ✕표 하세요.

> 화석은 옛날에 살았던 생물이 죽어 흙에 묻혀 <u>돌처럼</u> 단단한 형태로 된 것입니다.

(1) 화석이 얼마나 단단한지를 생생하게 보여 주는 표현이야. (   )

(2) '돌'이라는 말 대신에 '진흙'이라는 말을 쓰면 화석이 얼마나 단단한지를 보여 주지 못하므로 알맞지 않은 표현이야. (   )

○월 ○일

방학이어서 형과 함께 박물관에 갔다. 박물관에서 수많은 화석과 지층 조각을 볼 수 있었다. 나는 화석을 ㉠꼼꼼히 살펴보았다. 어떤 화석은 동물의 뼈가 남아 있는 것처럼 생겼다. 조개를 찰흙에 찍은 것같이 생긴 화석도 있었다. 나는 화석과 지층을 다룬 책의 내용이 생각났다.

우리는 화석과 지층을 통해 지구의 나이를 짐작해 볼 수 있습니다. 화석은 옛날에 살았던 생물이 죽어 흙에 묻혀 돌처럼 단단한 형태로 된 것입니다. 생물이 죽으면 화석이 될 수 있습니다. 공룡과 같은 동물, 고사리와 같은 식물, 모기 같은 곤충 등이 그러합니다. 생물의 발자국 등과 같은 생물의 흔적도 화석이 될 수 있습니다. 화석을 분석하면 과거에  살았던 생물의 크기, 습성, 먹이 등을 알아낼 수 있습니다. 과학자들은 화석을 분석하여 지구에 다세포 생물이 등장한 때를 지금으로부터 약 10억 년 전으로 짐작하고 있습니다.

지층은 서로 다른 토양이 쌓여 암석으로 되어 있는 층이 만들어진 것을 말합니다. 지층은 강이나 바다에 자갈, 모래, 진흙 등이 흘러 들어가 쌓이면서 만들어지기 시작합니다. 이렇게 쌓인 토양이 오랜 시간 단단하게 굳어지면 암석이 됩니다. (㉡   ) 오랫동안 이러한 현상이 반복되면 지층이 만들어지게 됩니다. 지층은 지구의 힘 때문에 바닷속에 있다가 육지로 올라오기도 하고 암석이 깎이기도 합니다.

지층은 생물이 없어도 만들어질 수 있습니다. (㉢   ) 지층은 생물이 살기 이전의 지구에 어떤 일이 있었는지도 알 수 있게 해 주는 자료입니다. 과학자들이 지층을 분석하여 현재 짐작하고 있는 지구의 나이는 46억 살 정도입니다.

나는 우리나라에서 발견된 공룡 발자국 화석 옆에 있는 ㉣해설을 살펴보았다. 공룡 화석이 발견된 지층에 대한 설명도 읽어 보았다. 그리고 지층과 화석이 지구에서 살았던 생물을 연구하는 데에 단서가 된다는 것을 알게 되었다. 형은 지층과 화석이 사람이 살기 이전의 지구가 어떤 환경이었는지를 연구하는 데에도 도움이 된다고 말해 주었다. 우리가 살기 전의 지구의 모습에 대해 알 수 있어서 재미있었다.

내용 파악하기

1. 이 글의 내용으로 알맞지 <u>않은</u> 것은 무엇인가요? (   )

① 생물의 흔적도 화석이 될 수 있다.

② 지층은 생물의 흔적이 있어야 만들어질 수 있다.

③ 화석을 통해 다세포 생물이 등장한 시기를 짐작할 수 있다.

④ 화석을 분석하면 과거에 지구에서 살았던 생물의 특징을 알 수 있다.

⑤ 지층을 통해 생물이 살기 이전의 지구에 어떤 일이 있었는지를 알 수 있다.

감각적 표현 파악하기

2. ㉠과 바꾸어 쓸 수 있는 말로 가장 알맞은 것은 무엇인가요? (   )

① 천천히

② 적당히

③ 간단하게

④ 하나하나

⑤ 대강대강

이어 주는 말 파악하기

3. ㉡과 ㉢에 들어갈 이어 주는 말이 알맞게 짝지어진 것은 무엇인가요? (   )

	㉡	㉢
①	또	그러나
②	그리고	그러나
③	그리고	그래서
④	그래서	그렇지만
⑤	그렇지만	왜냐하면

4. ㉣과 같은 글이 전하고자 하는 내용으로 가장 알맞은 것은 무엇인가요? (   )

① 박물관의 발자취

② 박물관이 만들어진 목적

③ 박물관을 찾아오는 길 안내

④ 박물관 관람 시간 및 관람료

⑤ 박물관에 있는 전시품에 대한 정보

주요 개념 파악하기

5. 이 글에 나타난 '화석'에 대한 설명으로 알맞으면 ○표, 알맞지 않으면 ✕표 하세요.

(1) 모기와 같은 곤충은 너무 작아서 화석이 될 수 없다. (   )

(2) 동물의 발자국은 생물의 흔적이므로 화석이 될 수 있다. (   )

(3) 화석은 옛날에 살았던 생물이 죽어 흙에 묻혀 단단한 형태로 된 것이다. (   )

시각 자료 해석하기

6. 이 글의 내용을 바탕으로 지층이 만들어지는 과정을 순서에 맞게 기호를 쓰세요.

㉮
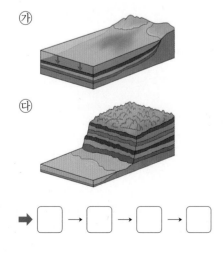

㉯

㉰

㉱

➡ ☐ → ☐ → ☐ → ☐

어휘 익히기

1 낱말 뜻 알기

다음 빈칸에 알맞은 낱말을 <보기>에서 찾아 쓰세요.

• 보기 •
| 짐작 흔적 습성 단서 |

1. 그 길에는 사람이 지나간 (   )이/가 없었다.
   뜻 어떤 것이 있었거나 지나가고 난 뒤에 남은 자국.

2. 사건을 해결할 수 있는 결정적인 (   )을/를 찾았다.
   뜻 사건이나 문제를 푸는 데 도움이 되는 것.

3. 그 말을 듣자 어떤 일이 생겼는지 (   )할 수가 있었다.
   뜻 사정이나 형편 같은 것을 어림잡아 헤아림.

4. 정약전 선생님은 흑산도 부근 어류의 생태와 (   )을/를 연구하였다.
   뜻 어떤 동물이 지닌 특별한 성질.

2 관용 표현 알기

다음 빈칸에 알맞은 사자성어를 쓰세요.

" □□□□ "

지구가 오래전부터 있어 왔던 것처럼, 지구의 산과 강도 우리보다 훨씬 오래전부터 지구에 있었을 것입니다. 이 사자성어는 '아주 오랜 세월 동안 변함이 없는 산천.'이라는 뜻으로, 판소리를 부르기 전에 목을 풀기 위해 부르는 노래의 제목이기도 합니다.

한자	뜻	음
萬	일만	
古	옛	
江	강	
山	뫼	

3 한자어 익히기

다음 한자어를 소리 내어 읽고 빈칸에 따라 써 보세요.

화석(化石): 옛날에 살았던 동물이나 식물이 땅속에 묻혀 돌처럼 굳은 것. 또는 돌에 찍혀 남아 있는 발자국이나 흔적.

• 이 화석은 몇 억 년 전의 것이니?
• 공룡, 익룡, 새 발자국 화석이 한 지층에서 잇따라 발견되었다.

化 될 화	石 돌 석			

05회 읽기 방법 익히기

1 시각 자료 해석하기

그림이나 사진, 도표와 같은 시각 자료가 글과 함께 제시되는 경우가 있습니다. 글로는 분명하게 나타낼 수 없는 내용이 시각 자료에 담겨 있는 경우도 있습니다. 따라서 시각 자료가 제시된 경우에는 시각 자료가 담고 있는 내용이 무엇인지 파악해야 합니다. 그리고 그 내용과 글의 내용을 연결하여 읽어야 합니다. 이처럼 시각 자료를 글과 관련지어 해석하면 글의 내용을 좀 더 쉽게 이해할 수 있습니다.

★ **시각 자료를 글과 관련지어 해석하려면,**

(1) 그림이나 사진, 도표와 같은 시각 자료를 통해 알 수 있는 것이 무엇인지 확인해 봅니다.

(2) 글에 드러난 정보와 시각 자료를 연결하여 글의 내용을 이해해 봅니다.

---

1 다음 글에 제시된 시각 자료를 글의 내용과 연결하여 바르게 해석한 친구에게 ✓표 하세요.

시소는 긴 널빤지의 양쪽 끝에 사람이 앉아 서로 위아래로 움직이면서 노는 놀이 기구입니다. 나와 무게가 비슷한 사람과 시소를 탈 때에는 시소의 중심에서 서로 비슷하게 떨어진 위치에 앉아도 시소의 균형을 잡을 수 있습니다. 그런데 나보다 무거운 사람이 시소의 중심에서 나와 비슷하게 떨어진 위치에 앉으면 시소를 위아래로 움직이기 힘들어 놀 수가 없습니다. 이럴 때에는 무거운 사람이 시소의 중심 쪽으로, 가벼운 사람이 시소의 바깥쪽으로 이동하면 됩니다. 그러면 양쪽의 균형이 맞아 재미있게 시소 놀이를 할 수 있습니다.

시소 놀이를 하는 두 사람은 친구 사이이니까 몸무게가 비슷할 거야.

시현
(   )

두 사람이 중심에서 비슷하게 떨어진 위치에 앉았는데 시소가 한쪽으로 기울어져 있으니 두 사람의 몸무게는 비슷하지 않을 거야.

정환
(   )

2 다음 글을 읽고 물음에 답하세요.

이탈리아에 있는 피사의 사탑을 본 적이 있나요? 피사의 사탑은 높이가 58미터에 이르는 탑입니다. 이 탑이 세계적으로 유명한 이유는 1년에 1밀리미터 정도씩 기울어져 현재에는 5.5도 정도 기울어져 있기 때문입니다. 피사의 사탑은 공사가 시작되어 3층이 완성될 무렵 기울기 시작하였다고 합니다. 사람들은 고민 끝에 탑을 그대로 쌓아도 무너지지 않을 것이라 생각하고 공사를 계속하였습니다. 그리고 700여 년이 지난 지금까지도 쓰러지지 않고 있답니다. 탑이 이렇게 기울었는데도 무너지지 않는 이유는 무엇일까요? 그것은 바로 무게 중심 때문입니다.

무게 중심은 물체의 어떤 곳을 매달거나 받쳤을 때 물체가 균형을 이루는 점을 말합니다. 어떠한 물체든 무게 중심이 되는 부분을 받치면 균형을 이루게 됩니다. 피사의 사탑은 무게 중심이 바닥 내부에 있기 때문에 쓰러지지 않고 안정된 상태를 오랫동안 유지하고 있는 것입니다.

(1) 물체가 균형을 이루도록 하기 위해 받쳐야 할 곳을 무엇이라고 하는지 쓰세요.

(   )

(2) 피사의 사탑을 나타낸 사진으로 알맞은 것에 √표 하세요.

㉮

(   )

㉯

(   )

㉰

(   )

2 두 글의 차이 파악하기

　동일한 대상에 대한 정보를 담고 있는 두 글을 읽으면 대상을 보다 폭넓게 이해할 수 있습니다. 두 글을 읽을 때에는 대상에 대한 두 글의 초점과 정보가 어떤 점에서 같고 어떤 점에서 다른지 살펴보아야 합니다. 대상에 대한 두 글의 초점 또는 정보가 비슷할 경우, 그 대상을 설명하는 세부 내용이 어떻게 다른지, 세부 내용을 어떻게 다르게 표현하고 있는지 살펴보아야 합니다.

★ **두 글의 초점과 정보의 차이를 파악하려면,**

(1) 대상에 대한 두 글의 초점과 정보를 확인해 공통점과 차이점을 파악합니다.

(2) 두 글에서 대상을 설명하는 세부 내용이 어떻게 다른지, 세부 내용을 어떻게 표현하고 있는지 따져 봅니다.

1 다음 두 글에 나타난 정보를 바르게 파악한 친구에게 √표 하세요.

> **가** 저마다 조금씩 다르기는 하지만, 씨앗이 싹이 트려면 온도와 습도가 알맞아야 합니다. 알맞은 온도와 습도가 되면 씨앗은 싹이 터서 자라기 시작합니다. 온도가 따뜻해도 습도가 부족하면 싹이 트지 않습니다. 흙 속에 묻힌 씨앗의 주변이 젖어 있어도 일정한 온도가 되지 않으면 싹이 트지 않습니다. 어떠한 식물이라도 이러한 조건이 맞지 않으면 싹을 틔울 수가 없습니다.
>
> **나** 엄마는 씨앗이 싹이 트기 위해서는 온도와 습도가 알맞아야 한다고 말씀해 주셨다. 어서 빨리 싹이 트도록 화분을 따뜻한 곳으로 옮겨야겠다고 생각했다.

가는 여러 가지 예를 들어 설명하고 있어서 **나**보다 구체적이야.	**나**는 엄마의 설명이어서 **가**보다 쉬운 말로 표현되어 있어.	**가**와 **나**는 모두 씨앗이 싹 트기 위해서는 온도와 습도가 알맞아야 한다고 설명하고 있어.
채연 (　　)	여준 (　　)	가은 (　　)

2 다음 두 글을 읽고 물음에 답하세요.

> **가** 강낭콩을 심을 때는 먼저 작은 돌로 화분의 아랫부분에 있는 물 빠짐 구멍을 막아야 해. 그리고 거름흙을 화분의 절반보다 좀 더 많이 넣고 씨앗의 두께보다 두세 배 깊게 씨앗을 심어야 해. 그다음에 물뿌리개로 물을 충분히 뿌려 준 후 햇빛이 잘 드는 곳에 놓아두면 된단다. 강낭콩이 잘 자라길 바랄게.
>
> – 사랑하는 삼촌이
>
> **나** 강낭콩을 심을 때는 물 빠짐이 좋고 해가 잘 드는 밭을 골라야 한다. 씨앗은 30센티미터 간격으로 3~4개 정도 심고 흙은 2센티미터 정도의 두께로 덮는다. 씨앗을 심기 전에 한나절 정도 물에 담갔다 심으면 좋다. 줄을 따라 자라는 줄 강낭콩은 지난해 오이나 토마토 등을 재배할 때 사용했던 지지대가 있는 곳에 재배하면 수월하다.
>
> – ○○ 백과사전

(1) **가**와 **나**에서 공통적으로 설명하고 있는 것은 무엇인가요? (　　　)

① 강낭콩 씨앗 심기
② 강낭콩 화분 고르기
③ 강낭콩을 물에 담그는 이유
④ 강낭콩 화분에 돌을 넣는 이유
⑤ 강낭콩이 잘 자라는 밭 고르기

(2) **가**와 **나**의 차이에 대한 설명으로 가장 알맞은 것은 무엇인가요? (　　　)

① **가**는 강낭콩을 화분에 심는 방법을, **나**는 강낭콩을 밭에 심는 방법을 설명하고 있다.
② **가**는 화분을, **나**는 지지대를 활용하여 물 빠짐이 쉽도록 하는 방법을 설명하고 있다.
③ **가**는 편지로, **나**는 백과사전으로 강낭콩 씨앗이 자라서 열매를 수확하여 먹기까지의 과정을 설명하고 있다.
④ **가**는 삼촌이 강낭콩 씨앗을 선물한 까닭을, **나**는 오이나 토마토를 심은 밭에 강낭콩을 심는 까닭을 설명하고 있다.
⑤ **가**는 강낭콩을 물 빠짐이 잘되는 곳에 심어야 하는 이유를, **나**는 씨앗을 심기 전에 강낭콩을 물에 불려야 하는 이유를 설명하고 있다.

기후 변화가 만든 최고의 바이올린

이 글의 중심 화제는 **기후 변화**입니다. 기후 변화와 관련된 **음악, 미술, 사회, 과학**을 공부해요.
최고의 바이올린으로 불리는 '스트라디바리우스'의 탄생 배경을 기후 변화와 관련지어 이해해 보세요.

몇 해 전 유럽에서 활동하는 한국인 바이올리니스트가 영국 런던에서 20억 원이 넘는 '스트라디바리우스(Stradivarius)' 바이올린을 도난당했다고 보도된 적이 있어요. 이 사건은 큰 화제가 되었고 한동안 바이올린의 행방은 묘연[*]했지만, 다행히 3년 만에 바이올린은 다시 주인 품으로 돌아왔지요. 이처럼 종종 우리는 뉴스를 통해 '스트라디바리우스'라는 악기와 관련된 소식을 접할 수 있어요. 스트라디바리우스는 도대체 얼마나 아름다운 소리를 가졌기에 이렇게 유명한 악기가 되었을까요?

"연주회장이 아무리 넓어도 끝없이 퍼져 나가는 천상의 아름다운 소리를 지니고 있다." 미국의 거장[*] 바이올리니스트가 스트라디바리우스를 두고 한 말이에요. 그 외에도 수많은 사람이 찬사를 보내며 현악기 중 단연 최고라고 꼽는 이 악기의 신비한 소리의 비밀을

▲ 스트라디바리우스

밝히기 위해 많은 과학자가 노력해 왔어요. 다양한 가설과 주장 중에 악기가 만들어질 당시의 기후 변화가 이 악기의 정교한 소리에 영향을 주었을 것이라는 추측이 있어요.

㉠16세기 초부터 18세기까지의 유럽 전역은 그 전후 시기보다 더 추운 기후가 지속된 '소빙하기(little ice age)'였어요. 특히 17세기의 추위는 1만 년 전 인류가 농경을 처음 시작한 이래 가장 혹독했어요. 학자들은 바로 이 시기가 스트라디바리우스의 신비한 소리의 비밀이라고 주장해요. 이 시기에는 긴 겨울과 시원한 여름으로 인해 나무들이 느리게 자라서 밀도가 높고 좁은

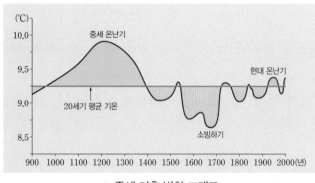

▲ 중세 기후 변화 그래프

나이테를 가진 단단한 목재가 생산됐어요. 그로 인해 이 당시 만들어진 악기는 유난히 좋은 음색*을 지니게 됐다고 해요. 이탈리아의 바이올린 장인 안토니오 스트라디바리(1644~1737)가 악기 제작에 사용한 나무들이 바로 1500년대부터 1600년대 초반, 즉 소빙하기에 자란 나무들이었어요. 스트라디바리는 절정의 소빙하기가 시작되기 1년 전에 태어났고 평생 1,100여 개의

▲ 안토니오 스트라디바리

악기를 만든 것으로 알려져 있는데, 특히 소빙하기가 끝날 무렵인 1700~1720년에 그가 제작한 바이올린은 최고의 평가를 받고 있어요. 신기하게도 스트라디바리우스와 어깨를 견주는 명품 현악기인 과르니에리(Guarnieri), 아마티(Amati)도 모두 비슷한 시기, 같은 지방에서 만들어졌다는 공통점을 지니고 있어요. 이런 명품 악기가 탄생하기까지 장인들의 기술과 남다른 비법들도 있었지만, 이 당시의 기후 변화도 큰 영향을 주었을 것이라는 학자들의 주장이 꽤 설득력 있게 느껴지네요.

* **묘연**: 소식이나 행방 따위를 알 길이 없음.
* **거장**: 예술, 과학 따위의 어느 일정 분야에서 특히 뛰어난 사람.
* **음색**: 소리의 감각적 특색.

1　이 글의 내용을 바탕으로 다음 빈칸에 알맞은 말을 쓰세요.

> 　과학자들은 최고의 명품 악기라고 불리는 스트라디바리우스가 만들어지게 된 배경으로 (　　　　　　　　　　　)를 주장하기도 한다. 이것은 일정 지역에서 오랜 기간에 걸쳐서 진행되는 날씨의 변화를 의미한다.

2 다음 중 ㉠의 시기를 바르게 나타낸 것에 ∨표 하세요.

(1)
1501~1600년
(   )

(2)
1551~1650년
(   )

(3)
1651~1700년
(   )

3 다음 글을 읽고, 이 당시 나무들의 나이테 모습을 이전과 이후 나무들의 나이테와 비교할 수 있도록 상상하여 그려 보세요.

이 그림은 피터르 브뤼헐이 그린 「겨울: 눈 속의 사냥꾼들」(1565)입니다. 그림에는 450여 년 전의 벨기에 촌락의 겨울 풍경과 이 지역 사람들의 삶이 담겨 있습니다. 그림 속의 운하와 하늘이 회색빛을 띠는 푸른색으로 같게 칠해져 있습니다. 이 당시 소빙하기를 겪으며 그 이전보다 더 혹독했던 겨울의 차가운 공기가 고스란히 느껴집니다.

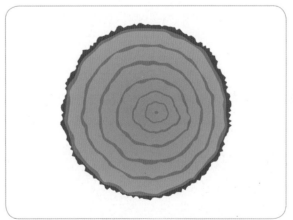

▲ '이 당시' 이전과 이후 나무들의 나이테

▲ '이 당시' 나무들의 나이테

4 다음 글을 읽고, 아래의 빈칸에 해당 악기의 이름을 쓰세요.

현악기 제작의 명장 안토니오 스트라디바리는 생전에 1,100여 점의 바이올린, 비올라, 첼로, 하프, 기타를 제작했는데, 현재는 600~800여 점이 남아 있는 것으로 짐작됩니다. 그중 바이올린족 악기가 가장 많은데 이들은 구조는 비슷하지만 크기와 음역대에 차이가 있습니다. 바이올린족 악기에는 바이올린, 비올라, 첼로, 콘트라베이스가 있습니다. 먼저 바이올린은 네 가지 바이올린족 악기 중 가장 작습니다. 비올라는 바이올린보다 조금 더 큽니다. 첼로는 바이올린보다 약 2배 정도 더 깁니다. 콘트라베이스는 최저 음역용의 악기로 첼로보다 더 큽니다.

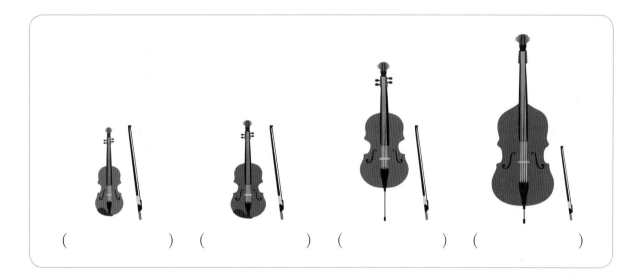

(   ) (   ) (   ) (   )

5 다음 글을 읽고, (   ) 안에서 알맞은 말을 골라 ○표 하세요.

'기후 변화'는 전 지구적 차원에서 기후가 변화하는 것을 의미합니다. '소빙하기'가 이전보다 지구의 평균 기온이 크게 낮아지는 기후 변화였다면, 현재의 지구는 평균 기온이 급격하게 상승하는 기후 변화가 나타나고 있습니다. 지금과 같이 지구가 온난해지는 기후 변화가 계속된다면 우리나라에도 다음과 같은 변화가 일어날 것입니다.

(1) 봄과 여름은 (길어, 짧아)지고, 가을과 겨울은 (길어, 짧아)집니다.
(2) 해수면의 높이는 (상승, 하강)합니다.
(3) 연평균 기온은 (상승, 하강)합니다.

4주차

무엇을 배울까요?

회차	글의 내용	핵심 개념	읽기 방법	학습 계획일
01회	**슬기로운 여가 생활** 여가의 의미와 가치, 여가 활용 현황을 제시한 후, 스포츠 활동을 하며 여가를 즐길 것을 권유하는 글입니다.	[체육] 여가	시각 자료의 내용 파악하기	월 일 (요일)
02회	**일할 때 부르는 노래** 「잘하네 못하네」 노래를 예시로, 일노래의 기능과 특성을 설명하는 글입니다.	[음악] 노래	문단 관계 파악하기	월 일 (요일)
03회	**'점, 선, 면'을 소개합니다!** 의인화된 '점', '선', '면'이 각각 자신의 역할과 특성을 소개하는 글입니다.	[미술] 점, 선, 면	세부 내용을 단서로 추론하기	월 일 (요일)
04회	**자연 현상에 숨겨진 수의 규칙** 다양한 자연 현상에 숨겨져 있는 '피보나치수열'의 규칙을 설명하는 글입니다.	[수학] 규칙	예시를 활용하여 중심 내용 추론하기	월 일 (요일)
05회	**읽기 방법 익히기** 이 주에 공부한 중요 [읽기 방법]을 한눈에 정리하고 문제로 확인합니다. 1 문단 관계 파악하기 2 예시를 활용하여 중심 내용 추론하기			월 일 (요일)

어느 수준일까요?

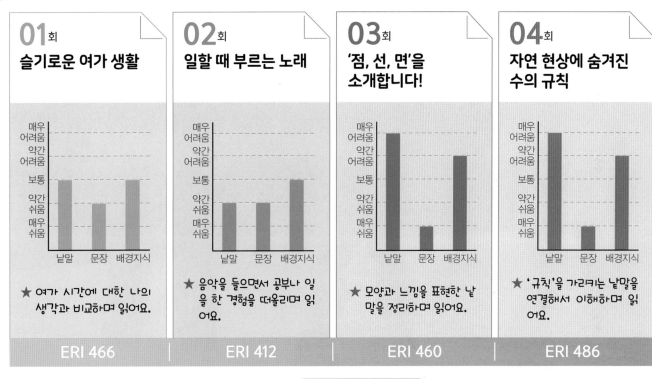

01회	02회	03회	04회
슬기로운 여가 생활	일할 때 부르는 노래	'점, 선, 면'을 소개합니다!	자연 현상에 숨겨진 수의 규칙
★ 여가 시간에 대한 나의 생각과 비교하며 읽어요.	★ 음악을 들으면서 공부나 일을 한 경험을 떠올리며 읽어요.	★ 모양과 느낌을 표현한 낱말을 정리하며 읽어요.	★ '규칙'을 가리키는 낱말을 연결해서 이해하며 읽어요.
ERI 466	ERI 412	ERI 460	ERI 486

이 주의 ERI 지수

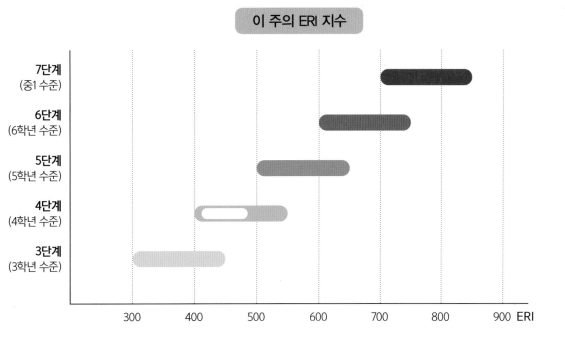

01회 슬기로운 여가 생활

☑ **핵심 개념인 '여가'와 관련된 말들을 알아 둡시다.**

→ 여가 생활 / 여가 시간 / 여가 활동

 여가란 일하다가 잠깐 생기는 한가한 시간을 말해요.

☑ **글을 읽고 이것만은 꼭 찾아냅시다.**

→ 여가의 의미와 여가를 슬기롭게 즐기는 방법은 무엇일까요?

☑ **시각 자료의 내용을 파악하며 글을 읽어 봅시다.**

→ 도표, 그래프와 같은 시각 자료의 의미를 글의 내용과 연결 지으며 파악해 봅니다.

제시된 시각 자료를 꼼꼼히 읽기	→	시각 자료와 글의 내용 연결하기	→	시각 자료의 내용 파악하기

시각 자료의 내용을 파악하기 위해서는 글 내용과의 관련성을 찾는 것이 중요해요.

1 핵심 개념 미리 보기

낱말의 첫소리를 보고, 다음에서 설명하고 있는 낱말이 무엇인지 쓰세요.

- '자유 시간'이라는 말과 비슷한 뜻으로 쓰여요.
- 자유롭게 하고 싶은 활동을 하는 시간을 나타내는 말이에요.
- 이 시간에 하는 활동에는 운동, 독서, 컴퓨터 게임 등이 있어요.

(   )

2 읽기 방법 미리 보기

다음 그래프의 내용을 잘못 이해한 것에 √표 하세요.

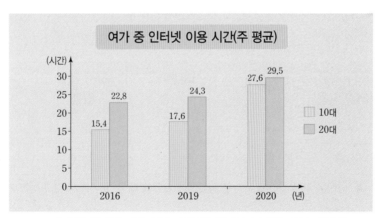

▲ 여가 중 인터넷 이용 시간 조사 결과(자료: 통계청, 여성 가족부)

(1) 10대보다 20대의 여가 중 인터넷 이용 시간이 항상 길었구나. (   )

(2) 여가 중 인터넷 이용 시간이 10대와 20대 모두 계속 증가해 왔구나. (   )

(3) 10대가 여가 중 인터넷을 일주일에 평균 몇 시간 이용하는지는 알 수 없구나. (   )

정답 1. 여가 2. (3)

1 여가를 슬기롭게 보내기 위해서는 어떻게 해야 할까요? 이 질문에 답하기 위해서는 '여가' 의 의미부터 살펴볼 필요가 있어요. 여가란 반드시 해야 하는 일에서 벗어나서 자유롭게 활동 하는 시간을 말해요. 학생인 여러분이 반드시 해야 하는 일에는 무엇이 있나요? 학교생활이나 공부가 대표적인 예이지요. 밥을 먹거나 잠을 자는 것, 씻는 것도 포함되고요. 여가는 이러한 일들로부터 벗어난 자유 시간이에요. 그리고 이 시간에 자발적으로 하는 활동을 여가 활동이 라고 해요. 꼭 해야 하는 일은 아니지만 스스로 원해서 하는 활동들이지요.

2 적절한 여가는 매우 중요해요. 항상 일만 하며 지낸다고 생각해 보세요. 매우 지치고 힘들 겠지요? 일을 잘 해내기 위해서도 여가는 꼭 필요해요. 쉬면서 일을 할 수 있는 힘을 얻을 수 있으니까요. 하지만 아무것도 하지 않고 쉬기만 하면 여가 시간을 허비하게 돼요. 여가 활동 을 하면 여가 시간을 알차게 쓸 수 있어요. 적절한 여가 활동은 삶의 의지를 북돋고 몸과 마음 을 건강하게 하거든요. 그러므로 어떤 여가 활동을 하는지는 매우 중요해요.

3 우리나라 청소년들은 어떤 여가 활동을 하고 있을까요? 2019년에 통계청과 여성 가족부에 서 국민들이 자유 시간에 어떤 활동을 하는지 조사했어요. ㉠아래의 표를 보면, 79.2%에 이 르는 청소년들이 컴퓨터 게임을 하거나 인터넷을 사용하며 자유 시간을 보낸다고 답했음을 알 수 있어요. 휴식을 취하거나 텔레비전을 시청하는 경우도 많고요. 이때 1, 3위 활동은 몸 과 마음을 건강하게 만들어 주는 활동이라고 보기 어려워요. 또한 신체 활동과도 거리가 멀어 요. 스포츠 활동은 5위로, 15.1%만 하고 있다고 답했어요. 성인이 되면 그 비중이 더욱 줄어들 고요.

(단위: %)

	컴퓨터 게임, 인터넷 사용	휴식	텔레비전 시청	자기 개발 활동	스포츠 활동	기타
청소년	79.2	60.8	59.9	32.5	15.1	0.2
성인	68.9	63.3	59.0	34.0	10.6	0.0

▲ '당신은 자유 시간에 어떤 활동을 하나요?'에 대한 설문 조사 결과(여러 개 선택 가능)

4 여가를 슬기롭게 보내는 방법 중 하나는 스포츠 활동을 하는 거예요. 왜일까요? 우선, 스 포츠 활동은 몸을 튼튼하게 해요. 체력도 길러 주죠. 재밌게 놀면서 운동하는 것이기 때문에 마음도 건강해지고요. 또 스포츠 활동은 여럿이 하는 경우가 많아요. 함께 땀 흘리면서 사람 들과 가까운 사이가 될 수도 있어요.

5 이렇게 스포츠 활동은 우리의 몸과 마음, 그리고 인간관계까지 건강하게 만듭니다. 이제부 터 스포츠 활동을 하며 여러분의 여가를 즐겨 보면 어떨까요?

내용 파악하기

1. 이 글의 내용으로 알맞지 <u>않은</u> 것은 무엇인가요? (   )

① 적절한 여가는 일에도 도움이 된다.

② 여가는 자유롭게 활동하는 시간이다.

③ 여가 활동은 자발적으로 하는 활동이다.

④ 모든 여가 활동은 몸과 마음을 건강하게 한다.

⑤ 여가 활동은 인간관계에도 영향을 미칠 수 있다.

낱말 관계 파악하기

2. **1** 문단에서 '여가 활동'과 반대되는 말을 찾아 쓰세요.

(   )

세부 내용을 단서로 추론하기

3. 이 글의 내용으로 보아, 여가 활동이 <u>아닌</u> 것은 무엇인가요? (   )

① 인터넷 검색하기

② 읽고 싶던 책 읽기

③ 친구들과 뛰어놀기

④ 동생과 배드민턴 치기

⑤ 가족과 저녁 식사하기

4. ㉠에 대한 설명으로 알맞지 <u>않은</u> 것은 무엇인가요? (   )

① 조사를 진행한 곳은 통계청과 여성 가족부이다.

② 모든 활동에서 청소년보다 성인의 참여도가 더 높게 나타났다.

③ 자유 시간에 많이 하는 활동의 순위는 청소년과 성인 모두 동일하다.

④ 청소년과 성인 모두에게 자유 시간 활동으로 스포츠 활동은 인기가 없는 편이다.

⑤ 청소년 중 자기 개발 활동과 스포츠 활동을 한다고 답한 사람은 절반도 채 되지 않는다.

5. 각 문단의 중심 내용으로 알맞지 <u>않은</u> 것은 무엇인가요? (   )

① **1**문단: 여가 및 여가 활동의 의미

② **2**문단: 여가 활동의 가치

③ **3**문단: 여가 활동의 종류와 선택 이유

④ **4**문단: 여가 활동으로서 스포츠 활동의 가치

⑤ **5**문단: 여가 활동으로 스포츠 활동 제안

6. 이 글을 읽은 후 더 알고 싶은 내용을 떠올린 것으로 알맞은 것에 √표 하세요.

(1) 여가 시간에 운동을 하면 어떤 점이 좋을까?   (   )

(2) 우리나라 청소년들은 어떤 여가 활동을 하고 있을까?   (   )

(3) 청소년들이 여가 활동으로 신체 활동을 많이 하지 않는 이유는 무엇일까?   (   )

어휘 익히기

1 낱말 뜻 알기

다음 빈칸에 알맞은 낱말을 〈보기〉에서 찾아 쓰세요.

• 보기 •

자발적　　　허비　　　북돋고　　　비중

---

1. 올림픽 경기장에 울려 퍼지는 애국가가 애국심을 (　　　　) 있다.
   뜻 기운이나 정신을 더욱 높여 주고.

2. 하루 종일 게임만 하는 것은 소중한 시간을 (　　　　)하는 것이다.
   뜻 돈, 물건, 시간 같은 것을 헛되이 씀.

3. 독서 동아리가 잘 운영되기 위해서는 많은 학생의 (　　　　) 참여가 필요하다.
   뜻 스스로 나서서 하는. 또는 그런 것.

4. 나의 일상생활에서 가장 많은 (　　　　)을/를 차지하는 시간은 공부 시간이다.
   뜻 다른 것과 견주어 볼 때 차지하는 크기나 중요성.

2 관용 표현 알기

다음 빈칸에 알맞은 말을 쓰세요.

"☐ 쓰듯 하다"

물은 공기 다음으로 우리 주변에서 흔하게 볼 수 있는 것이에요. 그래서 그 소중함을 모른 채 아끼지 않고 함부로 쓰기도 하지요. 이 말은 돈, 물건, 시간 등 귀중하게 다루어야 할 것들을 마구 헤프게 쓴다는 뜻이에요.

3 한자어 익히기

다음 한자어를 소리 내어 읽고 빈칸에 따라 써 보세요.

餘	暇
남을 여	겨를 가

여가(餘暇): 일에서 벗어나 자유롭게 활동하는 시간.
• 사람마다 좋아하는 여가 활동이 다르다.
• 열심히 공부하는 청소년들에게는 여가가 늘 부족하다.
• 일을 잘 해내기 위해서는 적절한 휴식과 여가가 필요하다.

餘	暇						
남을 여	겨를 가						

02회 일할 때 부르는 노래

▲ 좌수영 어방놀이(국가 무형 문화재 제62호)

☑ 핵심 개념인 '노래'와 관련된 말들을 알아 둡시다.

→ 노래 가사 / 돌림 노래 / 일노래

🧒 일을 할 때 부르는 노래를 '일노래'라고 해요.

☑ 글을 읽고 이것만은 꼭 찾아냅시다.

→ 일노래를 부르는 이유와 일노래를 부름으로써 얻는 효과는 무엇일까요?

☑ 문단 관계를 파악하며 글을 읽어 봅시다.

→ 문단 사이의 관계를 파악하여 글의 의미를 종합적으로 이해해 봅니다.

각 문단의 중심 내용 파악하기	→	문단 관계를 나타내는 말 찾기	→	문단 사이의 관계 파악하기

🧑 문단 관계를 파악할 때에는 문단과 문단의 관계를 나타내는 말을 찾는 것이 중요해요.

1 핵심 개념 미리 보기

빈칸에 공통으로 들어갈 낱말을 〈보기〉에서 찾아 쓰세요.

보기

노래　　　율동　　　게임　　　독서

어렸을 때부터 □□을/를 잘하고 좋아했던 그 아이는 커서 우리나라를 대표하는 유명한 가수가 되었다.

힘이 들거나 지칠 때 □□을/를 부르면 기분이 상쾌해지고 신이 난다.

2 읽기 방법 미리 보기

다음 두 문단의 관계를 짐작하는 데 도움이 되는 말을 찾아 밑줄을 그으세요.

　　날이 갈수록 청소년들의 스마트폰 사용량이 늘고 있다. 청소년들의 스마트폰 사용을 바라보는 시선은 크게 두 가지로 나뉜다. 첫 번째 시선은 청소년들의 스마트폰 사용을 부정적으로 보는 경우이다. 이러한 입장에서는 청소년들의 스마트폰 중독을 걱정한다. 청소년들은 자신의 행동을 스스로 조절하는 능력이 다소 부족하므로, 스마트폰 사용을 제한하는 방안을 마련해야 한다는 것이다.

　　이와는 반대로 두 번째 시선은 청소년들의 스마트폰 사용을 긍정적으로 보는 경우이다. 이러한 입장에서는 스마트폰이 청소년들의 학습에 도움을 줄 수 있는 부분이 많다고 본다. 공부를 하거나 숙제를 할 때 스마트폰은 정보를 검색하거나 문제 해결의 방법을 찾는 등 즉각적인 도움을 받을 수 있는 유용한 도구가 되기 때문이다. 두 가지 시선은 상당히 다르지만 모두 타당한 이유를 제시하고 있다. 그러므로 어느 한 입장을 선택하기보다는 두 입장을 균형적으로 받아들일 필요가 있다.

정답 1. 노래　2. 이와는 반대로

1 여러분은 언제 노래를 부르나요? 노래는 우리를 기분 좋게 하거나 위로합니다. 그래서 우리는 기쁘거나 슬플 때 노래를 부르지요. 그런데 우리 조상들은 일을 할 때도 노래를 불렀어요. ㉠농사를 지을 때, 물고기를 잡을 때, 나물을 캘 때 노래를 불렀지요. 혼자 옷을 만들 때도 노래를 불렀어요. 심심함을 달래고 졸음을 쫓기 위해서였지요. 이렇게 일을 할 때 부르는 노래를 '일노래'라고 해요.

2 우리 조상들은 왜 일노래를 불렀을까요? 일을 하면 힘들고 지칩니다. 그런데 노래는 이러한 일의 고통을 줄여 줘요. 노래를 부르면 지루함을 달랠 수 있고, 지친 마음을 회복시켜 몸도 가볍게 만들어 주지요. 또한 노래는 여러 사람이 함께 일할 때 도움이 돼요. 다 같이 노래를 부르며 일의 속도를 맞출 수 있거든요. 일하는 분위기를 좋게 만들 수도 있고요.

3 일노래의 종류는 일의 종류만큼 다양해요. 또 사람들이 많이 하는 일일수록 노래의 수도 많았어요. 옛날에는 많은 사람이 농사를 지었죠? (㉡) 또한 농사의 과정마다 다양한 일노래가 있어요. 논에 심을 씨앗을 옮길 때나 잡초를 뽑을 때, 벼를 털 때 부르는 일노래가 각각 달랐어요. 각 과정의 특성에 맞게 일노래를 다르게 만들었기 때문이지요. 농사 과정 중 논의 잡초를 뽑아 흙을 부드럽게 하는 것을 '논매기'라고 해요. ㉰충청도 지역의 노래를 통해 논매기 일노래의 특성을 살펴볼까요?

4
> 잘하네 못하네 / 에야후야 잘하네
>
> 잘하네 못하네 / 에야후야 잘하네
>
> 잘하기는 뭘 잘해요 / 우리야 농부들 참 잘하네
>
> 잘하네 못하네 / 에야후야 잘하네
>
> – 논매는 소리 「잘하네 못하네」

㉱노랫말의 특성이 어떤가요? 일단 매우 단순해요. 또 농사일을 잘한다고 칭찬하는 말이 자주 보여요. 서로를 칭찬하며 힘든 농사일을 함께 견디는 것이지요. 이때 똑같은 노랫말이 계속 반복되고 있죠? 왜 그럴까요? 일노래는 일에 도움을 받기 위해 부르는 노래예요. 그래서 노래 부르는 방식도 일의 특성에 맞게 정해져요. 넓은 땅에서 빠르게 논매기를 하려면 어떻게 해야 할까요? 모든 사람이 같은 행동을, 같은 속도로 하는 것이 좋겠지요? 그래서 같은 말을 되풀이한 거예요. 같은 말을 되풀이하면 행동과 속도를 맞추기 쉽거든요. 노래를 통해 일의 고단함을 풀고, 나아가서는 일의 효율도 높이려고 했던 우리 조상들의 지혜를 알겠지요?

내용 파악하기

1. 이 글을 읽고 알 수 있는 내용이 <u>아닌</u> 것은 무엇인가요? (　　　)

① 노래는 사람의 기분을 좋게 하는 힘을 가지고 있다.

② 우리 조상들은 일할 때 부를 노래를 따로 만들었다.

③ 일할 때 부르는 노래는 항상 여러 사람이 함께 부른다.

④ 여러 사람이 함께 일할 때 일노래를 부르면 도움이 된다.

⑤ 일의 종류에 따라 각기 다른 다양한 일노래를 만들어서 불렀다.

설명 방법 파악하기

2. 글쓴이가 글의 내용을 전달하기 위해 사용한 방법으로 알맞은 것에 모두 √표 하세요.

(1) 중요한 용어의 뜻을 정리하여 제시하였다. (　　　)

(2) 일노래를 부르는 상황과 특성을 구체적인 예를 들어 설명하였다. (　　　)

(3) 묻고 답하는 방식을 활용하여 문단별 내용을 효과적으로 제시하였다. (　　　)

(4) 하나의 기준을 가지고 일노래의 종류를 분명하게 나누어 설명하였다. (　　　)

문단 관계 파악하기

3. ③문단과 ④문단의 관계를 다음과 같이 설명할 때, (　　　) 안에서 알맞은 말을 골라 ○표 하세요.

> 　문단 관계를 파악하기 위해서는 우선 각 문단의 중심 내용을 파악해야 해. ③문단에서는 농사지을 때 부르는 일노래에 대한 (일반적인, 구체적인) 설명을 제시하고 있어. 그리고 ④문단에서는 충청도 지역의 일노래인 「잘하네 못하네」를 예로 들어 논매기 일노래의 (역사, 특성)을/를 설명하고 있지. 두 문단의 중심 내용을 생각했을 때, 문단 관계를 가장 잘 보여 주는 문장은 (㉮, ㉯)야. 그러므로 두 문단은 (설명과 예시, 주장과 근거) 관계라고 할 수 있어.

문장 관계 파악하기

4. 다음 중 두 문장의 연결 관계가 ⊙과 같은 것은 무엇인가요? (　　　)

① 나는 책 읽는 것을 좋아한다. 내 동생은 책 읽는 것을 싫어한다.

② 나는 책 읽는 것을 좋아한다. 소설책을 읽는 것을 가장 좋아한다.

③ 나는 책 읽는 것을 좋아한다. 쉬는 시간에는 도서실에 가서 읽을 책을 고른다.

④ 나는 책 읽는 것을 좋아한다. 작가와의 만남에 직접 참여해 보는 것도 좋아한다.

⑤ 나는 책 읽는 것을 좋아한다. 책을 통해 많은 간접 경험을 쌓을 수 있기 때문이다.

생략된 내용 짐작하기

5. 앞뒤 내용으로 보아, ⓒ에 들어갈 문장으로 가장 알맞은 것은 무엇인가요? (　　　)

① 그러나 농사와 관련된 일노래는 인기가 없었어요.

② 그러나 농사와 관련된 일노래의 수는 많지 않아요.

③ 그래서 농사와 관련된 일노래의 수가 특히 많아요.

④ 그래서 사람들은 농사를 지을 때 노래를 불렀어요.

⑤ 그래서 사람들은 농사와 관련된 일노래를 좋아했어요.

글의 내용 적용하기

6. 이 글을 읽고 〈보기〉의 일노래에 대해 보인 반응으로 알맞지 <u>않은</u> 것에 ✔표 하세요.

● 보기 ●

어어허야디야 어어허야디야 / 어그여디여 상사야 어어허야디야

당선에서 멸치를 보고 어어허야디야 / 망선에서 그물을 친다 어어허야디야

서쪽 고리는 서쪽으로 어어허야디야 / 동쪽 고리는 동쪽으로 어어허야디야

닻배에서 그물을 담그면 어어허야디야 / 제주에서 추자까지 어어허야디야

온갖 고기가 다 묀다 어어허야디야

(1) 바다에서 멸치를 잡을 때 부르는 노래 같아. 　　　　　　　　　　　　　　　　(　　　)

(2) 같은 말을 되풀이하는 걸 보니, 같이 일하는 사람들의 행동과 속도를 맞추는 게 중요
했던 것 같아. 　　　　　　　　　　　　　　　　　　　　　　　　　　　　　　(　　　)

(3) 이 글의 '논매는 소리'와 마찬가지로 노랫말을 통해 어느 지역에서 전해져 내려오는
노래인지 알 수 있어. 　　　　　　　　　　　　　　　　　　　　　　　　　　　(　　　)

어휘 익히기

1 낱말 뜻 알기

다음 빈칸에 알맞은 낱말을 〈보기〉에서 찾아 쓰세요.

보기
조상 회복 고단함 효율

1. 병사들은 배고픔과 (   )에 지쳐 있었다.

   뜻 지쳐서 피곤하고 힘이 없음.

2. 하루빨리 몸을 (   )해야 다시 일할 수 있다.

   뜻 약하거나 나빠진 것을 본디 상태로 돌이켜 되찾음.

3. 날씨가 더워지면 일의 (   )이 많이 떨어진다.

   뜻 들인 노력에 견주어 실제로 얻는 결과의 좋은 정도.

4. 예로부터 이어져 내려오는 전통에는 (   )의 지혜가 담겨 있다.

   뜻 자신이 살고 있는 시대 이전에 살았던 웃어른들.

2 관용 표현 알기

다음 빈칸에 알맞은 사자성어를 쓰세요.

"⬚⬚⬚⬚"

우리 조상들은 노래를 통해 일의 고단함을 풀고 일의 효율도 높이려고 했어요. 이 사자성어는 한 번 들어서 두 가지를 얻는다는 뜻으로, 한 가지 일을 하여 두 가지 이익을 얻음을 이르는 말이에요.

한자	뜻	음
一	하나	
擧	들	
兩	두	
得	얻을	

3 한자어 익히기

다음 한자어를 소리 내어 읽고 빈칸에 따라 써 보세요.

歌	唱
노래 가	부를 창

가창(歌唱): 노래를 부름.
- 오늘 가창 시험을 보았다.
- 나는 음악 시간 중에서도 가창 시간을 제일 좋아한다.
- 그는 뛰어난 가창력으로 사람들의 마음을 사로잡았다.

歌	唱
노래 가	부를 창

'점, 선, 면'을 소개합니다!

▲ 칸딘스키, 「구성 8」

☑ 핵심 개념인 '점, 선, 면'과 관련된 말들을 알아 둡시다.

→ 큰 점과 작은 점 / 직선과 곡선 / 평면과 곡면

 점, 선, 면은 어떤 모양을 만들어 내는 데 필요한 기본 요소예요.

☑ 글을 읽고 이것만은 꼭 찾아냅시다.

→ 점, 선, 면은 어떠한 특성을 가지고 있나요?

☑ 세부 내용을 단서로 글의 내용을 추론해 봅시다.

→ 글의 세부 내용 및 그와 관련된 배경지식을 단서로 활용하여 글에 직접적으로 제시되지 않은 내용을 추론해 봅니다.

글의 세부 내용 꼼꼼히 읽기	→	글의 세부 내용과 관련된 배경지식 떠올리기	→	글에 제시되지 않은 내용 추론하기

 세부 내용을 단서로 활용하면 글에 제시되지 않은 내용을 추론할 수 있어요.

1 핵심 개념 미리 보기

빈칸에 들어갈 말을 〈보기〉에서 찾아 쓰세요.

● 보기 ●

면　　색　　선　　점　　형

(1)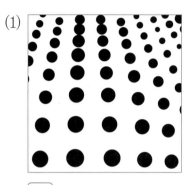

☐ : 작고 둥글게 찍은 표시

(2)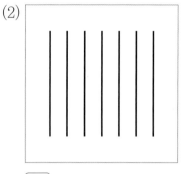

☐ : 그어 놓은 금이나 줄

(3)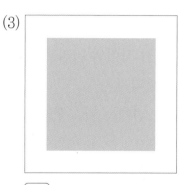

☐ : 윤곽선에 의해 만들어지는 내부의 평평한 표면

2 읽기 방법 미리 보기

다음 글에서 설명하는 '이것'은 무엇일지 짐작해 보세요.

　길에서 사람들은 항상 '이것'을 주목해서 봅니다. 그리고 '이것'이 알려 주는 대로 움직여요. '이것'이 빨간색 얼굴을 하면 사람들은 멈춥니다. 반면, '이것'이 초록색 얼굴을 하면 사람들은 움직이기 시작해요. 만약 사람들이 '이것'의 얼굴을 자세히 살피지 않고 움직이면 크게 다칠 수 있어요. '이것'은 무엇일까요?

➡ '이것'은 ☐☐☐입니다.

안녕, 여러분? 우리는 '조형 삼총사'야. 어떤 모양을 만들어 내는 것을 '조형'이라고 해. 그림이든 조각이든 어떤 모양을 만들 때에는 우리가 필요하지. 이제부터 우리에 대해 소개할게!

나의 이름은 '점'이야. 모든 모양 만들기의 시작은 나야. 네모 모양을 만든다고 생각해 보자. 네모를 만들려면 여러 개의 선이나 네모진 면이 필요하지. 이 선과 면을 만드는 게 나야. 나를 여러 개 이으면 '선'이 되고, 그 선과 선을 이으면 '면'이 되거든. 그래서 ㉠나는 조형 삼총사의 첫째야. 내가 할 수 있는 일을 소개할게. 먼저 나는 위치를 표시할 수 있어. 내가 어디에 찍혀 있는지가 곧 위치를 나타내지. 또 나는 역동적인 움직임을 나타낼 수도 있어. (㉡) 점과 점 사이의 거리를 좁게 하면 빠른 움직임이 표현돼. 반면, 거리를 넓게 하면 느린 움직임이 표현되지.

이번에는 나, '선'을 소개할게. 여러 개의 점을 이으면 내가 만들어져. 그러나 나는 점보다 할 수 있는 일이 많아. 먼저 나는 점과 다르게 사물의 형태를 표현할 수 있어. 얼굴을 그릴 때를 생각해 보자. 나는 눈, 코, 입의 모양을 나타낼 수 있어. 얼굴형도 나타낼 수 있지. 또 웃을 때 눈이 얼마나 휘는지, 주름이 어떤 방향으로 생기는지도 나타낼 수 있어. 나는 점에 비해 느낌을 잘 표현해. 모양과 방향으로 다양한 느낌을 표현할 수 있거든. (㉢) 직선으로는 간결함이나 딱딱한 느낌을 표현할 수 있어. 또 직선의 방향에 따라서도 다양한 느낌을 표현할 수 있어. 가로 직선으로는 넓음, 안정감, 평화로움을 표현할 수 있어. 세로 직선으로는 좁음, 긴장감, 답답함을 표현할 수 있지. 그리고 곡선으로는 유연함이나 자유로움을 표현할 수 있어. 때로는 정반대로 불안감이나 혼란스러움을 나타낼 수도 있지. 이처럼 나를 잘 이용하면 다양한 표현이 가능해!

'선'으로 표현   '면'으로 표현

이제 내 차례구나. 나는 '면'이야. 나는 여러 선으로 둘러싸여 만들어져. 여러 선이 만든 빈 공간을 채우면 내가 되거든. 그래서 빈 공간을 채우는지 채우지 않는지가 선과 나를 구분하는 기준이 되기도 해. 이렇게 나랑 선은 떼려야 뗄 수 없는 사이야. 하지만 나는 선이 할 수 없는 일을 하지. 먼저 나는 선과는 달리 공간을 나타낼 수 있어. 공간을 채우면서 넓이를 갖기 때문이지. 또 나는 입체적 표현도 가능해. 여러 개의 면을 각도나 기울기를 다르게 해서 합치면 깊이를 나타낼 수 있거든. 움푹 들어가거나 튀어나온 느낌을 표현할 수 있는 거지.

이렇게 우리 셋이 모이면 외형적 모양인 '형'을 만들 수 있어. 원형, 삼각형, 사각형 등을 만들 수 있는 거지. 이제 우리에 대해 잘 알겠지?

내용 파악하기

1. 이 글의 내용으로 알맞지 <u>않은</u> 것은 무엇인가요? (   )

① 조형에 꼭 필요한 기본 요소는 점, 선, 면이다.

② 점, 선, 면은 서로 밀접한 관계를 가지고 있다.

③ 조형에서 점, 선, 면이 하는 일은 모두 동일하다.

④ 점과 선, 그리고 면이 모이면 형을 만들 수 있다.

⑤ '조형'이란 어떤 모양을 만들어 내는 것을 말한다.

세부 내용 파악하기

2. '점'이 ㉠과 같이 말한 까닭으로 가장 알맞은 것은 무엇인가요? (   )

① 조형의 세 요소 중에서 점의 크기가 가장 작기 때문이다.

② 점은 선이나 면과 달리 위치를 표현할 수 있기 때문이다.

③ 점은 역동적인 움직임이나 속도감을 나타낼 수 있기 때문이다.

④ 점은 선이나 면에 비해 더 다양한 것을 표현할 수 있기 때문이다.

⑤ 점들을 이으면 선이 되고, 그 선들을 이으면 면이 되기 때문이다.

세부 내용을 단서로 추론하기

3. '선'을 중심으로 다음 그림을 설명한 내용으로 알맞지 <u>않은</u> 것은 무엇인가요? (   )

① 직선, 곡선 등 다양한 선을 사용하였다.

② 선을 통해 얼굴형과 입의 모양을 표현하였다.

③ 세로 직선으로 그려진 길은 좁고 답답한 느낌을 준다.

④ 점, 선, 면 중에서 선을 활용한 느낌 표현이 두드러진다.

⑤ 곡선으로 그려진 하늘을 통해 자유로움을 느낄 수 있다.

이어 주는 말 파악하기

4. ⓛ과 ⓒ에 공통으로 들어갈 말로 가장 알맞은 것은 무엇인가요? (　　　)

① 한편   ② 그래서   ③ 그러나

④ 예를 들어   ⑤ 이와는 달리

글의 내용 적용하기

5. 이 글을 읽고 〈보기〉에 대해 알맞지 <u>않은</u> 반응을 보인 친구는 누구인가요? (　　　)

● 보기 ●

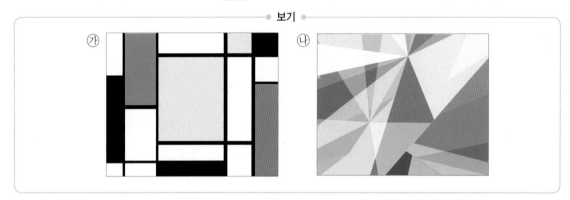

① 선주: ㉮를 통해 선과 선을 이으면 면이 된다는 것을 알 수 있어.

② 민호: ㉯를 통해 면의 모양이나 크기가 다양하다는 것을 알 수 있어.

③ 지성: ㉮와 ㉯를 통해 면이 입체감을 나타낸다는 것을 알 수 있어.

④ 지후: ㉮와 ㉯를 통해 면은 공간을 채우면서 넓이를 갖는다는 것을 알 수 있어.

⑤ 사랑: ㉮와 ㉯를 통해 면은 여러 선으로 둘러싸여 만들어진다는 것을 알 수 있어.

글에 나타나지 않은 내용 질문하기

6. 이 글을 읽은 후 더 알고 싶은 내용을 떠올린 것으로 가장 알맞은 것은 무엇인가요? (　　　)

① 점과 면의 차이는 무엇일까?

② 점으로만 그림을 그릴 수 있을까?

③ 선과 면은 어떤 점이 같고 다를까?

④ 선으로는 무엇을 나타낼 수 있을까?

⑤ 점, 선, 면을 통해 만들 수 있는 모양은 무엇일까?

1 낱말 뜻 알기

다음 빈칸에 알맞은 낱말을 〈보기〉에서 찾아 쓰세요.

● 보기 ●
| 역동적 간결 곡선 입체적 |

1. 우리나라의 학교 교육은 (   ) 변화를 경험하고 있다.
   🔵 힘 있고 활발하게 움직이는. 또는 그런 것.

2. 단정하고 (   )한 모습은 사람들에게 좋은 인상을 남긴다.
   🔵 간단하고 깔끔함.

3. 우리나라 한옥의 지붕은 우아한 (   )의 아름다움을 보여 준다.
   🔵 모나지 않고 부드럽게 굽은 선.

4. 실제 사람의 얼굴처럼 그림을 그리려면 눈, 코, 입을 (   )(으)로 표현해야 한다.
   🔵 길이, 넓이, 두께가 있는 물체를 보는 듯한 느낌이 드는. 또는 그런 것.

2 관용 표현 알기

다음 빈칸에 알맞은 말을 쓰세요.

"☐☐ 모아 태산"

이 속담은 아무리 작은 것이라도 모이고 모이면 나중에 큰 것이 됨을 이르는 말이에요. 작고 보잘것없어 보이는 것이라고 하찮게 여겨서는 안 되며, 그것들이 모여 큰 가치를 갖게 될 수도 있음을 알아야 한다는 교훈을 담고 있어요.

3 한자어 익히기

다음 한자어를 소리 내어 읽고 빈칸에 따라 써 보세요.

造	形
지을 **조**	형상 **형**

조형(造形): 여러 가지 재료를 써서 어떤 모양을 만드는 것.
• 미술 작품을 잘 만들려면 조형의 원리를 아는 것이 중요하다.
• 이중섭 화가의 그림에서는 조형의 아름다움이 분명하게 느껴진다.
• 큰 도시의 중앙에는 도시를 상징하는 조형물들이 있는 경우가 많다.

造	形						
지을 조	형상 형						

04회 자연 현상에 숨겨진 수의 규칙

백합(3장)

복숭아꽃(5장)

코스모스(8장)

데이지(13장)

▲ 꽃잎 개수의 규칙

☑ 핵심 개념인 '규칙'과 관련된 말들을 알아 둡시다.

→ 규칙성 / 배열 규칙

 규칙은 모양이나 수가 배열되어 있을 때 일정하게 변하는 법칙을 의미해요.

☑ 글을 읽고 이것만은 꼭 찾아냅시다.

→ 자연 현상에는 어떠한 수의 규칙이 숨겨져 있을까요?

☑ 예시를 통해 글의 중심 내용을 추론해 봅시다.

→ 글 속의 여러 예시를 종합하여 글의 중심 내용을 추론해 봅니다.

| 예시를
꼼꼼하게
읽기 | → | 여러 예시의
공통적 의미
파악하기 | → | 글의
중심 내용
추론하기 |

 예시는 글의 중심 내용과 관련되어 있는 구체적인 정보예요. 그러므로 예시를 통해 글의 중심 내용을 추론할 수 있어요.

1 **핵심 개념** 미리 보기

제시된 첫소리를 참고하여, 빈칸에 공통으로 들어갈 낱말을 쓰세요.

- 수학자들은 아무런 관계도 없어 보이는 여러 수의 나열에서 특정한 ㄱㅊ 을 찾아내는 것을 즐긴다.
- 이번 수학 시험에서 가장 어려운 문제는 점점 커지거나 작아지는 수들의 관계를 나타내는 ㄱㅊ 을 찾는 문제였다.
- 과학자들은 해와 달의 위치를 관찰함으로써 행성들의 움직임에 일정한 ㄱㅊ 이 있다는 것을 발견했다.

(   )

2 **읽기 방법** 미리 보기

가와 나를 읽고, 공통 화제를 찾아 쓰세요.

가 우리나라의 대표 음식에는 김치, 비빔밥, 불고기, 떡볶이 등이 있습니다. 이 음식들의 재료나 요리하는 방법은 모두 다릅니다. 그렇지만 모두 우리나라에서 쉽게 구할 수 있는 식재료를 가지고 만들 수 있다는 점, 우리나라 사람들이 좋아하는 양념으로 맛을 낸다는 점은 공통적입니다.

나 음식의 나라라고도 불리는 이탈리아의 대표 음식에는 피자, 파스타, 아란치니, 라자냐 등이 있습니다. 피자나 파스타는 익숙한 음식들이지만, 아란치니나 라자냐는 우리에게 다소 익숙하지 않은 음식들입니다. 아란치니는 구운 주먹밥이라고 생각하면 쉽습니다. 그리고 라자냐는 납작하고 큰 파스타 면에 소스와 고기 등을 올려 오븐에 구워 낸 요리입니다. 이들 모두 이탈리아 사람들의 입맛과 지역 특성이 반영된 음식들입니다.

➡ 가와 나의 공통 화제는 각 나라의 (   )입니다.

정답 **1.** 규칙 **2.** 대표 음식

1, 1, 2, 3, 5, 8, 13, 21, 34, 55, …

위의 숫자들은 어떤 규칙에 따라 제시된 것일까요? '55' 다음에는 어떤 숫자가 올까요? 언뜻 보면 숫자들 사이에 특별한 규칙이 없어 보여요. 그러나 이 숫자들은 규칙에 따라 나열되어 있답니다. 규칙을 찾을 때에는 숫자들 간의 관계를 알아내야 해요. 이때 무엇을 더했거나 뺐는지를 생각해 보는 것이 도움이 돼요. 곱하기와 나누기도 생각해 보면 좋고요.

규칙을 찾았나요? 1에 1을 더하면 2, 1에 2를 더하면 3이 돼요. 바로 앞의 두 숫자를 더하면 뒤의 숫자가 만들어지는 규칙이네요. 이제 '55' 다음에 어떤 수가 올지 예상되지요? 이렇게 규칙에 따라 차례대로 수가 나열되는 것을 '수열'이라고 해요. 앞의 수열은 '피보나치'라는 사람이 만들었어요. 그래서 '피보나치수열'이라고 부르지요.

피보나치수열은 자연 현상 속 규칙과 관련이 있어요. 특히 식물들이 존재하는 방식과 관련된 규칙이요. 우선, 이 수열은 꽃잎 개수의 규칙과 관련이 있어요. 다양한 꽃들의 꽃잎 개수를 세어 보면, 대부분 3장, 5장, 8장, 13장 등이에요. 예를 들어 백합은 3장, 채송화나 복숭아꽃은 5장이에요. 수련이나 코스모스는 8장이고요. 전체 식물의 90% 이상이 이 규칙을 따라요. (㉠) 꽃잎이 4장, 7장, 9장인 꽃을 찾기 어려운 거예요. 클로버의 꽃잎도 3장이에요. 그래서 네잎클로버를 찾기 어려운 거지요. 그런데 꽃잎의 개수는 왜 이러한 규칙을 따르게 되었을까요? 꽃이 살기 위해서는 햇빛이 필요해요. 그런데 꽃잎이 너무 많으면 햇빛이 가려져요. 꽃잎이 서로를 가리기 때문이에요. 그래서 꽃잎의 개수가 중요해요. 그렇다면 서로를 가리지 않으면서 햇빛을 많이 받을 수 있는 꽃잎의 개수는 몇 개일까요? 놀랍게도 3장, 5장, 8장 등 피보나치수열과 일치해요. 이렇게 피보나치수열로 꽃잎의 개수에 숨겨진 규칙을 설명할 수 있어서, 사람들은 이 수열을 생명의 규칙이라고도 말해요.

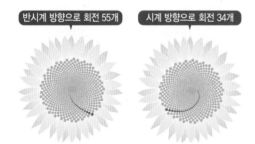

반시계 방향으로 회전 55개   시계 방향으로 회전 34개

생명의 규칙은 해바라기 씨앗들이 놓여 있는 모습에서도 찾을 수 있어요. 해바라기 꽃에는 씨앗이 촘촘하게 박혀 있어요. 씨앗들이 놓여 있는 모습이 어떤가요? 시계 방향과 시계 반대 방향으로 휘어지는 선을 발견할 수 있지요. 이 선의 개수는 21개와 34개 또는 34개와 55개로 이루어진 경우가 많아요. 꽃잎의 개수처럼 생명의 규칙을 따르는 거지요. 왜일까요? 이렇게 씨앗을 배열해야 비바람에 잘 견딜 수 있기 때문이에요. 이 선의 개수는 최소 공간에 최대한의 씨앗을 배열할 수 있는 생명의 규칙을 따르는 것이지요.

이처럼 피보나치수열은 자연 현상 속에 숨겨져 있는 생존 규칙과 관련이 있어요. 자연 현상 속에도 수의 규칙이 숨어 있다니, 정말 신기하죠?

1. 이 글의 화제로 가장 알맞은 것은 무엇인가요? (   )

① 수를 배열하는 방법

② 꽃잎 개수에 숨겨진 비밀

③ 자연 현상과 수학의 관계

④ 자연 현상과 피보나치수열

⑤ 해바라기 씨앗의 배열 규칙

2. 이 글을 통해 알 수 있는 사실이 <u>아닌</u> 것은 무엇인가요? (   )

① 규칙에 따라 수가 나열되는 것을 수열이라고 한다.

② 피보나치수열에 따르면, '55' 다음에 올 수는 '89'이다.

③ 식물들의 생명 활동과 피보나치수열은 깊은 관련성이 있다.

④ 피보나치수열을 통해 모든 식물의 꽃잎 개수를 설명할 수 있다.

⑤ 네잎클로버는 피보나치수열을 따르지 않은 예외적인 경우이다.

3. 글쓴이가 대상을 설명하기 위해 사용한 방법으로 알맞은 것에 모두 √표 하세요.

(1) 시각 자료를 활용하여 글을 쉽게 이해하도록 하였다. (   )

(2) 중요한 용어의 뜻을 풀이하여 글을 쉽게 이해하도록 하였다. (   )

(3) 피보나치수열을 따르는 자연 현상의 예를 구체적으로 제시하였다. (   )

(4) 피보나치수열과 관련된 여러 규칙을 만들어진 시간 순서대로 제시하였다. (   )

이어 주는 말 파악하기

4. ㉠에 들어갈 알맞은 말을 〈보기〉에서 찾아 쓰세요.

─ 보기 ─

또한   그래서   그러나

(   )

사실과 의견 구분하기

5. 다음 중 사실을 나타내는 문장에는 '사', 의견을 나타내는 문장에는 '의'를 쓰세요.

(1) 1에 1을 더하면 2, 1에 2를 더하면 3이 돼요.   (   )

(2) 다양한 꽃들의 꽃잎 개수를 세어 보면, 대부분 3장, 5장, 8장, 13장 등이에요.   (   )

(3) 자연 현상 속에도 수의 규칙이 숨어 있다니, 정말 신기하죠?   (   )

예시를 활용하여 중심 내용 추론하기

6. 다음은 이 글에 사용된 예시를 활용하여 중심 내용을 추론하는 과정입니다. ㉮~㉰에 들어갈 알맞은 말을 쓰세요.

이 글은 꽃잎의 개수와 (㉮   )의 배열에 숨겨진 규칙을 구체적인 예로 들어, 자연 현상 속에서 발견할 수 있는 (㉯   )을 설명하고 있어. 두 예는 모두 이 수열이 식물들이 존재하는 방식과 관련된 (㉰   ) 규칙이라는 점을 강조하고 있어. 그러므로 이 글의 중심 내용은 '(㉯   )을 통해 살펴본 자연 현상 속 (㉰   ) 규칙'이라고 정리할 수 있어.

• ㉮: (   )
• ㉯: (   )
• ㉰: (   )

어휘 익히기

1 낱말 뜻 알기

다음 빈칸에 알맞은 낱말을 〈보기〉에서 찾아 쓰세요.

• 보기 •

언뜻   나열   존재   생존

1. 환경 오염은 인간의 (   )을/를 위협하고 있다.
   뜻 살아 있음. 또는 살아남음.

2. 외계인의 (   )에 대한 인간의 궁금증은 끝이 없다.
   뜻 이 세상에 실제로 있는 것.

3. 그저 정보를 (   )하기만 한 글은 좋은 글이 아니다.
   뜻 죽 벌여 놓음.

4. 오랜만에 고향에 가니 (   ) 그때의 기억이 떠올랐다.
   뜻 잠깐 나타나거나 문득 생각나는 모양.

2 관용 표현 알기

다음 빈칸에 알맞은 말을 쓰세요.

"콩 심은 데 ☐ 나고 팥 심은 데 ☐ 난다"

콩을 심은 곳에는 콩이 나고, 팥을 심은 곳에는 팥이 납니다. 콩을 심은 곳에 팥이 날 리 없고, 팥을 심은 곳에 콩이 날 리가 없지요. 이 속담은 모든 일에는 원인이 있고, 그 원인에 따라 결과가 발생한다는 것을 이르는 말이에요.

3 한자어 익히기

다음 한자어를 소리 내어 읽고 빈칸에 따라 써 보세요.

規	則
법 규	법 칙

규칙(規則): 숫자나 모양이 배열되어 있을 때 일정하게 변하는 법칙.

• 수학 규칙은 반복적이고 일정하게 적용된다.
• 자연 현상에는 우리가 알지 못하는 규칙이 숨어 있다.
• 다음에 어떤 수가 올 것인지 예측하기 위해서는 규칙을 알아야 한다.

規	則						
법 규	법 칙						

1 문단 관계 파악하기

글 전체의 의미를 짜임새 있게 이해하기 위해서는 문단 관계를 파악하는 것이 중요합니다. 문단 관계를 파악하기 위해서는 각 문단의 중심 내용을 바탕으로 앞 문단과 뒤 문단의 의미 관계를 파악해야 합니다. 문단 간의 의미 관계에는 나열 관계, 시간 순서에 따른 관계, 주장과 근거(또는 예시) 관계, 의견과 반대 의견 관계, 원인과 결과 관계, 문제와 문제 해결 방안 관계 등 여러 가지가 있습니다.

★ **문단 관계를 파악하려면,**
(1) 각 문단의 중심 내용을 파악합니다.
(2) 앞 문단과 뒤 문단의 관계를 나타내는 말이나 이어 주는 말(표현)을 찾습니다.
(3) 문단별 중심 내용과 관계를 나타내는 말을 종합하여 문단 간의 연결 관계를 추론합니다.

1 다음 글의 문단 관계를 파악하는 방법을 <u>잘못</u> 말한 친구에게 ✓표 하세요.

> 이번에는 나, '선'을 소개할게. 여러 개의 점을 이으면 내가 만들어져. 그러나 나는 점보다 할 수 있는 일이 많아. 먼저 나는 점과 다르게 사물의 형태를 표현할 수 있어. 얼굴을 그릴 때를 생각해 보자. 나는 눈, 코, 입의 모양을 나타낼 수 있어. 얼굴형도 나타낼 수 있지. 또 웃을 때 눈이 얼마나 휘는지, 주름이 어떤 방향으로 생기는지도 나타낼 수 있어. 나는 점에 비해 느낌을 잘 표현해. 모양과 방향으로 다양한 느낌을 표현할 수 있거든.
>
> 이제 내 차례구나. 나는 '면'이야. 나는 여러 선으로 둘러싸여 만들어져. 여러 선이 만든 빈 공간을 채우면 내가 되거든. 그래서 빈 공간을 채우는지 채우지 않는지가 선과 나를 구분하는 기준이 되기도 해. 이렇게 나랑 선은 떼려야 뗄 수 없는 사이야. 하지만 나는 선이 할 수 없는 일을 하지. 먼저 나는 선과는 달리 공간을 나타낼 수 있어. 공간을 채우면서 넓이를 갖기 때문이지. 또 나는 입체적 표현도 가능해.

(1) **신애**: 일단 각 문단의 중심 내용을 파악하는 게 중요해. 첫 번째 문단은 '선'에 관한 내용이고, 두 번째 문단은 '면'에 관한 내용이야. ( )

(2) **수정**: 각 문단의 내용을 파악한 다음에는 두 문단의 관계를 나타내는 말을 찾아야 해. 두 문단의 관계를 나타내는 말은 '이제 내 차례구나.'야. ( )

(3) **진아**: 두 문단의 중심 내용과 관계를 나타내는 말을 종합하면, 두 문단의 관계가 원인과 결과 관계임을 알 수 있어. ( )

2 다음 글을 읽고 물음에 답하세요.

1 한 사람의 행복과 공동체 전체의 행복 중 하나만 선택해야 한다면 무엇을 선택해야 할까? 공동체 전체의 행복을 위해 한 사람의 행복을 희생해서는 안 된다고 말하는 사람들은 모든 사람이 가진 '행복할 권리'를 이야기한다. 모든 사람은 자신의 행복을 추구할 권리를 가지고 있으므로 공동체 전체의 행복을 위해 자신의 행복을 포기하지 않는 사람을 탓해서는 안 된다고 말한다.

2 반면, 공동체 전체의 행복을 선택해야 한다고 주장하는 사람들은 '행복의 크기'가 중요하다고 말한다. 한 사람의 행복의 크기와 공동체를 구성하는 많은 사람의 행복의 크기를 양적으로 비교할 필요가 있다는 것이다. 예를 들어, 한 사람의 행복의 크기를 1이라고 하자. 100명으로 구성된 공동체 전체의 행복의 크기는 100이다. 한 사람의 행복을 포기하면 1을 포기하는 것이지만, 공동체 전체의 행복을 포기하면 100을 포기하게 되는 것이다. 이들은 모두의 행복이 소중하다는 점을 생각했을 때, 100보다는 1을 포기하는 것이 낫다고 말한다.

(1) 각 문단의 내용을 아래 표에 맞게 정리해 보세요.

	1문단	**2**문단
중요하게 생각하는 기준	행복할 권리	
중심 내용	모든 사람은 자신의 행복을 추구할 권리를 가지고 있으므로, 공동체 전체의 행복을 위해 자신의 행복을 포기하지 않는 사람을 탓해서는 안 된다.	

(2) **1**문단과 **2**문단의 관계를 나타내는 말을 찾아 밑줄을 그으세요.

(3) **1**문단과 **2**문단의 관계로 알맞은 것은 무엇인가요? (   )

① 나열 관계
② 원인과 결과 관계
③ 시간 순서에 따른 관계
④ 의견과 반대 의견 관계
⑤ 문제와 문제 해결 방안 관계

2 예시를 활용하여 중심 내용 추론하기

글의 중심 내용을 파악하는 방법은 다양합니다. 글에 제시된 예들은 글의 화제 및 중심 내용과 관련된 구체적인 정보를 담고 있습니다. 그러므로 예시를 활용하여 글의 중심 내용을 추론할 수 있습니다.

★ 예시를 활용하여 중심 내용을 추론하려면,

(1) 글에서 예로 제시된 것들을 찾아 꼼꼼하게 읽습니다.

(2) 글의 화제와 관련하여 여러 예시에서 공통적으로 설명하는 내용을 파악합니다. 즉 글의 예시들이 화제와 관련하여 공통적으로 설명하는 것이 무엇인지, 화제에 대해 어떠한 태도를 취하는지를 파악합니다.

(3) 여러 예시의 의미를 종합하여 글의 중심 내용을 추론합니다.

---

1 다음 글에서 예시를 활용하여 중심 내용을 알맞게 추론한 친구에게 ✓표 하세요.

국어 공부를 할 때에는 글을 꼼꼼하고 깊게 읽는 게 중요해요. 꼼꼼하게 읽는 것과 깊게 읽는 것은 어떻게 읽는 것일까요? 우선 꼼꼼하게 읽는다는 것은 글과 관련된 모든 내용을 하나하나 살펴보며 읽는 것을 뜻해요. 예를 들어, 모르는 낱말이 나왔을 때 그 의미를 찾아보고, 글 속에서 그 낱말의 의미를 이해하는 것이 해당될 수 있어요. 또한 인물이 한 말의 의미를 문맥 안에서 따져 보는 것도 해당될 수 있지요. 또 글 안에 있는 비유적 표현의 의미를 파악하는 것, 그래프나 표, 그림 등 각종 시각 자료의 내용과 왜 그 자료가 사용되었는지를 파악하는 것도 모두 꼼꼼하게 읽는 것에 해당돼요. 한편, 깊게 읽는다는 것은 글을 읽으며 다양하고 폭넓게 생각하는 것을 뜻해요. 예를 들어, 글에 제시되지 않은 부분에 대해 스스로 질문을 만들고 답해 보는 것이 해당될 수 있어요. 또 글에서 다루는 화제나 주제와 관련하여 자신의 관점이나 입장을 정해 보거나 글과는 반대되는 관점에서 글에 대해 비판해 보는 것도 해당되지요. 이렇게 깊게 읽으면 글을 더 잘 이해할 수 있을 뿐 아니라, 생각하는 힘을 기를 수도 있답니다.

이 글에서 여러 예시가 공통적으로 설명하는 것은 '읽기'야. 그러므로 이 글의 중심 내용은 '읽기의 종류'라고 할 수 있어.

이 글에서는 국어 공부를 할 때 글을 꼼꼼하고 깊게 읽는 여러 방법을 예로 제시했어. 이를 종합해 보면 '국어 공부를 할 때의 읽기 방법'이 이 글의 중심 내용이라고 할 수 있어.

주호
(   )

가은
(   )

2 다음 글을 읽고 물음에 답하세요.

오래전부터 화가들은 조개껍질을 그리는 것을 좋아했어요. 일정한 규칙성을 보이는 조개껍질의 무늬와 모양을 아름답다고 여겼기 때문이에요. 화가들이 특히 좋아했던 조개껍질은 앵무조개 껍질이에요. 왜일까요? 바로 앵무조개 껍질의 모양이 회오리가 치는 것 같은 '나선'을 닮았기 때문이에요. 그럼 화가들은 왜 나선 모양을 아름답다고 생각했을까요? 나선에는 사람이 가장 아름답다고 생각하는 수학적 비율이 숨겨져 있기 때문이에요.

 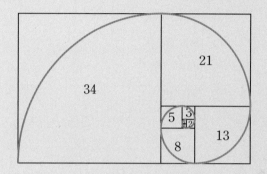

피보나치수열을 따르는 여러 개의 정사각형을 활용하면 나선 모양을 만들 수 있어요. 달팽이 껍질처럼 빙글빙글 돌아가는 모습의 나선이 보이지요? 이렇게 만들어진 나선은 인간이 가장 안정감을 느끼고 아름답다고 생각하는 비율, 즉 '황금 비율'을 따른다고 해요. 앵무조개 껍질은 바로 이 황금 비율을 가진 나선 모양인 거고요.

우리가 아름답다고 생각하는 많은 것이 이 나선을 닮아 있어요. 앵무조개와 같은 바닷속 생물이나 해바라기와 같은 꽃에서 나선의 모습을 발견할 수 있어요. 또한 '나선 은하'처럼 우주에서도 나선을 발견할 수 있고요. 그리고 천재 화가 레오나르도 다빈치가 그린 「모나리자」라는 그림에서도 이 나선이 발견된다고 합니다. 나선이 만들어 내는 아름다움을 느낄 수 있겠지요?

(1) 이 글의 화제는 무엇인지 한 낱말로 쓰세요.

( )

(2) 이 글의 화제와 관련하여 제시된 예들을 모두 찾아 쓰세요.

(3) 여러 예시를 종합하여 이 글의 중심 내용을 정리해 보세요.

➡ 이 글은 다양한 예시를 통해 ( )을 설명하고 있다.

"
ERI 독해가
문해력이다

독해 학습으로
문해력 키우기
"

ERI 독해가

문해력이다

4단계 기본

초등 4~5학년 권장

정답과 해설

한눈에 보는 정답

상세한 지문·문항 해설

한눈에 보는 정답

1주차

01회 (21쪽)
1 (1) ×, (2) ○, (3) ○, (4) × 2 백성 3 관리로서의 능력 4 모범, 의지 5 ② 6 못, 예
어휘 익히기 1 모범 2 공정 3 우대 4 관리 2 팔

02회 (27쪽)
1 개념 / 우리 민족, 작은 / 일본, 일본 2 (1) 아니요, (2) 네, (3) 네 3 ③ 4 (1) ○, (2) ×, (3) ○ 5 우르르, 자꾸자꾸, 의태어 6 (1) ①, (2) ②
어휘 익히기 1 건축 2 반민 3 개념 2 인산인해

03회 (33쪽)
1 (1) ○, (2) ×, (3) ○ 2 ③ 3 원인, 그래서 4 자신, 뇌 5 (1)-㉠, (2)-㉠, (3)-㉡ 6 ③
어휘 익히기 1 통제 2 실천 3 비현실적 4 반응 2 시작

04회 (39쪽)
1 ② 2 익명성, 다양한 정보 3 저작권 4 (1) 그런데, (2) 그래서 5 ④ 6 정보의 바다, 정확하지 않은
어휘 익히기 1 무궁무진 2 신문 3 험담 4 억울 2 개구리

05회 (42쪽)
1 1 뚜벅뚜벅 2 (1) •1문단: 소곤소곤, 쑥덕쑥덕 •2문단: 쿵쿵 •3문단: 펄펄, 털털 (2) ②
2 1 (1)-㉠, (2)-㉡, (3)-㉠ 2 (1) 재미, 밀물 (2) ②

STEAM 독해 (47쪽)
1 [예] 사과주스, 사과잼, 사과파이, 사과 김치, 사과 타르트, 사과식초 등 2 ③ 3 북, 줄 있습니다 4 [예] 식혯물, 소금물, 설탕물 5 [예] ○○에게 / 안녕, 나 △△야. 지난주에 친 구들 앞에서 내믈 속상하게 한 것 있잖아 너무 미안해. 네 입장도 생각해서 말을 했어야 했 는데, 내가 너무 경솔했어. 앞으로는 더 신중하게 생각하고 말하는 친구가 되도록 할게. 나의 사과를 받아 주렴. 우리 앞으로도 서로 더욱 좋은 친구가 되자. / - △△가

2주차

01회 (55쪽)
1 (2) 2 ④ 3 ② 4 거름, 미생물 5 (3)
어휘 익히기 1 농작물 2 보관 3 정점 4 운반 2 소

02회 (61쪽)
1 ⑤ 2 ③ 3 정환 4 ② 5 ③ 6 ②
어휘 익히기 1 설치 2 제공 3 전파 4 통신 2 천, 한

03회 (67쪽)
1 ① 2 (3), (4) 3 (3) 4 (1), (3) 5 ② 6 재연
어휘 익히기 1 광경 2 비극 3 최신 4 계기 2 비

04회 (73쪽)
1 ④ 2 (1)-㉡, (2)-㉢, (3)-㉠ 3 ⑤ 4 (3) 5 ④ 6 ③
어휘 익히기 1 실감 2 체험 3 전통 4 공예품 2 금강산

05회 (76쪽)
1 1 당시에 날씨가 메마르고 바람이 세게 불었다. 2 (1) 전체 관측, (2) 천인, (3) 장영 실이 기마 제작을 감독하였다.
2 1 문화, 축제 2 (1) 광한루, 남원 놓아, (2) 남원의 무형 문화재, (3) ①

4주차

01회 (119쪽)
1 ④ 2 꼭(반드시) 해야 하는 일 3 ⑤ 4 ② 5 ③ 6 (3)
어휘 익히기 1 북돋고 2 하비 3 차별적 4 비중 2 물

02회 (125쪽)
1 ③ 2 (1), (2), (3) 3 일반적인, 특성, ㉠, 설명과 예시 4 ④ 5 ③ 6 (3)
어휘 익히기 1 고단함 2 회복 3 효율 4 조성 2 일거양득

03회 (131쪽)
1 ③ 2 ⑤ 3 ⑤ 4 ④ 5 ③ 6 ②
어휘 익히기 1 역동적 2 긴결 3 곡선 4 입체적 2 티끌

04회 (137쪽)
1 ④ 2 ④ 3 (1), (2), (3) 4 그래서 5 (1) 사, (2) 사, (3) 의 6 ㉮: 해바라기 씨앗
• ㉯: 피보나치수열 • ㉰: 생존
어휘 익히기 1 생존 2 존재 3 나열 4 언뜻 2 풍, 팔

05회 (140쪽)
1 1 (3) 2 (1) 행복의 크기, 공동체 전체의 행복보다 한 사람의 행복을 포기하는 것이 더 적게 포기하는 것이므로 한 사람의 행복을 포기하는 것이 낫다. (2) 반면, (3) ④
2 1 가운 2 (1) 나선, (2) 앵무조개 껍질, 해바라기, 나선은 은하, 「모나리자」, 그림 등.
(3) 나선의 아름다움

3주차

01회 (85쪽)
1 (1) ○, (2) ○, (3) × 2 ⓓ 3 수평 잡기 4 ① 5 거리 6 (1)
어휘 익히기 1 공통 2 지렛대 3 조각품 4 조절 2 지렛대

02회 (91쪽)
1 ④ 2 ⑤ 3 ④ 4 ① 5 (1) 6 강
어휘 익히기 1 일일이 2 광물 3 혼합물 4 분리 2 강

03회 (97쪽)
1 ⑤ 2 ④ 3 ② 4 ② 5 • ㉠: 트다 • ㉡: 틔우다 6 ⑤
어휘 익히기 1 자마다 2 제철 3 열맷 4 화제 2 별

04회 (103쪽)
1 ② 2 ④ 3 ③ 4 ⑤ 5 (1) ×, (2) ○, (3) ○ 6 ㉣→㉮→㉯→㉰
어휘 익히기 1 훈적 2 단서 3 점작 4 습성 2 만고강산

05회 (106쪽)
1 1 정환 2 (1) 무게 중심, (2) ㉮
2 1 가운 2 (1) ⓙ, (2) ①

STEAM 독해 (111쪽)
1 기후 변화 2 (1) 3 해설 참조 4 바이올린, 비올라, 첼로, 콘트라베이스 5 (1) 길어, 짧아, (2) 상승, (3) 상승

ERI 지수 **425** 인문 | 도덕

안녕하세요? 저는 오늘 조선 시대의 '청백리'에 대해 발표하려고 해요. 여러분, '청백리'가 무엇인지 아시나요? '청백리'는 백성을 보살피는 관리 중 욕심 없이 청렴한 사람으로 뽑힌 관리를 가리키는 말이에요.
→ 청백리의 뜻

ⓐ만약 관리들이 백성을 보살피지 않는다면 어떨까요? 백성의 억울함을 공정하게 해결해 주지 않는다면요? 그리고 관리로서 쓸 수 있는 힘으로 자기 배만 불리려 한다면요? 백성들이 살기 힘들어지겠지요. 백성들에게는 청렴하면서 백성을 사랑하는 관리가 필요했어요. 그래서 나라에서는 청백리를 뽑아 다른 관리들에게 모범으로 보여 주려고 했던 거예요.
→ 청백리를 뽑은 이유

조선 시대는 약 500년 정도 이어졌어요. 그런데 청백리로 뽑힌 이는 고작 217명에 불과했어요. 청백리로 뽑히려면 여러 기준을 통과해야 했거든요. 우선 중앙 관리가 아니라 지방 관리로 일한 적이 있어야 했어요. 지방 관리는 중앙 관리와 달리 백성들 곁에서 백성들과 함께 생활을 했어요. 이들은 백성들에게 어려움이 있을 때 직접적인 도움을 줄 수 있는 위치에 있었다고 볼 수 있지요. 또한 청백리로 뽑히려면 청렴한 삶을 살아왔음이 인정되어야 했어요. 게다가 가족들도 모두 청렴한 삶을 살도록 이끌어야 했어요. 마지막으로 관리로서 백성의 삶을 편안하게 하거나 나라를 위해 훌륭한 일을 했다는 사실도 인정되어야 했던 것이지요. 청백리가 되기 위해서는 청렴해야 할 뿐만 아니라, 관리로서의 능력도 탁월해야 했던 것이지요.
→ 청백리를 뽑는 기준

ⓑ나라에서는 청백리로 뽑힌 이들에게 상을 내렸어요. 그리고 그들의 자식들을 백성들을 관리하는 관리로 뽑아 주기도 했어요. 이처럼 청백리를 우대한 것은 청렴한 관리가 많아질수록 백성들의 삶이 더 나아질 수 있게 되기 때문이에요.
→ 청백리에게 주어진 혜택

지금까지 청백리에 대해 말씀드렸어요. 어떤 이들이 청백리가 될 수 있었는지, 청백리에게 어떤 혜택이 주어졌는지 이상으로 청백리에 대한 발표를 마칠게요. 잘 들어 주셔서 감사합니다.
→ 청백리에 대한 발표 마무리

맹사성　　이원익　　이항복
▲ 조선 시대의 대표적인 청백리

내용 파악하기

1. 이 글의 내용과 일치하면 ○표, 일치하지 않으면 X표 하세요.

(1) 조선 시대에는 청백리를 일 년에 한 명으로 뽑았다. (X)
(2) 청백리가 되려면 지방 관리로 일한 경험이 있어야 했다. (○)
(3) 청백리가 되면 나라로부터 많은 혜택을 받을 수 있었다. (○)
(4) 청백리는 조선 시대부터 오늘날까지 계속하여 뽑고 있다. (X)

해설 (1) 조선 시대는 500년 정도 이어졌는데 청백리로 뽑힌 이는 217명에 불과했으므로 조선 시대에는 청백리를 2년에 한 명꼴로 뽑았다고 할 수 있습니다. (2) 3문단에서 청백리는 지방 관리로서의 경험이 있어야 했음을 밝히고 있습니다. (3) 4문단에서 나라에서는 청백리로 뽑힌 이들에게 반드시 해택에 대해 설명하고 있습니다. (4) 청백리를 조선 시대에 뽑았다고 했을 뿐, 현재에도 뽑고 있는지 여부는 이 글에서 확인할 수 없습니다.

글의 내용을 근거로 답하기

2. ⓐ에 대한 답을 다음과 같이 정리할 때, 빈칸에 공통으로 들어갈 말을 쓰세요.

> 관리들은 백성 을 보살피는 역할을 하는데, 이들이 공정하게 일하지 않고 자기 배만 불리려 한다면 백성 이 삶이 고통스러워진다.

해설 2문단에서 관리들이 백성을 보살피지 않거나 공정하게 일하지 않고 자기 자기 배만 불리려 한다면 백성들이 살기 힘들어질 것이라고 하였습니다.

공감하거나 비판할 부분 찾기

3. 다음은 ⓑ을 비판적으로 평가한 내용입니다. 빈칸에 알맞은 말을 쓰세요.

청백리의 자식들을 관리로 뽑아 주는 것은 정당한 일일까? 청백리를 뽑는 과정에서 가족들의 청렴함이 확인되었으므로, 청백리의 자식들이 청렴함은 어느 정도 믿고 볼 수 있다. 그러나 이들이 (관리로서의 능력)을 갖추었다고 볼 수는 없다.

해설 ⓑ에는 청백리의 자식들을 관리로 뽑아 주기도 했다는 내용이 있습니다. 그런데 청백리의 자식들이 청렴하다고 하더라도 관리로서의 능력을 인정받은 것은 아니므로 그들을 관리로 뽑아 주는 것은 부당하다고 볼 수 있습니다.

이유나 근거 추론하기

4. 다음은 이 글을 읽으며 조선 시대에 '청백리'를 뽑아 그들을 우대한 이유를 정리한 것입니다. 빈칸에 알맞은 말을 쓰세요.

조선 시대에 '청백리'를 뽑아 그들을 우대한 이유

- 청백리는 다른 관리들이 따라야 할 모범 이 되기 때문이다.
- 청렴한 관리가 많아질수록 백성들이 관리들을 믿고 의지 할 수 있게 되기 때문이다.

해설 2문단에서 다른 관리들에게 모범으로 보여 주려고 청백리를 선발하였음을 알 수 있습니다. 그리고 4문단에서는 청렴한 관리가 많아질수록 백성들이 관리들을 믿고 의지할 수 있게 되기 때문에 청백리를 우대하였다고 밝히고 있습니다.

자신의 생각 말하기

5. 이 글을 읽은 학생들이 반응으로 알맞지 <u>않은</u> 것은 무엇인가요? (②)

① 조선 시대에 청백리를 뽑는 기준은 정말 엄격했구나.
② 청렴한 삶은 중앙 관리보다 지방 관리에게 더 중요한 일이었구나.
③ 가족들이 청렴하지 않아 청백리가 되지 못한 관리들도 있었구나.
④ 청백리면서 관리로서의 능력도 갖추어야 청백리가 될 수 있었구나.
⑤ 아무리 능력이 뛰어나도 청렴하지 않으면 조선에서는 청백리가 될 수 없었겠구나.

해설 지방 관리로서의 경험이 청백리가 되기 위한 조건이기는 하지만, 중앙 관리보다 지방 관리에게 청렴한 삶이 더 중요하다고 판단할 만한 근거는 찾을 수 없습니다.

주제가 비슷한 글 더 찾아 읽기

6. 〈보기〉는 '청백리'에 대한 또 다른 글입니다. 〈보기〉를 읽고 알 수 있는 정보는 무엇인지 빈칸에 알맞은 말을 쓰세요.

> **보기**
> 청백리의 '청(淸)'은 맑은 물처럼 깨끗하다는 뜻이고, '백(白)'은 흰색처럼 다른 빛깔에 물들지 않고 맑고 밝다는 뜻이다. 이는 조선 시대에 배성을 다스리는 관리에게 맑고 깨끗한 마음으로 욕심 없이 청렴한 삶을 사는 것이 매우 중요한 덕목이었음을 보여 줍니다. 조선 시대의 대표적인 청백리로는 가장 높은 관직에 올랐으면서도 자신은 비가 새는 집에서 살 정도로 검소했던 맹사성이 있습니다.

→ '청백리'라는 말이 뜻 과 조선 시대 청백리의 예 를 알 수 있다.

해설 〈보기〉에서는 '청백리'라는 말이 지닌 뜻을 '청'과 '백'으로 나누어 설명하고 있습니다. 또한 조선 시대 청백리의 예로 맹사성에 대해 소개하고 있습니다.

---

1 낱말 뜻 알기

다음 빈칸에 알맞은 낱말을 〈보기〉에서 찾아 쓰세요.

> **보기**
> 관리 공정 모범 우대

1. 윤건이는 정말 (모범) 학생이구나!
   뜻 남이 따라서 배울 만한 훌륭한 본보기.

2. 이번 반장 선거는 (공정)하게 치러졌다.
   뜻 어느 한쪽으로 이익이나 손해가 치우치지 않고 올바름.

3. 검소한 사람을 (우대)하는 세상이 되면 좋겠다.
   뜻 특별히 잘 대함.

4. (관리)이/가 된 사람은 누구보다 청렴 결백해야 한다.
   뜻 나랏일을 맡아보는 사람.

2 관용 표현 알기

다음 빈칸에 알맞은 말을 쓰세요.

"팔 이 안으로 굽지 밖으로 굽나"

옛날 관리 중에는 자신과 가까운 이들에게만 좋게 일을 처리하는 공정하지 못한 관리도 있었어요. 이 속담은 자신에게 멀리 있는 사람도 신경 쓰지 않고, 자신에게 가까운 사람에게 청이 더 쏠리거나 유리하게 편드는 것을 이르는 말이에요.

3 한자어 익히기

다음 한자어를 소리 내어 읽고 빈칸에 따라 써 보세요.

地	方
땅 지	모 방

지방(地方): 서울이 아닌 지역.
- 지방에 있는 백성들이 한양으로 올라왔다.
- 서울에서만 살다가 지방으로 이사를 가게 되었다.
- 여행을 가면 지방마다 독특한 문화가 있는 걸 알 수 있다.

地	方
땅 지	모 방

ERI 지수 487 인문 | 도덕

참된 아름다움이란 무엇일까요? 아름다움에는 외면적 아름다움, 내면적 아름다움, 도덕적 삶의 아름다움 등 세 가지 종류가 있습니다. 예를 들면 멋진 옷차림을 한 사람에게서 드러나는 아름다움입니다. 그런데 우리는 겉모습과 상관없이 마음씨가 좋은 사람에게서도 아름다움을 느낍니다. 이것을 '내면적 아름다움'이라고 합니다. '도덕적 삶의 아름다움'은 착하고 바른 생활에서 보이는 아름다움입니다. 그렇다면 ㉠다음 이야기에서 '정세권'이라는 인물은 어떤 아름다움을 보여 줄까요?

1 정세권은 1919년에 현재의 서울인 경성에서 땅과 건물을 개발하는 회사를 세웠습니다. 당시는 일본이 우리나라를 강제로 차지했던 시기였습니다. 그래서 경성에 사는 우리나라 사람들이 일본인들에게 땅을 많이 빼앗겼습니다. 살 곳을 잃은 우리나라 사람들은 경성의 가장자리로 점차 밀려났습니다. 경성의 가장자리라는 지방에서는 우리나라 사람들이 올라도 빈민들까지 모여들었습니다. 이들은 이곳에서 땅에 움을 파고 살았습니다. 시간이 갈수록 이들 움의 개수가 ㉡우후죽순 늘어나게 되었습니다.

2 정세권은 살 곳이 필요한 우리나라 사람들을 위해 경성의 북촌이라는 마을에 우리 전통 방식의 집을 많이 지으려 했습니다. 그러자 일본인들은 그에게 일본식으로 집을 지으라고 강요했습니다. 그러나 그는 "조선의 집이어야 조선 사람이 살기 편하다."라고 말했습니다. 그리고 전통 방식의 집을 짓는 일을 멈추지 않았습니다. 그래서 지은 집은 크기가 작아서 가격이 저렴했습니다. 그래서인지 작고 전기를 편리하게 쓸 수 있었습니다. 그래서 크가 지은 집은 살고 싶어 하는 사람들이 우르르 몰려들었습니다.

3 그는 집을 팔아 자식처럼 돈을 모았습니다. 그리고 그 돈을 우리 민족을 위해 사용했습니다. 우리나라의 전통 방식으로 집을 짓고 저렴한 집을 지은 정세권은 그의 활동을 막기 위해 일본인들은 그의 땅 35,000평을 빼앗았습니다. 그는 일본식 집을 짓느니 차라리 집을 짓지 않겠다고 하며 집 짓는 일을 그만두었습니다. 그리고 일본으로부터 우리나라가 자유로운지지 가난한 사람들이 살 수 있는 작은 집의 건축을 계속해 나갔습니다.

내용 파악하기
1. 다음은 '정세권'에 관련 이야기를 정리한 것입니다. 빈칸에 알맞은 말을 쓰세요.

인물	땅과 건물을 (개발)하는 일을 한 정세권
시간	• 우리 전통 방식의 집을 짓고, 도움 모아 (우리 민족)을 위해 사용함. • 우리나라가 일본으로부터 자유로워진 이후 (작은)집의 건축에 힘씀.
배경	• 시간: (일본)이 우리나라를 강제로 차지했던 때 ~ (일본)으로부터 우리나라가 자유로워진 때 • 장소: 우리나라 경성(서울)

해설

글의 내용을 근거로 답하기
2. 다음은 ㉠의 답을 찾는 과정입니다. 각각의 물음에 답하세요.

(1) 정세권은 멋진 외모로 '외면적 아름다움'을 보여 주나요?   (네, 아니요)
(2) 정세권의 평생 건축에 힘쓴 것은 '내면적 아름다움'을 보여 주나요?   (네, 아니요)
(3) 정세권이 우리 민족을 위해 힘쓴 것은 '도덕적 삶의 아름다움'을 보여 주나요?   (네, 아니요)

해설

낱말 뜻 짐작하기
3. 다음은 국어사전에서 ㉡의 뜻을 찾은 것입니다. 빈칸에 들어갈 말로 알맞은 것은 무엇인가요?   (③)

'우후죽순(雨後竹筍)'은 비가 온 뒤에 여기저기 솟는 대나무의 어린싹이라는 뜻으로, ( )을 비유적으로 이르는 말이다.

① 비 오는 것처럼 흔히 일어남
② 규칙적이고 일정하게 생겨남
③ 어떤 일이 한때에 많이 생겨남
④ 곧은 대나무와 같이 높이 솟음
⑤ 비만 오면 자라나듯 쉽게 일어남

해설

어휘 익히기

1 낱말 뜻 알기

다음 빈칸에 알맞은 낱말을 〈보기〉에서 찾아 쓰세요.

〈보기〉
개발   빈민   처럼   건축

1. 이분께서 도서관의 (건축   )을 맡아 주기로 하셨다.
   뜻 집이나 건물, 다리 등을 설계하여 지음.

2. 여전히 세계적으로 (빈민   )의 숫자가 많다고 한다.
   뜻 가난한 사람.

3. 이 물건은 우리 동네에서 이 가게가 가장 (처럼   )하다.
   뜻 값이 쌈.

4. 오랫동안 버려져 있던 이 땅을 공원으로 (개발   )하면 어떨까?
   뜻 땅이나 자연 등에 힘을 들여 쓸모 있게 만듦.

2 관용 표현 알기

다음 빈칸에 알맞은 사자성어를 쓰세요.

정세권이 관리하고 저항하면서도 우리 전통의 멋을 살린 집을 짓자. 그가 지은 집은 사겠다고 사람들이 우르르 몰려들었다고 해요. 이 사자성어는 사람이 산을 이루고 바다를 이루었다는 뜻으로, 사람이 수없이 많이 모인 상태를 이르는 말이에요.

"   인   산   인   해   "

3 한자어 익히기

다음 한자어를 소리 내어 읽고 빈칸에 따라 써 보세요.

내면(內面): 겉으로 잘 드러나지 않는 사람의 정신이나 마음속.
- 내면의 목소리에 귀 기울이는 시간을 갖자.
- 이 순간을 향상 나의 내면에 담아 두어야겠다.
- 다른 사람에 내면을 쉽게 점작해서는 안 된다.

한자	뜻	음
人	사람	인
山	뫼	산
人	사람	인
海	바다	해

內 안 내   面 낯 면

---

4. **1~3에 대한 설명으로 알맞으면 ○표, 알맞지 않으면 ✕표 하세요.**

(1) 1은 2가 일어난 배경에 대해 설명하고 있다. (○   )

(2) 3은 2보다 정신적으로 성장한 정세권의 모습을 설명하고 있다. (✕   )

(3) 1~3은 시간 순서대로 일어난 일들을 설명하고 있다. (○   )

해설 (1) 1은 정세권이 활동했던 당시의 시대적 배경을 설명하고 있습니다. (2) 2와 3 모두 우리 민족을 위해 헌신하는 정세권의 모습이 나타나므로 3이 2보다 정신적으로 성장한 모습을 나타낸다고 보기는 어렵습니다. (3) 1~3은 일본이 우리나라를 강제로 차지했던 시기부터 우리나라가 일본으로부터 이후까지 시간 순서대로 내용이 제시되어 있습니다.

5. **다음 설명을 읽고, (   ) 안에서 알맞은 말을 모두 골라 ○표 하세요.**

이성이나 의태어를 사용하면 장면을 생생하게 표현할 수 있습니다. 이 글에서도 (점차, (우르르), (자르자르))(이)라는 ((이성어), 의태어))가 쓰여, 글을 실감 나게 해 줍니다.

해설 '우르르는 사람이나 동물 등이 한꺼번에 움직이거나 한곳에 몰리는 모양을, '자르자르'은 물건을 가지런하게 겹쳐 쌓거나 포개 놓은 모양을 가리키는 의태어입니다.

6. **다음 부분에 나타난 정세권의 마음을 바르게 점작한 것에 ✔표 하세요.**

(1) 일본인들은 그에게 일본식으로 집을 지으라고 강요했습니다. 그러나 그는 "조선의 집이어야 조선 사람이 살기 편하다."라고 말했습니다. 그리고 전통 방식의 집을 짓는 일을 멈추지 않았습니다.

① 우리나라 사람들을 위한 집을 지어 주고 싶었다. (✔)

② 우리나라 사람들이 일본인들과 더불어 살기를 바랐다. (   )

해설 일본들이 강제에도 우리 전통 방식의 집을 계속 지은 것으로 보아, 우리나라 사람들을 위한 집을 지어 주고 싶은 정세권의 마음이 강했음을 알 수 있습니다.

(2) 그의 활동을 막기 위해 일본인들은 그의 땅 35,000평을 빼앗았습니다. 그리고 일본 식으로 집을 짓도록 계속 강요했습니다. 그는 일본식 집을 짓느니 차라리 집을 짓지 않겠다고 하며 집 짓는 일을 그만두었습니다.

① 일본인들이 자신의 땅을 빼앗자 크게 좌절하였다. (   )

② 일본인들이 자신의 땅을 빼앗았지만 자신의 의지를 굽히고 싶지 않았다. (✔)

해설 일본인들이 자신의 땅까지 빼앗으며 협박했지만 일본식 집을 짓는 일을 하지 않은 것에서 일본에 대한 정세권의 강한 의지를

ERI 지수 **415** 언어 | 도덕

1 새해가 되면 사람들은 새로운 계획을 세우곤 해요. '올해에는 이것만은 꼭 해내야지!' 하는 약속을 자신과 하곤 하지요. 여러분은 혹시 어떤 약속을 했는지 기억하고 있나요? 그리고 그 약속은 잘 지켜지고 있나요? 아마 약속을 지키는 일이 쉽지 않았을 거예요.

2 영국의 한 대학의 연구 결과에 따르면, 매년 10명 중 9명이 새해 계획을 지키지 못한다고 해요. 그중 2~3명은 일주일도 되기 전에 계획을 포기한다고 하고요. 단단히 먹은 마음이 사흘을 가지 못한다는 말인 '작심삼일(作心三日)'은 바로 이럴 때 쓰는 말이에요.

3 '작심삼일'을 하게 되는 이유는 무엇일까요? 어떤 이들은 지키기 어려운 비현실적인 계획을 세워서 계획을 실천하는 데 실패해요. 이들은 심지어 반복하여 비현실적인 계획을 세우기도 해요. 이러한 현상을 '헛된 희망 증후군'이라고 불러요. '헛된 희망 증후군'에 빠지는 이유는 무엇일까요? 큰 계획을 세우면 자신의 삶을 잘 통제하고 있다는 만족을 느끼게 돼요. 목표가 크면 클수록 더 큰 만족을 느끼게 되지요. 이러한 현상이 일어나는 것은 계획을 세우는 것 (㉠)

4 계획을 실천하지 못하는 또 다른 이유도 있어요. 뇌에서는 또 다른 반응이 일어나요. 미국의 모네트 마우어 교수는 이미 습관이 된 행동을 바꾸려 할 때, 뇌에서는 거부 반응이 일어난다고 말했어요. 예를 들어 평소 운동을 하지 않던 사람이 있다고 해 봐요. 이 사람이 매일 한 시간씩 운동을 하는 등 생활 습관을 바꾸려고 해요. 이때 이 사람의 뇌는 이런 변화를 위협으로 여긴다는 거예요. 그리고 변화가 일어나는 것을 방해하죠. 이러한 점을 고려하면 나를 위해 계획을 실천하는 과정은 마치 자신과의 싸움이라고 말할 수 있어요.

5 그렇다면 어떻게 계획을 실천할 수 있을까요? 이를 위한 아주 간단한 방법이 있어요. 예를 들어 '매일 팔 굽혀 펴기 20회 하기'라는 계획이 힘들게 느껴진다면, 우선 팔 굽혀 펴기를 한 번만이라도 실천해 보는 거예요. 위대한 목표를 현실로 바꿔 주는 시작은 결국 작은 실천 하나이기 때문이에요. 작은 실천의 소중함을 잊지 말고, '작심삼일'하지 않는 여러분이 되세요.

내용 파악하기

1. 이 글의 내용과 일치하면 ○표, 일치하지 않으면 X표 하세요.

(1) 매년 10명 중 1명 정도가 새해 계획을 지킨다고 볼 수 있다. (○)
(2) '헛된 희망 증후군'에 빠진 사람들은 큰 목표에 부담을 느낀다. (X)
(3) 계획을 제대로 실천하는 방법은 뇌의 거부 반응을 줄이는 것이다. (X)
(4) '작심삼일'은 단단히 먹은 마음이 사흘을 가지 못한다는 뜻의 말이다. (○)

해설 (1) 매년 10명 중 9명이 새해 계획을 지키지 못했으므로, 1명 정도는 지킨다고 볼 수 있습니다. (2) '헛된 희망 증후군'에 빠진 사람들은 목표가 크면 클수록 더 큰 만족을 느낍니다. (3) 계획을 제대로 실천하는 방법을 설명하고 있지는 않습니다. (4) 2문단에서 '작심삼일'의 뜻을 설명하고 있습니다.

내용 문단 구분하기

2. 내용상 관련 있는 문단끼리 바르게 묶은 것은 무엇인가요? (③)

① 1 / 2, 3 / 4, 5
② 1 / 2, 3, 4 / 5
③ 1, 2 / 3, 4 / 5
④ 1, 2 / 3, 4, 5
⑤ 1, 2, 3 / 4 / 5

해설 1, 2문단에는 새해 계획을 세우고 계획을 지키는 일에 관한 내용이. 3, 4문단에는 사람들이 계획을 실천하지 못하는 이유가. 5문단에는 계획을 실천하기 위한 방법이 소개되어 있습니다.

이어 주는 말 파악하기

3. 다음은 ㉠에 들어갈 말이 무엇인지 짐작하는 과정입니다. 빈칸에 알맞은 말을 쓰세요.

㉠의 앞 문장은 뒤 문장의 (원인)이 된다. 이럴 때 두 문장을 매끄럽게 연결하려면 ㉠에 '(그래서)'라는 이어 주는 말을 써야 한다.

해설 계획을 세우는 행위가 만족을 느끼게 하는 사람이 원인이고, 비현실적인 계획을 다시 세운다는 것이 결과입니다. 앞 문장이 원인, 뒤 문장이 결과를 나타내므로 ㉠에는 '그래서'가 들어가는 것이 알맞습니다.

1 낱말 뜻 알기

다음 빈칸에 알맞은 낱말을 〈보기〉에서 찾아 쓰세요.

〈보기〉
실천   비현실적   통제   반응

1. 이곳은 오래전부터 중앙을 (통제)하고 있다.
   뜻 정해 놓은 목적을 이루려고 어떤 행동이나 일을 못하게 함.

2. 앞으로는 (실천)이/가 가능한 계획을 세워야겠다.
   뜻 마음먹은 일을 실제로 함.

3. 그가 전한 간단한 소식이 내게는 (비현실적)(으)로 들렸다.
   뜻 실제로 존재하지 않거나 실현될 수 없는 것.

4. 학생회장 후보가 제시한 공약에 대한 학생들이 (반응)이/가 뜨겁다.
   뜻 자극을 받아서 어떤 움직임이 생김. 또는 그런 움직임.

2 관용 표현 알기

다음 빈칸에 알맞은 말을 쓰세요.

"시 [작] 이 반이다"

이 속담은 무슨 일이든지 시작하기가 어렵지 여럿지 일단 시작하면 일을 끝마치기는 그리 어렵지 아니함을 비유적으로 이르는 말이에 요. 위대한 목표를 현실로 바꿔 주는 시작은 결국 작은 실천 하나 라는 말과도 통한다고 할 수 있어요.

3 한자어 익히기

다음 한자어를 소리 내어 읽고 빈칸에 따라 써 보세요.

생활(生活) : 사람이나 동물이 일정한 환경에서 활동하며 살아감.
· 행복한 학교생활이 되길 바랍니다.
· 어느 곳에 사느냐에 따라 사람들의 생활 방식은 서로 다르다.
· 그는 어려웠던 적 힘든 생활을 했으나, 잘 이겨 내며 성장하였다.

生 날 생	活 살 활
生 날생	活 살활
生 날생	活 살활

---

4. 4문단의 내용을 단서로 자신과의 싸움이 의미하는 바를 다음과 같이 정리할 때, 빈칸에 알맞은 말을 쓰세요.

'자신과의 싸움'은 생활 습관을 세워 실천하는 과정이 생활 습관을 바꾸려는 [자][신]과 생활 습관을 거부하려는 자신의 [내]가 싸우는 일과 같음을 표현한 말이다.

해설 4문단에서 생활 습관을 바꾸고자 하는 의지가 있어도 내가 그것을 가두답다는 내용을 확인할 수 있습니다. 바로 생활 습관을 바꾸려는 자신의 일부이므로 '자신과의 싸움'이라는 표현을 사용한 것입니다.

5. 다음 내용을 사실과 의견으로 구분하여 선으로 알맞게 이으세요.

(1) 영국의 한 대학의 연구 결과에 따르면, 매년 10명 중 9명이 새해 계획을 지키지 못한다고 해요.

(2) 어떤 이들은 지키기 어려운 비현실적인 계획을 세워서 계획을 실천하는 데 실패해요.

(3) 작은 실천의 소중함을 잊지 말고, '작심삼일'하지 않는 여러분이 되세요.

⊙ 사실
⊙ 의견

해설 (1) 연구된 내용을 소개하고 있으므로 사실에 해당합니다. (2) 비현실적인 계획을 세워서 계획을 실천하는 데 실패하는 사람들이 실제 존재하므로 사실에 해당합니다. (3) 글쓴이가 독자들에게 바라는 점을 이야기하고 있으므로 의견에 해당합니다.

6. 1~5문단을 동영상으로 만들기 위한 계획으로 알맞지 않은 것은 무엇인가요? (③)

① 1 : 새해 계획을 읽기장에 쓰는 학생의 모습을 영상으로 찍는다.

② 2 : '작심삼일'의 뜻을 모르는 시청자를 위해 그 뜻을 음성으로 들려준다.

③ 3 : 큰 계획을 세운 학생이 계획을 세운 이후 작주 작성하는 표정을 찍는다.

④ 4 : 너믈 사람처럼 표현해서 계획을 세우자 자꾸리는 하생의 부탁한 표정을 짓게 한다.

⑤ 5 : 조금씩이지만 매일 큰 꿈에 금에 다가가는 내믈 느끼게 되다는 큰 계획을 세운 후 걱정하는 학생의 표정을 짓는 것은 알맞지 않습니다.

해설 3문단에는 큰 계획을 세운 후 큰 만족을 느끼는 내용이 있으므로, 큰 계획을 세운 후 걱정하는 학생의 표정을 짓는 것은 알맞지 않습니다.

ERI 지수 411 인문 | 도덕

인터넷으로 할 수 있는 일은 무궁무진하게 많습니다. 각종 홈페이지에 들어가 물건을 살 수 있습니다. 새로운 정보를 얻을 수도 있습니다. 최근에는 학교 대신 가정에서 수업을 듣는 일도 많아졌습니다. 이런 일이 가능한 것은 인터넷 덕분입니다. 이렇게 인터넷은 우리의 삶에 많은 편의를 제공하지만, 잘못 쓰였을 때 위험성도 높습니다. 이러한 인터넷의 특징은 무엇이며, 어떤 점에 유의하여 인터넷을 이용해야 할까요?

인터넷에서는 자신의 본래 신분을 드러내지 않고, 새로운 모습으로 활동할 수 있습니다. 자신이 남성인지 여성인지, 아이인지 어른인지 밝히지 않을 수 있습니다. 이러한 특성을 '익명성'이라고 합니다. 익명성 덕분에 인터넷은 보여 주기 싫었던 자신의 모습을 내보일 수 있는 기회를 마련해 줍니다. (㉠) 인터넷에서는 익명성을 악용하는 사람들도 있습니다. 인터넷에서는 자신이 누군지 숨긴 채 다른 사람의 글에 댓글*을 쓰는 사람들이 많습니다. 이런 행동은 누군가에게 말할 수 없이 큰 상처를 줄 수 있습니다. 그러므로 장난으로라도 그런 행동을 해서는 안 됩니다.

인터넷의 또 다른 특징은 다양한 정보를 쉽게 이용할 수 있다는 것입니다. 인터넷에는 다양한 분야의 정보가 올라와 있으며, 지금도 새로운 정보가 올라오고 있습니다. 그래서 인터넷은 '정보의 바다'라고 불립니다. 이러한 정보는 몇 개의 버튼을 누르는 것만으로 쉽게 옮길 수 있습니다. 그런데 인터넷에는 때때로 정확하지 않은 정보가 올라오기도 합니다. 그래서 인터넷에 있는 정보를 이용할 때에는 누가 올린 것인지, 믿을 수 있는 내용인지 등을 확인하는 자세가 필요합니다. 또한 정보를 이용할 때 유의할 점이 한 가지 더 있습니다. ㉡남이 쓴 글을 옮기면서 자신이 쓴 것처럼 하는 행위는 하지 말아야 합니다. 이는 처음 글을 쓴 사람에게 피해를 주는 행위입니다. 그래서 이러한 행위를 하면 법적인 처벌을 받을 수 있습니다.

인터넷은 우리에게 편의를 제공합니다. 하지만 인터넷을 잘못 사용하면 자기 자신뿐만 아니라 우리 여러 사람에게 피해를 줄 수 있습니다. 그러므로 인터넷의 특징에 대해 잘 이해하고 우리의 삶에 도움이 되도록 유의하여 사용해야 하겠습니다.

* 댓글: 인터넷에 오른 글에 대하여 짤막하게 답하여 올리는 글.

글의 유형 파악하기

1. 이 글에 대한 설명으로 알맞은 것은 무엇인가요? (②)

① 인터넷에서 경험한 일을 실감 나게 표현한 글이다.
② 인터넷에서 하지 말아야 하는 일을 설명한 글이다.
③ 인터넷에서 다양한 활동을 하자고 주장하는 글이다.
④ 인터넷에 대해 연구한 결과를 체계적으로 정리한 글이다.
⑤ 인터넷이 일어난 일을 육하원칙에 따라 정리한 글이다.

해설▶ 이 글은 인터넷의 특징을 소개하고, 이와 관련지어 인터넷에서 하지 말아야 하는 행동에 대해 설명하고 있습니다.

글의 핵심 파악하기

2. 다음은 이 글의 내용을 '처음 – 중간 – 끝'으로 나누어 정리한 것입니다. 빈칸에 알맞은 말을 쓰세요.

처음	인터넷에서 할 수 있는 다양한 일
중간 1	(익명성)이 있는 인터넷의 특징과 이를 고려할 때 지켜야 할 일
중간 2	(다양한 정보)를 쉽게 이용할 수 있는 인터넷의 특징과 이를 고려할 때 지켜야 할 일
끝	인터넷을 유의하여 사용해야 할 필요성

해설▶ 중간 1, 2는 각각 2, 3문단에 해당하는 부분인데, 2문단에서는 인터넷의 익명성과 그로 인해 유의해야 할 점을 설명하고 있습니다. 또한 3문단에서는 다양한 정보를 쉽게 이용할 수 있는 인터넷의 특징과 그로 인해 유의해야 할 점을 설명하고 있습니다.

두 글의 정보 통합하기

3. 주호는 ㉮에 대해 궁금증이 생겨 관련 자료를 찾아보았습니다. 빈칸에 알맞은 말을 쓰세요.

인터넷에서 다른 사람이 쓴 글을 자신이 쓴 글처럼 하거나 누리 소통망(SNS)에 옮겨 오고 싶을 때는 어떻게 해야 할까? 즉 누가 쓴 글인지를 밝혀 주어야 한다. 왜냐하면 그 글을 쓴 사람에게 주어지는 별도 권리인 '저작권'이 있기 때문이다. 그래서 출처를 밝히지 않고 다른 사람의 글을 옮겨 오는 것은 출처를 훔쳐 오는 것과 같다.

㉮는 글을 쓴 사람이 (저작권)을 침해하는 행위야. 그러므로 남이 쓴 글을 옮겨 쓸 때에는 (출처)를 반드시 밝혀 주어야 해!

해설▶ ㉮처럼 남이 쓴 글을 자신이 쓴 것처럼 하는 행위는 그 사람의 글을 훔쳐 오는 것과 같습니다. 다른 사람의 글을 옮겨 쓸 때에는 출처를 밝혀 주어야 합니다. 이는 '저작권'을 침해하는 행위이기 때문입니다.

어휘 익히기

1 낱말 뜻 알기

다음 빈칸에 알맞은 낱말을 〈보기〉에서 찾아 쓰세요.

보기
무궁무진　신분　이용　첨담

1. 인규는 재주가 (무궁무진)으로 많다.
   뜻 헤아릴 수 없을 만큼 많거나 끝이 없음.

2. 학생증은 학생이 (신분)을 확인할 때 필요하다.
   뜻 사람이 사회에서 지니는 지위.

3. 그들끼리 하는 (첨담)에 신경 쓰지 않으려 한다.
   뜻 남의 흠을 잡아 나쁘게 말하는 것.

4. 인터넷은 장점이 많지만, 때때로 (이용)되는 경우도 있다.
   뜻 올바르지 않게 쓰거나 나쁜 일에 씀.

2 관용 표현 알기

다음 빈칸에 알맞은 말을 쓰세요.

"무심코 던진 돌에 개 구 리 는 맞아 죽는다"

이 속담은 가볍게 한 행동이 누군가에게는 큰 상처가 될 수 있다는 것을 뜻하는 말이에요. 인터넷에서는 얼굴을 마주하고 있지 않기 때문에 말을 더욱 조심해야 해요. 비록 장난으로 쓴 댓글일지라도 뜻밖에 말은 뜻밖에 다른 사람을 아프게 할 수도 있답니다. 뜻밖의 결과를 불러올 수 있거든요.

3 안자어 익히기

다음 한자어를 소리 내어 읽고 빈칸에 따라 써 보세요.

通	信
통할 통	믿을 신

通	信
통할 통	믿을 신

통신(通信): 편지, 전화, 컴퓨터 등으로 소식이나 정보를 전하는 것
- 같은 선속에 들어가지 통신이 많아졌다.
- 자연에서는 전화기의 통신 상태가 좋지 않다.
- 휴대폰은 많은 사람이 사용하는 통신 수단이다.

이어 주는 말 파악하기

4. 문장들의 관계를 고려하여 ㉠, ㉡에 들어갈 말로 알맞은 것에 ○표 하세요.

(1) ㉠의 뒤 문장은 인터넷이 익명성에 대해 앞 문장과 다른 입장과 다른 입장을 취하고 있어. 그러니까 ㉠에는 (그리고, 그래서,(그런데)) 라는 말이 들어가는 것이 좋겠어.

(2) ㉡의 뒤 문장은 앞 문장을 원인으로 해서 일어날 결과에 해당해. 그러니까 ㉡에는 (그리고,(그래서), 그런데) 라는 말이 들어가는 것이 좋겠어.

해설 (1) 이야기를 앞의 내용과 반대시키면서 다른 입장에서 이어 갈 때는 '그런데'로 자연스럽게 연결할 수 있습니다.
(2) 앞의 내용이 원인, 뒤의 내용이 결과에 해당할 때는 '그래서'로 자연스럽게 연결할 수 있습니다.

느끼거나 깨달은 점 공유하기

5. 이 글을 읽은 학생들의 반응으로 알맞지 <u>않은</u> 것은 무엇인가요? (④)

① 인터넷에서는 신분을 밝히지 않고 이야기할 수 있다는 점이 흥미로웠어.
② 집에서 온라인 수업을 들을 수 있는 것이 인터넷 덕분이라는 걸 알게 되었어.
③ 앞으로는 인터넷에 다른 사람을 함부로 흉보는 글은 올리지 않도록 해야겠어.
④ 인터넷에 있는 글은 누가 쓴 것인지가 분명해야 믿을 수 있다는 걸 알게 되었어.
⑤ 인터넷에서도 현실에서처럼 다른 사람을 존중해야 한다는 사실을 잊지 말아야겠어.

해설 3문단에서 인터넷에는 때때로 잘못된 정보가 올라오기도 하므로 정보를 이용할 때에는 누가 올린 것인지, 믿을 수 있는 내용인지를 잘 확인해야 한다고 설명하고 있습니다.

글의 내용 적용하기

6. 다음은 한 초등학교 홈페이지의 게시판입니다. 이 글의 내용을 참고하여 무엇이 잘못되었는지 생각해 보고 빈칸에 알맞은 말을 쓰세요.

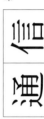

파일(F)　편집(E)　보기(V)　즐겨찾기(A)　도구(T)　도움말(H)

바닥에 떨어진 음식, 무조건 5초 안에 먹으면 괜찮다.

작성자: 핫도그 군

애들아, 내가 인터넷을 검색하다가 봤는데, 음식이 바닥에 떨어져도 5초 안에 주워 먹으면 괜찮다더라? 어제 먹으려던 금싸으로 나왔던 핫도그를 바닥에 떨어뜨려서 버렸는데, 그 낼 먹을 걸 그랬어.

└ 영양 선생님: 아무리 빨리 주워도 바닥에 떨어진 음식에는 세균이 많아요. 그러니 자신의 몸을 위해 바닥에 떨어진 음식은 먹지 마세요. ^^

↑ 인터넷은 다양한 정보가 있어서 (정보의 바다)라고 불린다. 하지만 그중에는 (정확하지 않은) 정보도 있으니 이런 정보를 옮기지 않도록 조심해야 한다.

해설 인터넷에 있듯이 선생님의 말에 따르면 '정보의 바다'라고 불릴 만큼 다양한 정보가 있지만, 정확하지 않은 정보도 있으므로 주의가 필요합니다.

05회 읽기 방법 익히기

1 의성어, 의태어 파악하기

'짹짹', '멍멍', '쫄쫄' 등과 같이 말을 소리를 흉내 낸 말을 '의성어'라고 하고, '구불구불', '쑥쑥', '덥석' 등과 같이 모양을 흉내 낸 말을 '의태어'라고 합니다. 의성어와 의태어가 적절히 쓰인 글을 읽으면 그 소리를 듣거나, 그 모양을 보는 것 같은 인상을 받게 됩니다.

때문에 어떤 낱말들은 의성어이면서, 동시에 의태어로 쓰이는 경우가 있습니다. 예를 들어 '보글보글'은 '적은 양의 액체가 잇따라 끓는 소리. 또는 그 모양.'이라는 뜻이 있으므로, 그 소리와 모양을 함께 떠올리며 읽어야 합니다.

★ 의성어, 의태어를 파악하며 읽으려면,
(1) 사람이나 사물의 소리를 흉내 낸 말을 찾습니다.
(2) 어떤 소리나 모양을 표현하려고 했는지 떠올리며 읽습니다.

1 친구들의 말을 참고하여 ㉠에 들어갈 알맞은 말을 쓰세요.

정세권은 집을 많이 지어 자꾸자꾸 도을 모았습니다. 그리고 그 도을 우리 민족을 위해 사용했습니다. 우리민족을 지키거나 우리나라의 정체를 살리는 운동을 이끄는 이들에게 도을 보낸 것입니다. 이런 그의 활동을 막기 위해 일본인들은 그의 땅 약 35,000평을 빼앗았습니다. 그리고 일본식으로 집을 짓도록 계속 강요했습니다. 이러한 일본인들의 강요에도 불구하고 정체권은 오직 우리 민족을 위한 집만을 (㉠)였습니다.

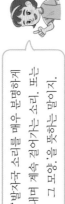

㉠에 들어갈 말은 의성어이면서,
동시에 의태어로 쓰이는 낱말이야.

청소리만 있는 건가?
청소리는 '□□□·ㅂ'이야.

㉠에 들어갈 말은, 바로
(뚝딱뚝딱)이야!

'발자국 소리를 매우 분명하게
내며 계속 걸어가는 소리. 또는
그 모양.'을 못하는 말이지.

*뚝딱뚝딱*은 '발자국 소리를 매우 분명하게 내며 계속 걸어가는 소리. 또는 그 모양.'을 나타내기에 알맞은 말입니다.

---

2 다음 글을 읽고 물음에 답하세요.

1 소곤소곤, 쑥덕쑥덕. ㉠내가 없으면 다른 사람들이 모여 나에 대해 이야기를 한다면 기분이 어떨까요? 나에 대해 좋은 이야기를 하면 좋겠지만, 그렇지 않을 가능성도 있으니 기분이 나쁠 수 있을 거예요. 어떤 사람이 없는 자리에서 그 사람을 흉보는 것을 '뒷담화'라고 해요. 그리고 '뒷담화'는 하지 말아야 할 행동이라고 배워요.

2 그렇지만 사람들은 때때로 '뒷담화'를 하곤 합니다. 왜 그런 것일까요? 다른 사람에 대해 평가를 하는 것은 3가지부터 발달해요. 5개가 되면 타인에 대한 평가와 더불어 그 이유를 논리적으로 설명할 수도 있게 되지요. 누군가를 평가하고 판단하는 태도는 아주 어린 시절부터 서서히 자라는 거예요. 특히 다른 사람들은 누군가를 좋게 평가하는 말보다 나쁘게 평가하는 말에 귀를 쫑긋 이게 돼요. 하자들은 이러한 현상이 여럿이 함께 모여 살아가는 인간의 특성과 관련이 있다고 말해요. 위험인물에 대한 정보를 나누는 것이 자신을 지키는 데 꼭 필요한 일이었기 때문이라고요.

3 그러나 뒷담화가 아무리 인간의 특성과 관련된 것이라 해도, 자기도 모르게 나쁜 평가를 받는 사람은 뿔뿔 뿔이 나겠지요. 그러한 평가가 자신이 아닐 경우, 그 사람은 정말 억울할 것이고요. 당사자가 없는 자리에서 그 사람에 대해 나쁘게 평가하는 것은 바람직한 일이 아니라는 사실을 잊지 마세요.

(1) ①~③문단에서 의성어나 의태어를 모두 찾아 쓰세요.

- ·1문단: (소곤소곤, 쑥덕쑥덕)
- ·2문단: (쫑긋)
- ·3문단: (뿔뿔)

해설 ① 1문단에서 '소곤소곤'은 '남이 알아듣지 못하도록 작은 목소리로 자꾸 가만가만 이야기하는 소리.', 또는 그 모양.'을 나타내는 의성어이면서 의태어입니다. '쑥덕쑥덕'은 '남이 알아듣지 못하게 낮은 목소리로 은밀하게 자꾸 이야기하는 소리. 또는 그 모양.'을 나타내는 말입니다. 소곤소곤과 쑥덕쑥덕'은 모두 의성어와 의태어로 쓰이는 말입니다. ② 2문단에서 '쫑긋'은 '크고 뾰족하게 세우거나 빳죽하게 내미는 모양.'을 나타내는 의태어입니다. ③ 3문단에서 '뿔뿔'은 '몹시 성이 나서 얼굴이나 큰 등을 뾰롱하게 세우거나 벌룩하게 내미는 모양.'을 나타내는 의태어입니다.

(2) ㉠을 의태어가 들어가도록 고쳐 쓰려고 합니다. 빈칸에 알맞은 말을 쓰세요.

[도움말] 1. 뜻: 크기가 다른 작은 것들이 고르지 아니하게 많이 모여 있는 모양.
2. 첫소리: 'ㅇㄱㅈㄱ'

내가 모르는 사이에 다른 사람들이 (옹기종기) 모여 나에 대한 이야기를 한다면 기분이 어떨까요?

해설 '옹기종기'는 '크기가 다른 작은 것들이 고르지 아니하게 많이 모여 있는 모양.'을 나타내는 말입니다.

2 동영상으로 표현하기

글은 말하고자 하는 바를 '문자'로 나타냅니다. 반면 동영상은 말하고자 하는 바를 영상을 이용해 만든 매체입니다. 그러므로 동영상은 소리를 이용해 '청각적'으로 나타냅니다. 그러므로 글의 내용을 동영상으로 표현한다는 것은 글의 내용 중 시각적, 청각적으로 표현할 수 있는 부분을 효과적으로 나타낸다는 뜻입니다.

글을 동영상으로 표현할 때도, 표현하려는 부분의 내용과 주제를 정확히 파악해야 합니다. 그리고 글의 내용을 어떻게 시각적으로, 청각적으로 표현할지 정해야 합니다. 이때 동영상을 만드는 이의 의도에 따라 같은 내용이라도 서로 다르게 표현될 수 있습니다.

★ 글의 주제나 한 부분을 동영상으로 표현하려면,
(1) 표현하려는 부분의 내용과 주제를 정확히 파악합니다.
(2) 글의 내용을 시각적, 청각적으로 표현해 봅니다.

1 다음은 아래 글의 내용을 동영상으로 표현하기 위해 세운 계획입니다. 어떤 계획이 시각적 혹은 청각적인 표현에 해당하는지 선으로 이으세요.

새해가 되면 사람들은 새로운 계획을 세우곤 해요. '올해에는 이것만은 꼭 해내야지!' 하는 약속을 자신과 하고 하지요. 여러분은 혹시 어떤 약속을 했는지 기억을 했나요? 그리고 그 약속은 잘 지켜지고 있나요? 아마 약속을 지키는 일이 쉽지 않았을 거예요. 영국의 한 연구 결과에 따르면, 매년 10명 중 9명이 새해 계획을 지키지 못한다고 해요. 그중 2~3명은 일주일도 되기 전에 계획의 실천을 포기한다고 하고요.

(1) 새해 계획을 세우는 사람들이 얼굴 표정을 적어야지.

(2) 새해의 희망찬 느낌을 밝은 느낌의 배경 음악으로 표현해야지.

(3) 새해 계획을 지키지 못하는 사람의 수를 그래프로 나타내야지.

㉠ 시각적 표현

㉡ 청각적 표현

해설 (1), (3) 사람들의 얼굴 표정과 그래프는 눈에 보이는 것이므로 시각적 표현에 해당합니다. (2) 배경 음악은 귀에 들리는 것이므로 청각적 표현에 해당합니다.

---

2 다음 글을 읽고 물음에 답하세요.

독서의 중요성은 누구나 알고 있지만, 실제로 독서를 실천하는 사람은 많지 않습니다. 독서를 하는 방법에 대해서는 잘 알지 못하기 때문입니다. 오늘은 책을 즐겨 읽는 두 사람의 독서 방법을 소개하도록 하겠습니다.

1만 7천 권의 책을 가지고 있을 정도로 책을 좋아하는 한 영화 평론가는 책을 대단한 것이라고 생각하거나 우러러보지 말라고 조언합니다. 그는 독서에서 가장 중요한 것은 꾸준히 재미를 느끼는 것이라고 말합니다. 그래서 모든 책을 끝까지 읽어야 한다는 부담감에서 벗어나야 하며, 어떤 책은 10쪽만 읽고 덮어도 좋고, 어떤 책을 읽다가 다른 책을 읽어도 좋은 것입니다.

노벨 문학상을 수상한 어떤 작가는 책을 읽을 때 두 자루의 색연필을 준비한다고 합니다. 책을 읽다가 정말 좋다고 생각하는 구절은 빨간색 색연필로, 이해가 가지 않는 부분은 파란색 색연필로 밑줄을 긋습니다. 외우고 싶은 문장은 특별히 선을 그어 둡니다. 또한 읽었던 책을 다시 읽기도 하는데, 처음 책을 읽을 때는 미로를 헤매듯이 책을 읽고, 두 번째 읽을 때는 일정한 목표를 정해 탐구하면서 읽는다고 합니다.

(1) 각 문단의 중심 내용을 다음과 같이 정리할 때, 빈칸에 알맞은 말을 쓰세요.

1문단	책을 즐겨 읽는 두 사람의 독서 방법을 소개하고자 함.
2문단	한 영화 평론가의 독서 방법 - 꾸준히 (재미)를 느끼면서 독서를 함.
3문단	어떤 작가의 독서 방법 - (밑줄)을 그으면서 독서를 함.

해설 2문단에서는 독서에서 가장 중요한 것은 꾸준한 재미를 느끼는 것이라고 말한 한 영화 평론가의 독서 방법을 소개하고 있습니다. 3문단에서는 책을 읽을 때 빨간색과 파란색 색연필로 밑줄을 긋고 때로는 선을 긋는 어떤 작가의 독서 방법을 소개하고 있습니다.

(2) 이 글의 내용을 동영상으로 표현한 것으로 알맞지 않은 것은 무엇인가요? (②)

① 책이 많은 방에 있는 영화 평론가의 모습을 담는다.

② 책을 끝까지 읽으려는 영화 평론가의 모습을 배경 음악과 함께 보여 준다.

③ 두 자루의 색연필을 드는 작가의 모습을 담는다.

④ 밑줄 긋는 소리와 함께 밑줄 긋는 모습을 화면으로 확대하여 보여 준다.

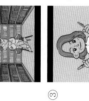

⑤ '첫 번째 읽기'라고 자막을 쓰고, 미로를 헤매는 작가의 모습을 보여 준다.

해설 영화 평론가는 책을 끝까지 읽어야 하는 부담감에서 벗어나 한다고 하면서, 부담감에서 벗어나 책을 읽는 재미를 느껴야 한다고 강조하였습니다.

STEAM 독해

달콤하고 재미있는 사과 이야기

이 글의 중심 화제는 **사과**입니다. 사과와 관련된 **미술**, **사회**, **과학**을 공부해요.
사과와 관련된 다양한 이야기를 통해 사과에 대해 융합적으로 생각해 보세요.

사과는 우리가 평소에 쉽게 먹을 수 있는 과일이에요. 비타민 C와 식이 섬유 등 건강에 좋은 성분이 많이 들어 있는 과일이죠. 또 사과는 어릴 때 접했던 동요나 동화책의 주요 소재이기도 하며, 신화나 위대한 인물들과 관련해서도 자주 등장해요.

➡ 우리에게 친숙한 과일인 사과

성경에도 사과와 관련된 이야기가 나와요. 하느님이 에덴동산*에 살던 아담과 이브에게 "이 열매를 먹으면 선과 악을 알게 된다."라며 절대 먹지 말라고 하셨던 그 열매를 유럽에서는 사과라고 생각해요. 하지만 아담과 이브는 하느님의 말씀을 어기고 몰래 열매를 먹었죠. 결국 둘은 에덴동산에서 쫓겨나 인간으로서의 고통을 겪고 죽음을 맞이하게 돼요.

➡ 성경에 나오는 사과 관련 이야기

▲ 보티첼리, 「파리스의 심판」

전쟁의 원인이 된 사과도 있어요. 고대 그리스 신화에는 '파리스의 사과' 이야기가 전해져요. 이야기에 따르면 신들의 결혼식에 초대받지 못해 화가 난 불화의 여신 에리스가 '가장 아름다운 여신에게'라는 글귀를 새긴 황금 사과를 결혼식장에 던져 놓고 떠나죠. 이후 황금 사과의 주인을 놓고 헤라, 아테나, 아프로디테가 다툼을 벌이자 제우스는 트로이의 왕자인 파리스에게 판단을 맡겨요. 셋은 파리스의 선택을 받기 위해 각각 매력적인 조건을 제시하죠. 고민 끝에 파리스는 '가장 아름다운 신부'를 주겠다고 제안한 아프로디테를 선택해요. 그러나 불행히도 당시 가장 아름다운 여인은 스파르타의 왕비 헬레네였어요. 아프로디테의 도움으로 헬레네와 사랑에 빠진 파리스는 그녀와 함께 트로이로 도망가고, 아내를 빼앗겨 격노한 스파르타의 왕은 트로이 전쟁을 일으키게 되죠. 이 전쟁에서 스파르타는 거대한 목마를 이용해 성안으로 진입하여 트로이를 멸망시켜요.

➡ 신화에 나오는 사과 관련 이야기

한편 사과는 정물화*의 소재로도 많이 활용돼요. 특히 사과 그림으로 유명한 화가로 프랑스의 인상파* 화가 폴 세잔이 있어요. 40년이 넘는 세월 동안 사과만 그리는 세잔을 보고 주변 사람들이 다른 주제로도 그림을 그려 보라고 권했을 정도래요. 이렇게 세잔이 사과 그림을 즐겨 그리게 된 이유로 세잔의 어릴 적 친구였던 세계적인 작가 '에밀 졸라'와의 이야기가 전해져요. 세잔과 같은 학교에 다녔던 졸라는 어릴 적 아버지가 돌아가시고 가난한 생활을 했어요. 또 작고 허약한 아이여서 덩치 큰 친구들에게 자주 놀림을 당했지요. 하지만 세잔만은 졸라를 늘 따뜻하게 위로하고 그의 친구가 되어 주었죠. 그런 세잔에게 고마움을 느낀 졸라는 종종 사과를 선물로 주었대요. 이를 계기로 세잔에게 사과는 중요한 의미를 가진 소재가 되었고, 수많은 사과를 그리며 자신만의 화법을 완성해 가며 유명한 화가가 되었어요.

▲ 세잔, 「병과 사과 바구니가 있는 정물」

➡ 그림의 소재로 활용되는 사과

현대 사회에서 가장 유명한 사과는 아마 애플사(社)의 사과일 거예요. 애플사의 로고*는 한 입 베어 문 사과의 형상으로 유명하죠. 이 로고는 컴퓨터의 아버지라고 불리는 앨런 튜링을 추모하기 위한 것으로 알려져 있어요.

➡ 한 회사의 로고로 활용되는 사과

* **에덴동산**: 구약 성경에 나오는 지상 낙원.
* **정물화**: 과일, 꽃, 화병 따위의 스스로 움직이지 못하는 물체들을 놓고 그린 그림.
* **인상파**: 자연이 주는 순간적인 인상을 작품에 표현하려는 미술의 한 기법. 대표적인 화가로는 마네, 모네, 드가, 르누아르 등이 있음.
* **로고**: 회사 이름이나 제품 이름 같은 것을 독특하게 드러나게 만들어 상표처럼 쓰는 글자꼴.

1 사과는 주로 깎거나 베어 먹는 과일이지만, 사과를 주재료로 다양한 음식을 만들어 먹기도 합니다. 사과로 만든 음식을 먹어 본 적이 있다면 적어 보세요.

예 사과주스, 사과잼, 사과파이, 사과 김치, 사과 타르트, 사과식초 등

해설 사과와 관련된 음식의 종류를 떠올려 보거나 조사해서 적어 봅니다.

2 이 글에서 알 수 있는 내용이 아닌 것은 무엇인가요? (③)

① 사과에는 식이 섬유가 풍부하게 들어 있다.
② 애플사의 로고 디자인은 앨런 튜링과 관련 있다.
③ 폴 세잔은 애플 롤러에게 사과를 자주 선물하였다.
④ 트로이 전쟁의 시작은 '파리스의 사과'와 관련 있다.
⑤ 유럽에서는 성경에 나오는 선악과를 사과라고 여긴다.

해설 사과는 서늘한 환경에서 잘 자랍니다. 지구 온난화로 인해 사과가 자라기에 적합한 지역이 고위도인 북쪽으로 이동하고 그 결과 재배 면적도 크게 줄었습니다.

3 다음 그림을 보고, ( ) 안에서 알맞은 말을 골라 ○표 하세요.

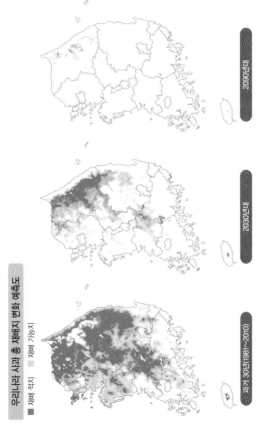

우리나라 사과 통 재배지 변화 예측도

■ 재배 적지 재배 가능지

과거 30년(1981~2010)   2030년대   2090년대

지구 온난화로 인해 우리나라의 사과 재배 지역도 빠르게 변하고 있습니다. 사과는 평균 기온 15~18도 기후가 비교적 서늘하고 일교차가 큰 지역에서 잘 자랍니다. 하지만 지난 100여 년 동안 우리나라의 평균 기온이 1.7도가량 상승하면서, 사과가 자라기에 적합한 지역이 (동, 서, 남, 북) 쪽으로 이동하고 있습니다. 앞으로 도 지금과 같은 지구 온난화가 계속 진행된다면 2090년에는 우리나라에서 사과나무가 거의 사라질지도 모릅니다.

4 다음 글을 읽고, 빈칸에 알맞은 말을 쓰세요.

껍질을 벗긴 사과를 관찰한 적이 있나요? 처음과 달리 시간이 지나면서 조금씩 색이 어두워지는 것을 발견하게 될 거예요. 주로 갈색으로 변하기 때문에 이러한 현상을 '갈변 현상'이라고 합니다. 이 현상은 사과 안에 있던 효소가 공기 중 산소와 만나 일으키는 산화 반응이에요. 이 갈변 현상은 배와 바나나, 감자에서도 관찰할 수 있어요. 갈변을 막기 위한 방법으로는 공기를 완전히 차단할 수 있는 용기에 담거나 (예 식초물, 소금물, 설탕물)에 담가 두는 방법이 있어요.

해설 식초물, 소금물, 설탕물 등을 통해 사과를 담가 두면 갈변 현상을 막을 수 있습니다.

5 다음 글을 읽고, 평소 미안함을 느낀 친구에게 편지를 써서 사과의 마음을 전해 보세요.

'사과'라는 낱말은 '사과나무의 열매', '자신의 잘못을 용서함' 이라는 의미 외에도 '설움을 용서함' 이라는 의미로도 쓰여요. 이러한 의미를 활용해서 사과를 주고받으며 서로 화해하고 용서하는 날인 '애플 데이'를 매년 10월 24일에 운영하는 학교가 많답니다.

예
○○에게
안녕, 나 △△△야. 지난주에 친구들 앞에서 너를 속상하게 한 것 같아 너무 미안해. 내 입장도 생각해서 말을 했어야 했는데, 내가 너무 경솔했어. 앞으로는 더 신중하게 생각하고 말하는 친구가 되도록 할게. 나의 사과를 받아 주렴. 우리 앞으로도 서로 좋은 친구로 지내자.
－△△△가

해설 평소에 미안했던 마음이 들었던 친구에게 진심을 담아 편지를 써 봅니다.

ERI 지수 **403** 사회 | 경제

1 바나나는 시장이나 슈퍼마켓에서 쉽게 볼 수 있는 과일입니다. 바나나는 비교적 값이 싸고 맛도 좋습니다. 그래서 많은 사람이 즐겨 먹는 간식이자 중요한 식량이기도 합니다. 그런데 ㉠바나나가 사라질 위기에 처했습니다.

2 흙 속의 곰팡이가 일으키는 바나나 전염병 때문입니다. 이 전염병에 걸리면 바나나 나무가 점차 말라 죽게 됩니다. 이 전염병은 1900년대 초반에 처음 발견되었습니다. 그리고 1980년대에는 새로운 변종* 까지 생기면서 전 세계 바나나 농장으로 퍼져 나가고 있습니다.

3 전염병 때문에 바나나가 사라질 것이라는 생각이 지나친 걱정으로 보일 수도 있습니다. 그러 나 이 전염병을 막지 못하면 정말로 바나나를 더 이상 먹지 못하게 될 수도 있습니다. 전 세계 대부분의 농장에서는 '캐번디시'라는 바나나를 기르고 있습니다. 그런데 캐번디시 바나나가 이 전염병에 특히 약하고 아직까지 이 전염병을 치료할 방법도 없기 때문입니다.

4 그런데 왜 많은 농장은 ㉡캐번디시 바나나를 기르는 걸까요? 캐번디시 바나나는 크고 씨가 없으며 잘 자랍니다. 멀리까지 운반하는 동안에 도 잘 상하지 않아서 경제성이 무척 뛰 어난 바나나입니다. 그래서 전 세계 바나나 농장에서 캐번디시 바나나를 기르는 것입니다.

5 바나나는 원래 여러 품종이 있었습니다. 작 지만 맛이 뛰어난 바나나, 보관하기 어렵지만 향과 맛이 뛰어난 바나나도 있었습니다. 또 씨가 있 어 먹기 어렵지만 병에 강한 바나나도 있었습니다. 그러나 지금은 그것들을 기르지 않아서 대부 분 사라지게 된 것입니다.

6 모든 생물은 병에 걸릴 수 있습니다. 그런데 한 가지 품종만 있는 상태에서, 그것이 어떤 병에 약하다면 그 생물은 사라지게 됩니다. 다양한 품종이 있어야 어떤 병이 생겼을 때 그 병 을 이겨 내고 살아남는 것이 있을 수 있습니다. 바나나도 마찬가지입니다. 기르기에 힘이 더 들고 팔기에 어려움이 있더라도 다양한 품종을 길러 그 장점을 살릴 필요가 있습니다.

7 모든 농작물이 다 그러합니다. 여러 가지 품종을 길러야 합니다. 다양한 품종을 기를 때 더 안정적으로 농작물을 생산할 수 있음을 알아야 합니다.

▲ 캐번디시 바나나

* 변종: 같은 종류의 생물 가운데 변이가 생겨서 성질과 성질이 달라진 종류.
* 품종: 같은 종류의 생물을 고유한 특징에 따라 나눈 것.

중심 생각 파악하기

1. 이 글의 중심 생각으로 알맞은 것에 V표 하세요.

(1) 모든 생물은 병에 걸릴 수 있다. ( )
(2) 바나나가 사라지지 않도록 노력해야 한다. (V)
(3) 바나나는 많은 사람이 즐겨 먹는 과일이다. ( )

해설 이 글은 1문단에서 바나나가 사라질 위기에 처했다는 사실을 언급하고, 2문단부터는 그 원인과 해결 방안을 제시하고 있습니다. 따라서 이 글의 중심 생각은 '바나나가 사라지지 않도록 노력해야 한다.'라고 볼 수 있습니다.

정보 구조 설명하기

2. ㉠의 원인을 다음과 같이 정리할 때, 빈칸에 들어갈 내용으로 알맞은 것은 무엇인가요? (④)

원인	• 바나나 전염병이 퍼져 나가고 있다. • ( )

→

결과	바나나가 사라질 수 있다.

① 바나나 가격이 너무 싸다.
② 바나나를 오래 저장하기 어렵다.
③ 너무 많은 사람이 바나나를 먹는다.
④ 아직까지 바나나 전염병을 치료할 방법이 없다.
⑤ 전 세계 농장에서 너무 많은 품종의 바나나를 기르고 있다.

해설 2문단에서 바나나 전염병이 전 세계 바나나 농장으로 퍼져 나가고 있다고 하였습니다. 그리고 3문단에서는 아직까지 이 전염병을 치료할 방법이 없다는 현실 때문에 바나나가 사라질 수 있다고 한 것입니다.

세부 내용 파악하기

3. ㉡의 특징으로 알맞지 않은 것은 무엇인가요? (②)

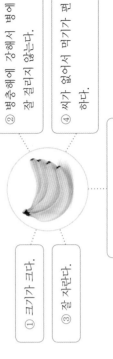

① 크기가 크다.
② 병충해에 강해서 잘 걸리지 않는다.
③ 잘 자란다.
④ 씨가 없어서 먹기가 편하다.
⑤ 잘 상하지 않아서 멀리 운반할 수 있다.

해설 4문단에서 캐번디시 바나나는 크고 씨가 없으며 잘 자란다고 하였습니다. 병충해에 강해서 잘 걸리지 않는다는 내용은 이 글에서 찾을 수 없습니다.

1 낱말 뜻 알기

다음 빈칸에 알맞은 낱말을 〈보기〉에서 찾아 쓰세요.

• 보기 •

| 운반 | 보관 | 점검 | 농작물 |

1. 논밭은 논밭에서 여러 가지 (농작물)을 경작한다.
   뜻 논밭에 심어 가꾸는 곡식이나 채소.

2. 이 볼펜은 선물로 받은 것이라 한 번도 안 쓰고 (보관)만 했다.
   뜻 물건을 맡아 간직하여 둠.

3. 우리 선생님은 인제나 학생들이 가진 (점검)을 점검해 주신다.
   뜻 낱낱이 검사하거나 바람직한 점.

4. 이사할 때 사다리차를 이용하여 짐을 (운반)했더니 쉽고 빨랐다.
   뜻 물건 등을 옮겨 나름.

2 관용 표현 알기

다음 빈칸에 알맞은 말을 쓰세요.

"소 잃고 외양간 고친다"

값싸고 맛있는 바나나를 계속 먹으려면 바나나가 사라지지 않도록 노력해야 할 것입니다. 이 속담은 소를 도둑맞은 다음에야 빈 외양간의 허물어진 데를 고치느라 수선을 떤다는 뜻으로, 일이 이미 잘못된 뒤에는 손을 써도 소용이 없음을 비꼬는 말입니다.

3 인지어 익히기

다음 한자어를 소리 내어 읽고 빈칸에 따라 써 보세요.

생산(生產): 사람이 생활하는 데 필요한 물건을 만들어 냄.
• 제주도는 대표적인 귤 생산 지역이다.
• 이 공장에서는 전기차에 들어가는 부품을 생산한다.
• 새로운 농업 기술 덕분에 농업 생산이 크게 늘어났다.

生	産
날 생	낳을 산

生	産
날 생	낳을 산

---

4. 가운데는 바나나를 지키기 위한 방법을 더 알아보기 위해 다른 글을 찾아 읽었습니다. 다음 글을 참고하여 7문단 옆에 한 문장을 추가한다고 할 때, 빈칸에 알맞은 말을 쓰세요.

예전에 바나나 농장에서는 기름을 주어 바나나를 길렀다. 기름 속에는 다양한 미생물이 살고 있어서 곰팡이나 세균들을 스스로 조절할 수 있었다. 그러나 기름보다 돈이 적게 화학 비료를 사용하면서부터 흙 속의 미생물들이 사라졌고, 해로운 곰팡이가 생겨도 막을 방법이 없게 되었다.

↑ 추가할 문장: 포한 (기)름을 주어 흙 속에 (미)(생)(물)들이 살 수 있게 해야 합니다.

두 글의 정보 통합하기

5. 이 글과 〈보기〉에서 공통적으로 강조하는 것을 알맞게 파악한 친구에게 ✓표 하세요.

보기

1845년 아일랜드에 감자스럽게 감자 마름병이 퍼졌다. 당시 아일랜드에서는 수확량이 많은 '럼퍼'라는 한 가지 품종의 감자만 길렀다. 럼퍼는 감자 마름병에 약해서 대부분 죽고 말았다. 이 때문에 당시 감자가 주식이었던 아일랜드 사람들이 많은 고통을 받았다.

▲ 다양한 품종의 감자

(1) 성근: 감자와 바나나는 병에 약한 농작물이야. ( )
(2) 정은: 감자와 바나나 대신 다른 농작물을 길러야 해. ( )
(3) 해민: 한 가지 품종이 아니라 다양한 품종의 농작물을 길러야 해. ( )

ERI 지수 428 사회 | 정치

수수께끼를 하나 내 볼게요. ㉠세상에서 가장 인기 있는 파이는 무엇일까요? 정답은 와이파이(Wi-Fi)입니다. 스마트폰을 가지고 있는 사람들은 와이파이 없이 잠시도 지내기 어렵다고 합니다. 이렇게 인기 있는 와이파이는 어디에 있을까요?

와이파이는 무선 인터넷을 이용할 수 있게 해 주는 기술을 말합니다. 와이파이를 이용하여 통신을 하려면 와이파이에 연결 장치가 있어야 합니다. 요즘에는 대부분의 사무실이나 가정집, 카페 등에 이 장치를 설치하고 있습니다.

그런데 와이파이 연결 장치가 내보내는 전파는 어느 정도의 거리까지만 닿습니다. 도로나 공원과 같은 야외에서는 와이파이로 통신을 하기 어렵습니다. 그래서 통신 회사들이 사람들이 어디서나 신속하게 통신을 할 수 있도록 기지국*을 곳곳에 세우고 있습니다. 우리나라의 경우 사람이 거의 살지 않는 산속이나 외딴섬이 아니라면 어디서든 통신을 할 수 있습니다. 그러나 이런 전파를 사용하려면 통신 회사에 요금을 내야 합니다.

이런 요금을 내지 않고도, 누구든 쓸 수 있도록 한 것이 ㉡공공 와이파이입니다. 공공 와이파이는 누구나 무선 인터넷을 무료로 이용할 수 있도록 정부나 지방 자치 단체가 도움을 줘 제공하는 와이파이를 말합니다. 공공 와이파이 연결 장치는 주로 사람들이 많이 이용하는 공공 장소에 설치됩니다. 공원이나 버스, 지하철, 전통 시장, 주민 센터 등이 여기에 해당합니다.

그리고 섬처럼 사람이 많이 살지 않더라도 통신이 꼭 필요한 곳에도 설치됩니다. 지하철이나 공공 자전거처럼 공공 와이파이도 우리 모두가 이용할 수 있는 공공 서비스입니다. 하지만 지하철이나 공공 자전거처럼 공공 와이파이도 널리 보급될수록 누구나 무료로 이용할 수 있습니다. 누구나 공공 와이파이를 이용하여 인터넷 검색, 동영상 시청, 전자 우편 보내기 등을 할 수 있을 것입니다.

정부와 지방 자치 단체에서는 계속해서 공공 와이파이 설치 지역을 넓혀 갈 것이라고 합니다. 앞으로는 더욱 많은 지역에서 더 많은 사람이 공공 와이파이를 이용할 수 있게 될 것입니다. 공공 와이파이는 국민들의 통신비 부담을 더 많이 줄여 줄 것입니다. 그리고 다른 공공 서비스와 마찬가지로 국민들이 더 나은 삶을 살 수 있도록 도움을 줄 것입니다.

* 기지국: 전파를 주고받는 기능을 하는 작은 통신 기관.

중심 화제 파악하기

1. 이 글에서 주로 설명하고 있는 내용은 무엇인가요? (⑤)

① 전파 ② 기지국
③ 인터넷 ④ 공공 서비스
⑤ 공공 와이파이

해설: 이 글은 1~3문단에서 와이파이에 대해 설명하고 있고, 4~6문단에서는 누구나 무료로 이용할 수 있는 공공 와이파이에 대해 설명하고 있습니다. 5~6문단에서 공공 서비스를 언급하고 있지만, 이는 공공 와이파이가 공공 서비스임을 설명하기 위한 것이므로, 주로 설명 대상이라고 보기는 어렵습니다.

내용 파악하기

2. 이 글을 읽고 알 수 있는 사실이 아닌 것은 무엇인가요? (③)

① 요즘에는 대부분의 사무실에 와이파이 연결 장치가 설치되어 있다.
② 통신 회사에서 제공하는 와이파이를 이용하려면 요금을 내야 한다.
③ 와이파이 연결 장치에서 멀리 떨어질수록 인터넷 연결이 더 잘 된다.
④ 와이파이를 이용하려면 와이파이 연결 장치가 설치되어 있어야 한다.
⑤ 앞으로는 공공 와이파이를 이용할 수 있는 지역이 더욱 많아질 것이다.

해설: 3문단에서 와이파이 연결 장치가 내보내는 전파는 어느 정도의 거리까지만 닿는다고 하였습니다. 따라서 와이파이 연결 장치에서 멀리 떨어질수록 인터넷 연결이 더 어려울 것입니다.

문장의 표현 효과 평가하기

3. ㉠의 표현 효과를 알맞게 이해한 친구에게 √표 하세요.

시현: '가장 인기 있는 파이'를 물어서, 먹는 파이를 생각했어. 그런데 갑자기 '와이파이'가 나와서 엉뚱해 보였어. 내용이 어려운 점 미리 알려 주는 것 같아.

( )

정환: '가장 인기 있는 파이'로 여러 가지를 올리게 한 뒤에 '와이파이'를 소개했어. 그래서 읽는 사람에게 재미를 이어지는 내용에 관심을 갖게 하고 있어.

(√)

해설: 문장의 적절성과 표현의 효과를 판단해 봅니다. ㉠은 소리가 같은 점을 이용한 수수께끼를 통해 글의 중심 화제를 재미있게 표현하고 있습니다.

어휘 익히기

낱말 뜻 알기

1 다음 빈칸에 알맞은 낱말을 <보기>에서 찾아 쓰세요.

보기: 통신　설치　전파　제공

1. 주민들은 쓰레기 소각장 (설치)에 반대했다.
   뜻 기구나 장치를 달거나 세움.

2. 놀이공원에서는 어린이날을 맞아 풍선을 무료로 (제공)하였다.
   뜻 필요한 것이나 쓸모 있는 것을 줌.

3. 번개가 치니 (전파)이/가 제대로 잡히지 않아 전화가 자주 끊긴다.
   뜻 라디오 같은 무선 통신이나 전기 통신에 쓰는 전자파.

4. 요즘은 (통신)이/가 발달해서 외국에 있는 친구와도 쉽게 연락할 수 있다.
   뜻 편지, 전화, 컴퓨터 등으로 정보나 소식 등을 전함.

관용 표현 알기

2 다음 빈칸에 알맞은 말을 쓰세요.

"천 리 길도 한 걸음부터"

'천 리'는 무척 먼 거리를 뜻합니다. 아무리 먼 길이라 하더라도 일단 첫걸음을 내딛는 것부터 시작할 수 있겠죠? 이 속담은 무슨 일이나 그 일의 시작이 중요하다는 것을 뜻하는 말입니다.

한자어 익히기

3 다음 한자어를 소리 내어 읽고 빈칸에 따라 써 보세요.

公 공변될 공　共 함께 공

公共

공공(公共): 한 국가나 사회의 모든 사람에게 관계되는 것
뜻 • 우리 동네는 학교, 병원 등이 공공시설이 많다.
• 시민들의 불편을 덜어 주기 위해 공공 주차장을 더 만들기로 했다.
• 나는 버스를 탈 때 줄을 서서 순서대로 타는 등 공공질서를 잘 지킨다.

세부 내용 파악하기

4. ⓒ이 설치되는 곳에 해당하지 않는 것은 무엇인가요? (②)

① 공원　② 가정집　③ 지하철
④ 주민 센터　⑤ 전통 시장

해설 4문단에서 공공 와이파이는 공원이나 버스, 지하철, 전통 시장, 주민 센터 등 주로 사람들이 많이 이용하는 공공장소에 설치된다고 하였습니다. '가정집'은 공공장소가 아니므로 공공 와이파이가 설치되는 곳에 해당하지 않습니다.

글의 내용을 근거로 답하기

5. 이 글의 내용으로 보아, 공공 서비스의 목적과 밀접한 관련이 있는 것은 무엇인가요? (③)

① 경제　② 국방　③ 복지
④ 과학　⑤ 환경

해설 이 글의 마지막 부분을 보면 공공 서비스는 국민들이 더 나은 삶을 살 수 있도록 도움을 준다는 것을 알 수 있습니다. 따라서 공공 서비스의 목적은 '복지'와 밀접한 관련이 있다고 볼 수 있습니다.

사전어 추론하기

6. 이 글과 다음 자료를 읽고 공공 서비스의 특징을 잘못 파악한 친구에게 √표 하세요.

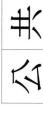

공공 자전거는 싼 가격으로 누구나 이용할 수 있도록 제공하는 서비스로, 많은 사람이 이용할 수 있도록 지하철역이나 버스 정류장, 공원 등에 설치되어 있다.

공공 와이파이
FREE

공공 와이파이는 공원, 도서관, 전통 시장, 버스 등 시민들이 자주 이용하는 공공장소에서 누구나 무료로 이용 가능한 와이파이 서비스이다.

(1) 유나: 주로 공공장소에 설치됩니다. ( )
(2) 희진: 누구나 무료로 이용할 수 있습니다. (√)
(3) 성민: 사람들이 자주 이용하는 곳에 설치합니다. ( )
(4) 태준: 정부나 지방 자치 단체가 도움을 들어 설치합니다. ( )

해설 공공 와이파이는 '누구나 무료로 이용 가능'하다고 하였지만, 공공 자전거는 '싼 가격으로 누구나' 이용할 수 있으므로 희진이 말한 내용은 알맞지 않다.

ERI 지수 495 사회 | 지리

1 큰 도시를 생각할 때 가장 먼저 떠오르는 것은 높은 건물입니다. 오늘날의 대도시에는 대부분 높은 건물이 가득 들어서 있습니다. 우리나라의 서울과 부산, 미국의 뉴욕, 일본의 도쿄 등도 대도시로 꼽히는 곳들입니다. 이 도시들에서는 높은 건물들이 나란히 서 있는 광경을 볼 수 있습니다.

2 그런데 대도시가 처음부터 이런 모습은 아니었습니다. 프랑스의 파리는 아주 오래전부터 큰 도시였습니다. 이곳에는 낮은 높이의 건물들이 서로 가깝게 붙어 있습니다. 당시에도 아주 커다란 탑처럼 높은 건축물을 지을 수는 있었지만 사람이 사는 집을 그만큼 높게 지을 생각을 하지 않았기 때문입니다.

3 오늘날과 같이 높은 건물이 많은 도시는 어떻게 탄생했을까요? 그것은 한 도시가 큰불로 불타 버린 비극에서 시작되었다고 합니다. 1871년 미국의 도시인 시카고에서 불이 났습니다. 시카고는 주변에 세계 날씨가 ... 제대가 당시에 날씨가 ... 메마르고 바람이 많이 불어 나무로 지은 집이 금방 번져 도시 대부분이 불에 타 버린 시카고.

4 불이 다 꺼진 후, 사람들은 도시를 다시 건설하려고 했습니다. 남아 있는 집이 거의 없었기에 도시를 완전히 다시 만들어야 했습니다. 마침 그때는 시멘트, 강철, 유리 등으로 집을 튼튼하게 지을 수 있는 기술이 발전하고 있던 때였습니다. 사람들은 백 년을 내다보고 최신의 건축 기술로 건물을 짓기로 했습니다. 최신의 건축 재료를 사용하는 ⊙ 새로운 건축 기술 ...

5 22년이 흐른 후, 시카고에서 세계 박람회가 열렸습니다. 이때에 강철로 지은 높은 건물, 엘리베이터가 설치된 건물이 전 세계 사람들에게 소개되었습니다. 높고 이름답게 지어진 건축물을 본 사람들은 새로운 건축 기술에 감탄했습니다. 이후 다른 도시에서도 사람이 생활하는 건물을 높게 짓기 시작했습니다. 이것이 오늘날의 도시 모습이 되었습니다. 대형 화재라는 비극이 계기가 되어 오늘날 시카고는 (ⓒ)의 도시로 유명해졌습니다.

내용 파악하기

1. 이 글을 읽고 알 수 있는, 〈보기〉에 제시된 도시들의 공통점은 무엇인가요? (①)

서울

뉴욕

도쿄

① 높은 건물이 많이 있다.
② 각 나라의 수도에 해당한다.
③ 우리나라에 있는 도시들이다.
④ 아주 오래전부터 큰 도시였다.
⑤ 다양한 국가의 사람들이 살고 있다.

사건의 배경 파악하기

2. 시카고에 불이 나서 도시가 온통 타게 된 사건의 배경을 알맞게 말한 친구에게 모두 V표 하세요.

(1) 희찬: 높은 건물들이 가득 들어서 있었어요. ( )
(2) 지은: 시멘트와 강철, 유리 등으로 집을 지었어요. ( )
(3) 이영: 그때 날씨가 메말랐고 바람이 세게 불었어요. (V)
(4) 성희: 도시 주변에 숲이 많아 나무로 지은 집이 대부분이었어요. (V)

세부 내용 파악하기

3. 다음 질문에 대한 답으로 알맞은 것에 V표 하세요.

프랑스의 파리도 큰 도시인데, 파리에는 왜 낮은 집이 많은 걸까?

(1) 높은 집은 화재가 발생할 가능성이 크기 때문이다. ( )
(2) 당시 건축 기술로는 높은 건축물을 지을 수 없었기 때문이다. ( )
(3) 사람이 사는 집을 높게 지을 필요가 없다고 생각했기 때문이다. (V)

1 낱말 뜻 알기

다음 빈칸에 알맞은 낱말을 〈보기〉에서 찾아 쓰세요.

보기			
광경	비극	최신	제기

1. 바닷가에서 바라본 해돋이 (광경)은/는 무척 아름다웠다.
   뜻 어떤 일이나 현상이 벌어지는 장면 또는 모양.

2. 많은 비가 내렸지만 대비를 잘해서 ( )을/를 막을 수 있었다.
   뜻 매우 슬프고 비참한 일.

3. 오래된 체육관이 (최신) 시설을 갖춘 종합 체육관으로 다시 태어났다.
   뜻 가장 새로움. 또는 가장 앞서 있음.

4. 글짓기 대회에서 상을 탄 것이 (제기)이/가 되어 글쓰기에 자신감을 갖게 되었다.
   뜻 어떤 일이 일어나거나 결정되도록 하는 원인이나 기회.

2 관용 표현 알기

다음 빈칸에 알맞은 말을 쓰세요.

"비 온 뒤에 땅이 굳어진다"

미국의 시카고는 큰 화재를 겪은 후 유명한 건축의 도시로 재탄생하였습니다. 이 속담은 비에 젖어 질척거리던 흙도 마르면서 단단하게 굳어진다는 뜻으로, 어떤 시련을 겪은 뒤에 더 강해지고 비약적으로 이루는 일을 말합니다.

3 한자어 익히기

다음 한자어를 소리 내어 읽고 빈칸에 따라 써 보세요.

도시(都市): 정치, 경제, 문화의 중심이 되고 사람이 많이 사는 지역.
• 도시를 건설하다.
• 서울은 우리나라에서 가장 큰 도시이다.
• 삼촌은 도시에서 사시다가 얼마 전에 시골로 이사 가셨다.

都 도읍 도	市 시장 시
都 도읍 도	市 시장 시

세부 내용 파악하기

4. ㉠과 같은 건축 기술로 건물 지은 까닭으로 알맞은 것에 모두 V표 하세요.

   (1) 불에 잘 타지 않기 때문이다. ( )
   (2) 화재가 나면 쉽게 대피할 수 있기 때문이다. ( )
   (3) 오랫동안 튼튼하게 유지할 수 있기 때문이다. (V)
   (4) 자연에서 얻을 수 있는 재료를 사용하기 때문이다. (V)

   해설 ㉠ 문단에서 시멘트는 백 년을 버텨도보고 콘크리트, 강철 유리 등을 유리 등을 재료로 사용하는 최신의 건축 기술로 건물들을 짓 기로 했다고 하였습니다. 시멘트, 콘크리트, 강철 유리는 잘 타지 않는 재료들입니다.

생략된 내용 짐작하기

5. 문단의 내용을 고려할 때, ㉡에 들어갈 말로 알맞은 것은 무엇인가요? (②)

   ① 영화   ② 건축   ③ 예술
   ④ 자연   ⑤ 교육

   해설 시카고에 큰불이 나고 22년인 흔른 후 세계 시카고에서 세계 박람회가 열렸는데, 이때에 새로운 건축 기술로 지은 높은 건물들을 전 세계 사람들에게 소개했다고 하였습니다. 이 내용을 고려할 때, 시카고는 건축의 도시로 유명해졌음을 짐작 할 수 있습니다.

글의 내용을 근거로 답하기

6. 선생님의 질문에 알맞게 대답한 친구에게 V표 하세요.

   대형 화재가 일어난 이후에 시카고는 어떻게 변했나요?

여준 ( )
높은 탑이 많이 생겼어요.

기운 ( )
잿더미가 되어 더 이상 사람이 살지 않게 되었어요.

채연 (V)
사람이 생활하는 높은 건물이 많아졌어요.

해설 ㉠ 문단을 보면 시카고에 난불이 다 꺼진 후에 사람들이 도시를 다시 건설했다고 하였습니다. 시카고는 다시 높은 튼튼 기술 지을 수 있는 최신의 건축 기술을 사용하여 건물을 수십 층 높이까지 지었습니다.

ERI 지수 477 사회 | 사회 문화

1 경기도 안산시 원곡동에는 '국경 없는 마을'이 있습니다. 이곳에 가면 중국, 베트남, 인도네시아, 태국, 몽골, 우즈베키스탄, 네팔, 나이지리아 등 50여 개 나라의 문화를 만날 수 있습니다. 비행기를 타고 멀리까지 가지 않아도 여러 나라 사람들과 그들의 문화를 접할 수 있습니다. 우리나라 속에 있는 ㉠작은 지구입니다.

2 이 마을에서는 길을 걸으면서 각 나라의 **전통** 음식을 만날 수 있습니다. 여러 나라의 언어로 쓰인 간판을 달고 있는 식당들도 볼 수 있습니다. 외국 사람이 직접 자기 나라의 전통 요리를 설명해 주는 곳도 있습니다.

3 거리에는 요리할, 돼지 귀, 소 혀 등 흔히 볼 수 없는 재료로 만든 음식들이 가득합니다. 보는 것만으로도 지구를 한 바퀴 돌고 온 느낌이 날 것입니다.

4 각 나라의 문화를 배우며 즐길 수 있는 곳도 있습니다. 다문화 어린이 도서관에는 각 나라의 언어로 된 다양한 책이 있어서 지구 곳곳의 언어와 재미있는 이야기를 만나게 될 것입니다.

5 ㉡세계 문화 체험관에서는 우리나라에서는 쉽게 해 볼 수 없는 재미있는 체험을 할 수 있습니다. 각 나라의 노래도 부르고, 꽃예품을 만들어 보고, 전통 옷을 입어 볼 수 있습니다. 그리고 전통차 마시기, 전통 놀이, 전통 악기 연주 등의 체험도 할 수 있습니다. 각 나라의 선생님들이 설명해 주어서 실감 나게 배울 수 있습니다.

6 축제가 열릴 때도 있습니다. 매년 4월에는 태국과 스리랑카가 등 불교 국가 사람들의 축제를 ㉢엽니다. 불교 달력에서는 새해가 4월부터 시작되기 때문입니다. 이 축제에서는 전통춤과 불행을 을 씻어 내고 세해의 시작을 알린다는 뜻에서 서로에게 물을 뿌립니다. 서로에게 내뿜은 건 새해 행복을 받기도 합니다.

7 이슬람교를 믿는 인도네시아 사람들도 축제를 엽니다. 한 달 동안의 종교 행사를 끝내고 나면 축복을 터뜨리고 기도를 합니다. 그리고 친척이나 이웃을 초대하여 음식을 나눠 먹으며 함께 축하합니다.

8 이곳 초등학교로 온누리반이는 다양한 나라에서 온 외국인 자녀들과 다문화 가정 아이들이 공부합니다. 온누리반 학생들은 다른 반 학생들과 똑같이 국어와 수학 등을 공부합니다. 대부분의 아이들이 부모 나라의 말과 한국어를 포함하여 두 가지 이상의 언어를 얻어요.

9 이처럼 '국경 없는 마을'에는 다양한 나라에서 온 사람들이 살고 있습니다. 그만큼 다양한 문화도 존재합니다. 마을 사람들은 서로의 문화를 존중하며 행복한 마을을 만들어 가고 있습니다.

중심 화제 파악하기

1. 이 글의 중심 화제는 무엇인가요? (④)
① 불교와 이슬람교의 차이
② 각 나라의 대표적인 음식
③ 온누리반 학생들의 교육 활동
④ 안산시 원곡동의 '국경 없는 마을'
⑤ 다문화 어린이 도서관에 있는 책들

해설 이 글은 1문단에서 경기도 안산시 원곡동이 '국경 없는 마을'을 소개한 후, 2문단부터는 이 마을의 주요 특징을 자세하게 설명하고 있습니다.

내용 문단 구분하기

2. 다음은 2~7문단을 내용 문단으로 나눈 것입니다. 각 내용 문단의 중심 내용을 찾아 선으로 알맞게 이으세요.

(1) [2, 3 문단]
(2) [4, 5 문단]
(3) [6, 7 문단]

㉮ '국경 없는 마을'에서 열리는 축제
㉯ '국경 없는 마을'에서 만날 수 있는 각 나라의 전통 음식
㉰ '국경 없는 마을'에서 각 나라의 문화를 배우며 즐길 수 있는 곳

해설 2, 3문단에서는 길을 걷다 만날 수 있는 각 나라의 전통 음식에 대해 설명하고 있습니다. 4, 5문단에서는 각 나라의 문화를 배우며 즐길 수 있는 곳을 소개하고 있습니다. 6, 7문단에서는 불교와 이슬람교 어느 축제를 설명하고 있습니다.

표현의 의도 추론하기

3. '국경 없는 마을'을 ㉠과 같이 표현한 이유로 가장 알맞은 것은 무엇인가요? (⑤)
① 이 마을이 세계적으로 유명해졌기 때문이다.
② 이 마을이 지구의 중심에 위치해 있기 때문이다.
③ 이 마을의 형태가 지구의 모습과 비슷하기 때문이다.
④ 이 마을의 사람들이 세계 곳곳으로 떠나 살고 있기 때문이다.
⑤ 이 마을에 다양한 나라의 사람들이 모여 살고 있기 때문이다.

해설 1문단에서 '국경 없는 마을'은 비행기를 타고 멀리까지 가지 않아도 여러 나라 사람들과 그들의 문화를 접할 수 있는 곳이라고 하였습니다. 이런 점에서 '국경 없는 마을'을 '작은 지구'라고 표현한 것입니다.

1 낱말 뜻 알기

다음 빈칸에 알맞은 낱말을 〈보기〉에서 찾아 쓰세요.

• 보기 •
전통   체험   공예품   실감

1. 입체 영화를 보면 내가 직접 움직이는 것 같은 (실감)이 난다.
   뜻 실제로 겪고 있다는 느낌.

2. 농장(체험) 학습을 통해 채소가 어떻게 자라는지를 알게 되었다.
   뜻 몸으로 직접 겪음. 또는 그런 경험.

3. 민속촌에 옛 조상들이 살던 (전통) 한옥들을 그대로 재현해 놓았다.
   뜻 어떤 집단이나 공동체에서 지난 시대부터 전해 내려오면서 고유하게 만들어진 사상, 행동 등의 양식.

4. 가죽으로 만든 지갑, 가방 등의 (공예품)이 관광객들의 눈길을 끌었다.
   뜻 실용적이면서 아름답게 만든 물건.

2 관용 표현 알기

다음 빈칸에 알맞은 말을 쓰세요.

"금 강 산 도 식후경"

이 속담은 아무리 재미있는 일이라도 배가 불러야 흥이 나지 배가 고파서는 아무 일도 할 수 없음을 비유적으로 이르는 말입니다. '구경 없는 마을에 가서 이웃저웃 돌아다녀 전에 맛있는 음식부터 먹으면 좋을까요?

3 한자어 익히기

다음 한자어를 소리 내어 읽고 빈칸에 따라 써 보세요.

地	球
땅 지	공 구

地	球
땅 지	공 구

지구(地球): 현재 인류가 살고 있는 태양계의 셋째 행성.
- 우주에서 작은 지구의 모습이 보석처럼 아름답다.
- 달은 한 달을 주기로 지구 주변을 바꿔놓게 된다.
- 태양을 중심으로 금성은 지구보다 더 가까이에 있다.

새로운 내용 추론하기
4. ㉢에서 할 수 있는 체험 활동을 알맞게 말하지 못한 친구에게 √표 하세요.

(1) 하은: 베트남의 전통 옷을 입어 볼 수 있어요. ( )
(2) 소희: 우즈베키스탄의 공예품을 만들어 볼 수 있어요. ( )
(3) 진호: 한복을 입고 우리의 전통 놀이를 해 볼 수 있어요. (√)
(4) 경민: 나이지리아 어린이들이 즐겨 부르는 노래를 배울 수 있어요. ( )

해설 5문단에서 '세계 문화 체험관'에서는 우리나라에서 쉽게 해 볼 수 없는 재미있는 체험을 할 수 있다고 하였습니다. 한복을 입고 우리의 전통 놀이를 하는 것은 우리나라의 다른 지역에서도 할 수 있는 체험 활동입니다.

낱말 뜻 짐작하기
5. ㉣과 같은 의미로 쓰인 것은 무엇인가요? (④)

① 나는 창문을 조금 열고 창밖을 내다보았다.
② 누나는 집 가까운 거리에 옷 가게를 열었다.
③ 열쇠를 잃어버려서 자물쇠를 열지 못하고 있다.
④ 우리 반은 미술 시간에 만든 작품으로 전시회를 열었다.
⑤ 신부님은 아프리카 어린이들을 돕기 위해 어린이 학교를 열었다.

해설 ㉣과 같이 '열다'는 '모임이나 회의, 행사, 축제 등을 시작하다.'라는 의미로 쓰인 것은 ④입니다. ①, ③의 '열다'는 '닫히거나 잠긴 것을 트거나 벗기다.'라는 의미로 쓰였고, ②, ⑤의 '열다'는 '가게나 사업 등의 운영을 시작하다.'라는 의미로 쓰였습니다.

사전점 추론하기
6. 다음은 사회 수업 시간에 선생님이 해 주신 설명입니다. 빈칸에 들어갈 말로 가장 알맞은 것은 무엇인가요? (③)

다문화 지역에는 다양한 나라에서 온 사람들이 살고 있어요. 그런 만큼 다양한 문화를 경험할 수 있다는 장점이 있지요. 하지만 ( )도 생길 수 있답니다. 이런 문제가 생기지 않게 하고, 함께 어울려 행복하게 살아가기 위해서는 서로 존중하는 태도를 가져야 해요.

① 소음 문제
② 인구 감소 문제
③ 인종 차별 문제
④ 환경 오염 문제
⑤ 노동력 부족 문제

해설 다문화 나라에서 온 사람들이 함께 모여 살아가는 다문화 지역에서는 인종 차별 문제가 생길 수 있습니다. 함께 살아가는 사람들이 서로의 차이를 인정하고 다른 나라 사람들과 그들의 문화를 존중해 주는 태도를 가져야 행복한 사회를 만들기 위해서는 ... 야 합니다.

05회 읽기 방법 익히기

1 사건의 배경 파악하기

배경은 어떤 사건이 일어난 주변 환경을 뜻합니다. 이 주변 환경은 사건이 생긴 원인의 일부로 볼 수도 있지만, 직접적인 원인은 아닌 것을 말합니다. 글 내용에 사건이 나올 때, 그 사건이 일어나게 된 배경이 무엇인지 파악하면 글의 내용을 더 깊이 있게 이해할 수 있습니다.

★ 사건의 배경을 파악하려면,
(1) 글에 나온 사건을 파악해 봅니다.
(2) 사건이 일어난 주변 환경을 알아봅니다.
(3) 주변 환경이 사건에 끼친 영향을 파악해 봅니다.

1 다음 글을 읽고 사건과 사건의 배경을 정리하려고 합니다. 빈칸에 알맞은 말을 쓰세요.

오늘날과 같이 높은 건물이 많은 도시는 어떻게 탄생했을까요? 그것은 한 도시가 큰불로 온통 타 버린 비극에서 시작되었다고 합니다. 1871년 미국의 도시인 시카고에서 불이 났습니다. 시카고는 주변에 숲이 많아 나무로 지은 집이 대부분이었습니다. 게다가 당시에 날씨가 메마르고 바람이 세게 불었습니다. 그래서 불길이 금방 번져 도시 대부분이 불에 타고 말았습니다.

사건 → 시카고에서 불이 났다.

배경
- 나무로 지은 집이 대부분이었다.
- 당시에 날씨가 메마르고 바람이 세게 불었다.

→ 도시 대부분이 불에 탔다.

[해설] 이 글에서는 시카고에서 난 불이 도시 대부분을 태운 큰 불로 번진 배경으로 두 가지를 제시하고 있습니다. 시카고는 주변에 숲이 많아 나무로 지은 집이 대부분이었으며, 당시에 날씨가 메마르고 바람이 세게 불었기 때문에 금방 번져 도시 대부분이 불에 타게 된 것입니다.

---

2 다음 글을 읽고 물음에 답하세요.

조선 시대를 대표하는 과학자를 꼽으라면 장영실을 가장 먼저 떠올릴 것이다. 그만큼 장영실은 간의, 혼천의 등의 천체 관측 기구뿐만 아니라 자격루와 같은 시계 등을 만들어 과학 발전에 공헌한 사람이다.

장영실은 원나라 사람인 아버지와 가성인 어머니 사이에서 태어났다. 아버지의 신분이 천민이었기 때문에 장영실도 그 신분을 이어받아 천민이었다. 장영실은 동래현의 노비였으나 뛰어난 재주를 인정받아 궁궐에서 일하게 되었다. 세종 대왕은 천체 관측 기구를 제작할 장영실의 공을 높이 평가하여 그가 천민의 신분에서 벗어날 수 있게 해 주었다. 그뿐 아니라 많은 상과 신하의 반대에도 불구하고 그에게 종3품의 벼슬을 내렸다. 이후 세종 대왕의 부응하기라도 하듯 장영실은 많았던 노력으로 수많은 과학 기기를 만들었고, 이에 따라 더 높은 벼슬을 받게 되었다.

1442년 세종 대왕이 온천욕을 위해 이천을 다녀오던 중, ㉠왕이 가마가 갑자기 부서지는 사고가 일어났다. 그 가마의 제작을 감독한 사람은 장영실이었다. 이에 신하들은 장영실의 관직을 폐하고 그에게 100대의 형벌을 내려야 한다고 주장하였으나, 세종 대왕은 형벌을 곤장 80대로 줄여 주었다. 벼슬에서 물러난 이후 장영실이 어떻게 살았는지는 역사에서 찾아볼 수 없다.

(1) 세종 대왕이 장영실에게 벼슬을 내린 까닭은 무엇인가요?
→ (천체 관측) 기구를 제작한 장영실의 공을 높이 평가했기 때문이다.
[해설] 세종 대왕은 천체 관측 기구를 제작한 장영실의 공을 높이 평가했습니다.

(2) 장영실에게 벼슬을 내리는 것을 신하들이 반대한 까닭은 무엇일까요?
→ 장영실이 (천민)이었기 때문이다.
[해설] 신하들은 장영실이 천민이었기 때문에, 장영실에게 벼슬을 내리려는 왕의 결정에 반대한 것입니다.

(3) ㉠으로 인해 벌어진 사건을 다음과 같이 정리할 때, 빈칸에 알맞은 말을 쓰세요.

사건 → 왕의 가마가 갑자기 부서졌다.

배경 → 장영실이 가마 제작을 감독하였다.

→ 장영실은 곤장을 맞고 벼슬에서 물러났다.

[해설] 뛰어난 과학적 업적을 세워 높은 벼슬을 얻었던 장영실은 왕의 가마가 부서지는 사고로 인해 형벌을 받고 벼슬에서 쫓거나게 됩니다. 부서진 왕의 가마가 장영실이 감독하여 만든 것이었기 때문입니다.

2 내용 문단 구분하기

문단은 크게 형식 문단과 내용 문단으로 나눌 수 있습니다. 형식 문단은 문단 형태를 기준으로 한 것으로, 들여쓰기를 통해 구분합니다. 내용 문단은 연속되는 형식 문단들 가운데 내용상 서로 연관이 있는 문단들을 묶어 놓은 것을 말합니다. 설명하는 대상이 같거나 공통점이 있는 문단을 찾아 내용 문단으로 묶어 읽으면 글의 중심 내용을 효과적으로 이해할 수 있습니다.

★ 내용 문단을 구분하려면,
(1) 각 형식 문단의 중심 내용을 파악해 봅니다.
(2) 내용이 서로 연관 있는 문단끼리 묶어 봅니다.

1 다음 문단들을 내용 문단으로 나누는 과정을 아래와 같이 설명할 때, 빈칸에 알맞은 말을 쓰세요.

1 다문화 어린이 도서관에는 각 나라의 언어로 된 다양한 책이 많습니다. 이곳의 책들을 보면 지구 곳곳의 언어와 재미있는 이야기들을 만나게 될 것입니다.

2 세계 문화 체험관에서는 우리나라에서 쉽게 해 볼 수 없는 재미있는 체험을 할 수 있습니다. 각 나라의 노래도 배우고, 공예품을 만들어 보고, 전통 옷을 입어 볼 수 있습니다. 그리고 전통차 마시기, 전통 놀이 등의 연주 등의 체험도 할 수 있습니다. 각 나라의 선생님들이 설명해 주어서 실감 나게 배울 수 있습니다.

3 매년 4월에는 태국과 스리랑카가 등 불교 국가 사람들의 축제를 합니다. 불교 달력에서는 새해가 4월부터 시작되기 때문입니다. 이 축제에서는 장뭇과 밥행을 씻어 내고 새해의 시작을 알린다는 뜻에서 서로에게 물을 뿌립니다. 서로에게 나뭇잎을 건네며 행복을 받기도 합니다.

↓

1 문단과 2 문단에서는 각 나라의 [문][화]를 배우며 즐길 수 있는 곳을 소개하고 있어. 그런데 3 문단에서는 불교 국가 사람들이 어느 [축][제]를 소개하고 있어. 그러니까 1 문단과 2 문단은 하나의 내용 문단으로 묶을 수 있어.

해설 1 문단에서는 다문화 도서관에 각 나라의 언어로 된 다양한 책이 있고, 2 문단에서는 세계 문화를 체험할 수 있는 곳을 소개하고 있다는 공통점이 있으므로 하나의 내용 문단으로 묶을 수 있습니다. 1 문단과 2 문단은 각 나라의 문화를 배우고 즐길 수 있는 곳을 소개하고 있다는 공통점이 있으므로 하나의 내용 문단으로 묶을 수 있습니다.

---

2 다음 글을 읽고 물음에 답하세요.

1 우리 남방시를 대표하는 유형 문화재는 광한루입니다. 국가 보물로 지정된 이 누각은 조선 세종 때 명재상이었던 황희가 처음 세운 것입니다. 원래 이름은 광통루였는데, 후에 정인지가 그 수려한 경치에 감탄해 전설상의 달나라 궁월을 닮았다고 하여 광한루라고 고쳐 불렀습니다. 이곳은 고전 소설 「춘향전」의 무대로 유명합니다.

2 우리 지역에 있는 또 다른 유형 문화재로 국보인 실상사 삼층 석탑을 꼽을 수 있습니다. 이 석탑은 통일 신라 말기에 세운 것으로, 탑의 구조와 장식이 일반적인 양식에서 크게 벗어나 있습니다. 마치 나무를 다루듯 돌을 섬세하게 조각한 모습이 시대를 뛰어넘는 아름다움을 느끼게 합니다.

3 우리 지역에는 국가에서 지정한 무형 문화재도 있습니다. 먼저 지역 농악인 남원시 금지면 옹정리에서 전승되는 무형 문화재입니다. 이곳 사람들은 '남원 농악 보존회'를 만들어 전통을 지켜 나가고 있습니다.

4 또 다른 무형 문화재로 배동 연주장이 있습니다. 배동 연주장은 그 담뱃대를 만드는 기술과 그 기술을 가진 사람을 말합니다. 배동 연주장은 지금의 제작 기술이 장인이 제작 장식 기법의 우수성을 인정받아 무형 문화재로 지정되었습니다.

(1) 1~4 문단의 중심 화제를 찾아 빈칸에 쓰세요.

문단	1	2	3	4
중심 화제	광한루	실상사 삼층 석탑	남원 농악	배동 연주장

해설 1 문단에서는 광한루에 대해 설명하고 있고, 2 문단에서는 실상사 삼층 석탑에 대해 설명하고 있습니다. 3 문단에서는 남원 농악에 대해 설명하고 있고, 4 문단에서는 배동 연주장에 대해 설명하고 있습니다.

(2) 1~4 문단을 다음과 같이 내용 문단으로 나누어 정리할 때, 빈칸에 알맞은 말을 쓰세요.

1, 2 문단
남원의 유형 문화재

3, 4 문단
남원의 무형 문화재

해설 1, 2 문단에서는 남원의 대표적인 유형 문화재에 대해 설명하고 있고, 3, 4 문단에서는 남원의 대표적인 무형 문화재에 대해 설명하고 있습니다.

(3) 이 글이 하고 고제물 과제물이라고 할 때, 선생님께서 내 주신 과제로 알맞은 것에 V표 하세요.

① 우리 지역의 대표적인 문화유산 조사해 오기 ( )
② 우리 지역에서 가장 유명한 관광지 조사해 오기 ( )
③ 우리 지역에서 태어난 역사적 인물 조사해 오기 (V)

해설 1~4 문단의 중심 화제는 모두 남원시의 대표적인 문화유산에 해당합니다. 따라서 선생님께서 내 주신 과제는 우리 지역의 대표적인 문화유산을 조사해 오라는 것이었음을 알 수 있습니다.

ERI 지수 **421** 과학 | 물리

가 모빌은 여러 가지 모양의 조각들을 줄로 매달아 공중에서 균형을 이루며 흔들리도록 만든 것입니다. 모빌을 처음 만든 사람은 조각가 알렉산더 칼더라는 사람입니다. 하늘과 땅 사이의 빈 곳에 있는 조각품이 아니라 계속 움직이고 있는 조각품을 만들고 싶었습니다. 그래서 무게가 다른 여러 개의 조각을 서로 다른 길이의 줄에 매달아 연결하여 모빌을 만들었습니다.

모빌이 자연스럽게 움직이기 위해서는 조각들의 무게와, 모빌의 받침점으로부터 조각들이 매달린 지점까지의 거리를 조절하면서 수평을 잡아야 합니다. 조각들의 무게와 조각들을 매달 곳을 생각해야 어떤 조각은 올라가고 다른 조각은 내려가게 만들 수 있습니다. 그러면 조각들이 이렇게 부딪히지 않는 모빌을 만들 수 있습니다. 간단해 보이는 조각품인 모빌 하나에도 이렇게 무게와 거리를 활용하는 수평 잡기의 원리가 숨어 있습니다.

→ 무게와 거리를 활용하는 수평 잡기의 원리가 숨어 있는 모빌

나 우리 주변에서 수평 잡기의 원리는 어디에서 볼 수 있을까요? 놀이터에 있는 ⊙시소에서 그 답을 찾을 수 있습니다. 시소는 긴 널빤지의 양쪽 끝에 사람이 앉아 서로 위아래로 움직이면서 노는 ⓒ놀이 기구입니다. 나와 무게가 비슷한 사람과 시소를 탈 때에는 시소의 중심에서 서로 비슷하게 떨어진 위치에 앉아야 시소의 균형을 잡을 수 있습니다. 그런데 나보다 무거운 사람이 시소의 중심에서 나와 비슷하게 떨어진 위치에 앉으면 시소를 위아래로 움직이기 힘들어 놀 수가 없습니다. 이럴 때에는 무거운 사람이 시소의 중심 쪽으로, 가벼운 사람이 시소의 바깥쪽으로 이동하면 됩니다. 그러면 양쪽의 균형을 맞아 재미있게 시소를 놀이를 할 수 있습니다.

그렇기 때문에 중심에 양쪽 끝에 있는 물체의 무게가 다르면 무거운 물체를 받침점에서 가깝게, 가벼운 물체를 받침점에서 멀리 두어서 물체가 균형을 이루게 만드는 것입니다.

→ 수평 잡기의 원리를 찾아볼 수 있는 시소 놀이

지렛대의 원리도 마찬가지입니다. 무거운 물체를 들어 올리려면 어떻게 해야 할까요? 물체와 가까이에 받침대를 두고 긴 막대를 두고 그 막대의 반대편에서 힘을 주어 막대를 누르면, 아주 쉽게 그 물체에 큰 힘을 가할 수 있습니다.

→ 무게와 거리를 활용하는 지렛대의 원리

내용 파악하기

1. 가의 내용으로 알맞으면 ○표, 알맞지 않으면 X표 하세요.

(1) 모빌은 모양이 계속 변화하는 조각품이다. (○)
(2) 모빌은 조각들의 무게를 생각하며 만드는 거리를 생각하며 만든다. (○)
(3) 알렉산더 칼더는 받침대 위해 붙여 있는 조각품을 처음 만든 사람이다. (X)

해설 알렉산더 칼더는 받침대 위에 붙여 있는 조각품이 아니라 계속 모양이 일라지는 조각품인 모빌을 처음 만든 사람입니다.

시각 자료 해석하기

2. 나의 내용으로 보아, 나보다 무거운 엄마와 시소를 탈 때에 시소의 균형을 맞추려면 나는 어디에 앉는 것이 알맞을지 기호를 쓰세요.

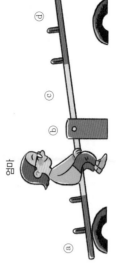
엄마

해설 나에서 중심의 양쪽 끝에 있는 물체의 무게가 다르면 다르면 무거운 물체를 받침점에서 가깝게, 가벼운 물체를 받침점에서 멀리 두어야 한다고 설명하고 있습니다. 엄마가 시소의 중심에 한다고 설명하고 있습니다. 엄마가 시소의 중심에 가까이 앉았으므로 로 나는 시소의 중심에서 멀리 떨어진 ⓓ에 가까이 있어야 시소의 균형이 맞게 됩니다.

두 글의 정보 통합하기

3. 가와 나에서 공통적으로 설명하고 있는 원리는 무엇인지 쓰세요.

수 평 잡 기 의 원리

해설 가는 모빌을 예로 들어, 나는 시소를 예로 들어 수평 잡기의 원리를 설명하고 있습니다.

EBS 독해가 문해력이다 · 4단계 기본_3주차

1 낱말 뜻 알기

다음 빈칸에 알맞은 낱말을 〈보기〉에서 찾아 쓰세요.

보기 · 공중   조작품   조절   지렛대

1. 새는 (공중)을/를 마음껏 날아다닙니다.
   뜻 하늘과 땅 사이의 빈 곳.

2. 무거운 바위를 (지렛대)을/를 사용하여 옮겼다.
   뜻 무거운 물건을 옮기는 데 쓰는 긴 막대기.

3. 모빌은 어떤 인위적인 힘이나 바람에 의해 움직이는 (조작품)이다.
   뜻 조작한 물품.

4. 건강을 위해서는 식사량을 (조절)하고 적절한 운동을 해야 한다.
   뜻 균형을 이루게 바로잡거나 알맞게 맞춤.

2 관용 표현 알기

다음 빈칸에 알맞은 말을 쓰세요.

"엄한 스승과 친구는 성공의 [지][렛][대] 이다"

무거운 물체를 쉽게 들어 올리려면 지렛대의 도움을 받아야 합니다. 훌륭한 선생님과 좋은 친구는 내가 바르게 살아가는 데에 도움을 줍니다. 이 말은 나를 가르쳐 주는 선생님과, 함께 공부하는 친구가 나를 성공으로 이끌어 줄 수 있다는 뜻으로 쓰여요.

3 한자어 익히기

다음 한자어를 소리 내어 읽고 빈칸에 따라 써 보세요.

水	平
물 수	평평할 평

수평(水平): 잔잔한 물이 겉면처럼 한쪽으로 기울지 않고 평평한 것.
• 수평을 유지하다.
• 수평과 수직은 서로 반대말 관계이다.
• 우리는 선생님의 지시에 따라 손을 다리와 수평이 되게 쭉 뻗었다.

水	平
물 수	평평할 평

낱말 관계 파악하기

4. 다음 중 낱말의 관계가 ㉠, ㉡의 관계와 다른 것은 무엇인가요? (①)

① 손톱 – 손
② 장미 – 꽃
③ 사과 – 과일
④ 토끼 – 동물
⑤ 피아노 – 악기

해설 〈보기〉는 '놀이' 기구들이 놓여 있는 …

글의 내용을 근거로 답하기

5. 이 글의 내용을 바탕으로, 다음 질문에 대한 답의 빈칸에 공통으로 들어갈 말을 쓰세요.

[질문] 양쪽에 매달린 물체가 무게가 서로 달라도 모빌의 균형을 맞출 수 있습니다. 무게가 서로 다른 물체의 균형을 맞추려면 어떻게 해야 하나요?

[답] 모빌의 균형은 양쪽에 매달린 물체의 무게와, 받침점으로부터 물체가 매달린 지점까지의 [거][리]에 따라 달라집니다. 그러므로 물체의 무게가 서로 다를 때에는 받침점과 물체가 매달린 지점 사이의 [거][리]를 달리하여 균형을 맞추면 됩니다.

해설 무게가 서로 다른 물체는 받침점으로부터의 거리를 다르게 매달아 …

배경지식을 활용하여 추론하기

6. 수평 잡기의 원리를 이용하여 무게를 잴 수 있는 저울에 V표 하세요.

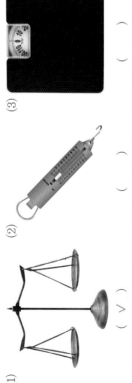

(1) (V)   (2) ( )   (3) ( )

해설 (1)의 양팔저울은 수평 잡기의 원리를 …

ERI 지수 490 · 과학 | 화학

우리나라에는 크고 작은 강이 아주 많습니다. 배를 타고 건너야 하는 큰 강도 있지만, 집 근처의 얕고 작은 강도 있습니다. 우리는 강에서 마실 물을 얻을 수 있습니다. 그리고 다양한 자원을 얻을 수 있습니다.

→ 다양한 자원을 얻을 수 있는 강

㉠강바닥의 흙과 모래 속에는 여러 가지 수산물이 있습니다. ㉡예우, 제철 같은 것들입니다. ㉢( ) 강바닥의 흙과 수산물을 함께 퍼 올려 제*를 활용하여 걸러 내는 것입니다. 사람이 일일이 물속에 들어가 수산물을 가져오는 방식이 아니기 때문입니다. 또 크기가 작은 수산물은 제에 걸러지지 않으므로 일정한 크기의 수산물을 얻을 수 있습니다.

→ 강바닥에 있는 흙과 수산물을 분리하는 방법

강바닥에는 여러 가지 광물도 있습니다. 그런데 이러한 광물은 여러 물질과 섞여 있는 혼합물인 경우가 많습니다. 그래서 우리는 좀 더 가치 있는 자원을 얻기 위해 혼합물을 분리합니다.

→ 혼합물이 많은 강바닥의 광물 자원

옛날 사람들은 강바닥에서 금을 얻기도 하였습니다. 강바닥에서 금을 얻는 방법을 알아볼까요? 강바닥의 모래 속에는 모래 알갱이 정도 크기의 작은 금이 있기도 합니다. 이 금의 크기가 모래와 거의 비슷하다면 체를 이용해도 금의 크기가 무게의 차이를 이용하여 금과 모래를 분리합니다. 우선, 넓고 얕은 접시에 강바닥에서 퍼 온 모래를 담아 물속에서 조심스럽게 흔듭니다. 무게가 가벼운 물질이 물에 떠내려가면 이를 다시 물에 흘려보냅니다. 그러면 접시에는 무게가 무거운 물질이 남게 됩니다. 금은 금속이기 때문에 모래 알갱이보다 무거워 나중에는 금이 남게 됩니다. 이렇게 물질의 크기나 무게의 차이를 이용하면 강바닥에 있는 혼합물을 분리하여 자원을 얻을 수 있습니다.

*체: 가루를 곱게 치거나 액체를 받거나 거르는 데 쓰는 기구.

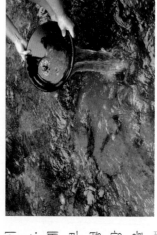

▲ 강에서 금을 채취하는 모습

내용 파악하기

1. 이 글의 내용으로 알맞지 않은 것은 무엇인가요? (④)

① 강바닥에는 여러 가지 광물이 있다.
② 강에서는 다양한 자원을 얻을 수 있다.
③ 강바닥에 있는 수산물은 제를 활용하여 얻을 수 있다.
④ 강바닥에 있는 금은 너무 작아서 얻을 수 있는 방법이 없다.
⑤ 강바닥의 혼합물은 물질의 크기나 무게의 차이를 이용해 분리할 수 있다.

해설 4문단에서 강바닥에 있는 금의 크기가 모래와 거의 비슷하다면 체를 이용하면 모래와 금을 분리한다고 하였습니다. 강바닥에 있는 아주 작은 금은 얻을 수 있는 방법이 있는 것입니다.

문장 관계 파악하기

2. 두 문장의 관계가 ㉠, ㉡과 같은 것은 무엇인가요? (⑤)

① 나는 아침마다 달리기를 한다. 친구는 아침마다 책을 읽는다.
② 동생이 어제 배탈이 났다. 아이스크림을 많이 먹었기 때문이다.
③ 우리 반은 음악 시간에 합창을 했다. 모두가 선생님께 칭찬을 받았다.
④ 올해 추석날에는 아침부터 비가 왔다. 저녁에 보름달을 볼 수 없어서 아쉬웠다.
⑤ 우리나라에는 다양한 민속놀이가 있다. 제기차기, 강강술래, 줄다리기 등이다.

해설 ㉠은 강바닥의 흙과 모래 속에 여러 가지 수산물이 있다는 것을 말하고 있고, ㉡은 여러 가지 수산물의 예를 들고 있습니다. ⑤도 앞 문장에서 우리나라에 다양한 민속놀이가 있다는 것을 말한 뒤, 뒤 문장에서 다양한 민속놀이의 예를 들고 있습니다.

생략된 내용 짐작하기

3. 이어지는 내용으로 보아, ㉢에 들어갈 문장으로 가장 알맞은 것은 무엇인가요? (③)

① 강바닥에 있는 수산물에는 어떤 것이 있을까요?
② 강바닥에 있는 흙은 어떤 성질을 가지고 있을까요?
③ 강바닥에 있는 흙과 수산물을 분리하는 방법은 없을까요?
④ 강바닥에 있는 흙을 푸려면 얼마나 많은 사람이 필요할까요?
⑤ 강바닥에 있는 수산물은 어떻게 흙 속에서 살 수 있는 것일까요?

해설 ㉢ 뒤에는 '강바닥의 흙과 수산물을 함께 퍼 올려 크기 차이를 이용하여 분리한다.'라는 문장이 이어지고 있습니다. 따라서 ㉢에는 강바닥의 흙과 수산물을 분리하는 방법이 무엇인지 안내하는 질문이 들어가야 합니다.

1 낱말 뜻 알기

다음 빈칸에 알맞은 낱말을 〈보기〉에서 찾아 쓰세요.

보기
분리   일일이   광물   혼합물

1. 공책 한 장 한 장을 (일일이) 넘겼다.
   뜻 하나씩 하나씩.

2. 그곳에는 다양한 (광물)이/가 묻혀 있다.
   뜻 금, 은, 철, 석탄처럼 땅속에 묻혀 있는 물질.

3. 과학 시간에 물과 모래의 (혼합물)을/를 분리하는 실험을 했다.
   뜻 서로 다른 물질이 두 가지 넘게 섞여 있는 것.

4. 빵 반죽을 할 때는 먼지가 달걀이 서로 (분리)해서 거품을 낸다.
   뜻 서로 나뉘어 떨어짐. 또는 그렇게 되게 함.

2 관용 표현 알기

다음 빈칸에 알맞은 말을 쓰세요.

"도랑물이 소리를 내지, 깊은 [강]이 소리를 낼까"

도랑은 매우 좁고 작은 개울이에요. 도랑물은 흘러갈 때에 물소리가 많이 난답니다. 그런데 도랑물보다 깊은 강이 흘러가는 소리가 잘 나지 않아요. 이 말은 속에 든 것이 없는 사람일수록 더 아는 체하고 떠들음을 빗대어 이르는 말이에요.

3 한자어 익히기

다음 한자어를 소리 내어 읽고 빈칸에 따라 써 보세요.

混合(혼합): 여러 가지 것을 한데 뒤섞어 합함. 또는 두 가지 이상의 물질이 화학적인 결합을 하지 아니하고 섞이는 일.
- 아이들은 색칠 놀이를 하면서 색의 혼합을 배웠다.
- 이 혼합 비타민은 건강에 좋은 성분들로 만들어졌다.

混 섞을 혼	合 합할 합
混 섞을 혼	合 합할 합

★

설명 방법 파악하기

4. 이 글에 나타난 설명 방법으로 가장 알맞은 것은 무엇인가요? (①)

① 강에서 자연을 얻는 방법을 예를 들어 설명하였다.
② 강에서 금을 발견하는 과정을 시간 순서대로 설명하였다.
③ 강의 혼합물과 일반적인 혼합물의 공통점을 비교하여 설명하였다.
④ 강에 혼합물이 생기는 원인과 혼합물로 인해 발생하는 현상을 설명하였다.
⑤ 강의 혼합물 때문에 발생하는 문제점과 이를 해결하기 위한 방법을 설명하였다.

해설 이 글에서는 강에서 자연을 얻는 방법을 여러 수생물과 금의 경우를 예로 들어 설명하고 있습니다.

글의 내용 적용하기

5. 이 글의 내용으로 보아, 둘 이상의 물체를 분리하기 위해 물체의 크기 차이를 이용한 예로 알맞은 것에 √표 하세요.

(1)
방충망으로 벌레 막기
(√)

(2)
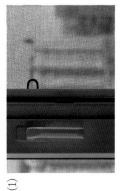
찻물 우려내기
( )

해설 방충망의 구멍은 공기는 통과할 수 있지만 벌레는 통과할 수 없습니다. 이는 물체의 크기 차이를 이용한 것입니다. 찻물을 우려낸 찻잎은 버리고 우리 차를 마시는 것은 녹는 물질과 그렇지 않은 물질의 성질을 이용한 것입니다.

두 글의 정보 통합하기

6. 이 글과 〈보기〉에서 공통적으로 설명하고 있는 대상은 무엇인지 빈칸에 쓰세요.

보기
커다란 강은 그 주변 사람들의 생활과 밀접한 연관이 있습니다. 옛날에는 농사를 짓기 위해 강의 물을 끌어오기도 하였습니다. 그리고 강에서 살고 있는 물고기를 잡기도 하였습니다. 요즘에는 댐을 건설하여 강을 막기도 합니다. 이렇게 만든 댐으로 강의 물을 조절하여 홍수나 가뭄의 피해를 막고 있습니다. 그리고 댐에 설치한 발전기를 활용하여 전기를 생산하고 있습니다.

→ (강)은 사람들이 살아가는 데에 도움을 줍니다.

해설 이 글에서는 강에서 다양한 자원을 얻을 수 있다는 것을 설명하고 있습니다. 그리고 〈보기〉에서는 강이 그 주변 사람들의 생활에 도움을 준다는 것을 설명하고 있습니다. 따라서 두 글에서 공통적으로 설명하고 있는 대상은 '강'입니다.

ERI 지수 **461** 과학 | 생물

가 경상남도 우포늪에서 발견된 씨앗에 싹이 터 화제가 된 적이 있습니다. 연구원들은 우포늪의 깊은 곳에 묻혀 있던 참포 씨를 발견하였습니다. 연구원들이 이 참포 씨를 싹이 트기에 알맞은 환경에 두었더니 싹이 돋아나 참포 씨를 싹처럼 보이는 이 참포 씨에는 비밀이 있었습니다. 이 참포 씨는 무려 1,100여 년 전에 땅에 묻힌 것이었습니다. 그리고 씨앗 ⊙을/를 틔웠을 때 비로소 싹을 ⓒ틔운 것입니다. 씨앗이 어떻게 천 년 만에 싹이 트게 될 것일까요? 씨앗은 알맞은 환경이 아니면 싹을 틔우지 않기 때문입니다.

그러면 씨앗이 싹이 트려면 어떤 조건이 필요할까요? 첫째로 씨앗에는 물이 필요합니다. 씨앗이 싹이 트려면 온도와 습도가 알맞아야 합니다. 온도와 습도는 씨앗마다 조금씩 다르기는 하지만, 씨앗이 싹이 트려면 온도와 습도가 맞아야 합니다. 알맞은 온도와 습도가 되면 씨앗은 싹이 트는 자리가 시작합니다. 온도가 맞춰해도 습도가 부족하면 싹이 트지 않습니다. 흙 속에 묻힌 씨앗의 주변에 젖어 있어도 일정한 온도가 맞지 않으면 싹이 트지 않습니다. 어떠한 식물이라도 이러한 조건이 맞지 않으면 싹을 틔울 수가 없습니다. 제철 채소, 제철 과일이 있는 이유도 바로 시기에 따라 싹을 틔울 수 있는 식물이 종류가 달라지기 때문입니다.

그렇다면 우포늪에서 발견된 참포 씨앗이 천 년간 싹을 틔우지 않고 잠들어 있던 이유도 설명이 됩니다. 깊은 땅속은 씨앗이 싹을 틔울 수 있는 환경이 아니었기 때문입니다. 연구원들이 참포 씨에 알맞은 환경을 만들어 주었을 때 참포는 비로소 만나게 되는 세상과의 만나게 될 것입니다.

나

○월 ○일

화분에 씨앗을 심은 지 한참이 지났는데 싹이 틀 생각을 하지 않는다.
싹이 트지 않는 화분을 바라보며 걱정하는 나에게 엄마는 웃으시며 말씀하셨다.

"씨앗은 조건을 잘 맞춰 주어야 싹이 튼단다. 너무 주은 곳에 화분을 둔 것이 아닐까?"
"앗, 꽃집에서는 물을 잘 주면 된다고 했는데…… . 또 다른 조건이 있나요? 싹이 트기 위해서는 물을 맡고도 다른 게 더 필요한 건가요?"

엄마는 씨앗이 싹이 트기 위해서는 온도와 습도가 맞는 곳으로 옮겨야겠다고 생각했다.
어서 빨리 싹이 트도록 화분을 따뜻한 곳으로 옮겨야겠다고 생각했다.

---

1. **가** 의 우포늪에서 발견된 씨앗에 대한 설명으로 알맞지 않은 것은 무엇인가요? (⑤)

① 참포의 씨앗이다.
② 오랫동안 깊은 땅속에 묻혀 있었다.
③ 우포늪의 깊은 곳에서는 싹을 틔울 수 없었다.
④ 싹이 트기에 알맞은 환경이 되자 싹이 돋아났다.
⑤ 연구원들이 우포늪의 깊은 곳에 묻어 두었던 것이다.

해설 **가** 는 연구원들이 우포늪의 깊은 곳에서 발견한 참포 씨앗에 대해 설명하고 있습니다. 우포늪이 참포 씨앗은 1,100여 년 전에 땅에 묻혀 있다가 싹을 틔우기 알맞은 환경이 되자 싹을 틔웠습니다.

2. **가** 의 내용을 대표하는 제목으로 가장 알맞은 것은 무엇인가요? (④)

① 늪에서 피어난 꽃
② 연구원들, 참포 씨를 발견하다
③ 우포늪은 식물 자원의 보물 창고
④ 1,100여 년 전 씨앗에서 싹이 트다
⑤ 실험 실패한 자연, 싹이 트는 곳은 어느 쪽?

해설 **가** 의 중심 내용은 1,100여 년 전 씨앗을 온도와 습도가 알맞은 환경에 두었더니 씨앗이 싹 트게 되었다는 것입니다.

3. **가** 를 읽은 후 더 알고 싶은 내용을 떠올렸을 때, 가장 알맞은 것은 무엇인가요? (②)

① 식물이 싹 트려면 무엇이 필요할까?
② 식물마다 씨앗이 싹 트는 조건이 어떻게 다를까?
③ 우리에게 도움이 되는 식물은 어떤 특징이 있을까?
④ 우리나라에서 가장 많이 자라나는 식물은 무엇일까?
⑤ 가장 빨리 꽃이 피는 식물을 알아보려면 어떻게 해야 할까?

해설 **가** 는 온도와 습도가 알맞아야 식물이 싹을 틔울 수 있다고 설명하고 있습니다. 식물마다 씨앗이 싹 트는 조건이 조금씩 다르다고 하였으므로, 식물마다 씨앗이 싹 트는 조건이 어떻게 다른지 알아보는 것이 가장 알맞습니다.

1 낱말 뜻 알기

다음 빈칸에 알맞은 낱말을 〈보기〉에서 찾아 쓰세요.

보기: 화제 열매 저마다 제철 얼핏

1. 모든 사람은 (저마다) 나름의 재능이 있다.
   뜻 각자의 사람이나 사물마다.

2. (제철)에 나는 과일이 신선하고 맛이 좋다.
   뜻 알맞은 때.

3. 먼 데서 (얼핏) 봐도 우리 강아지라는 것을 알 수 있다.
   뜻 지나는 결에 잠깐 나타나는 모양.

4. 그 사람이 겪었던 신기한 일 때문에 그 사람은 (화제)의 주인공이 되었다.
   뜻 이야기할 만한 것. 또는 이야깃거리.

2 관용 표현 알기

다음 빈칸에 알맞은 말을 쓰세요.

"오뉴월 볕[별] 하루만 더 쬐도 낫다"

식물이 자라는 데에는 볕과 습도가 매우 중요합니다. 음력 오뉴월에는 하루라도 햇볕을 더 쬐면 식물이 무럭무럭 자란다고 해요. 알맞은 온도와 습도 때문이겠죠? 이 말은 짧은 동안에 자라는 정도가 아주 무렵함을 비유적으로 이르는 말이에요.

3 한자어 익히기

다음 한자어를 소리 내어 읽고 빈칸에 따라 써 보세요.

온도(溫度): 덥고 찬 정도.
- 실내 온도가 높다.
- 냉방 온도는 26~28℃를 준수해야 한다.
- 겨울철에는 낮은 온도 때문에 감기에 걸리기 쉽다.

溫 따뜻할 온 度 법도 도

溫 따뜻할 온 度 법도 도

★ 중심 내용 추론하기

4. 가 에서 '내가 화분에 심은 씨앗이 싹 트지 않은 이유는 무엇인가요? (②)

① 물을 잘 주지 않아서
② 알맞은 온도가 아니어서
③ 집 바깥에 화분을 두어서
④ 화분에 씨앗을 너무 많이 심어서
⑤ 화분에 서로 어울리지 않는 씨앗을 심어서

해설 '나'는 화분에 심은 씨앗에 물을 잘 주었지만 싹이 트지 않았습니다. 씨앗이 싹 트기 위해서는 온도와 습도를 맞춰 주어야 하는데 알맞은 온도를 맞춰 주지 못했기 때문입니다.

낱말 뜻 파악하기

5. ㉠과 ㉡의 뜻을 국어사전에서 알아보려면 어떤 낱말을 찾아야 하는지 쓰세요.

- ㉠: (트다)
- ㉡: (틔우다)

해설 국어사전에서 낱말의 뜻을 알아보려면 기본형으로 찾아야 합니다. ㉠의 기본형은 '트다', ㉡의 기본형은 '틔우다'입니다.

① 두 글의 차이 파악하기

6. 가 와 나 의 차이에 대한 설명으로 가장 알맞은 것은 무엇인가요? (⑤)

① 가 의 씨앗은 우포늪에서, 나 의 씨앗은 집 안에서 싹을 틔웠다.
② 가 는 우포늪의 장포 씨앗을, 나 는 꽃을 예로 들어 설명하고 있다.
③ 가 는 씨앗이 싹 트기 위한 조건으로 온도를, 나 는 습도를 제시하고 있다.
④ 가 는 연구원들이 장포 씨앗을 연구한 까닭을, 나 는 '내가 화분에 씨앗을 심은 까닭을 설명하고 있다.
⑤ 가 의 씨앗은 알맞은 환경에서 싹을 틔웠으나, 나 의 씨앗은 환경이 알맞지 않아 싹을 틔우지 못하였다.

해설 가 의 우포늪에서 발견된 참꽃 씨앗은 연구원들이 싹 틔우기에 알맞은 환경에 두어 싹이 돋아나 자랐습니다. 반면 나 의 씨앗은 너무 추운 곳에 있어서 싹 틔우지 못했습니다.

ERI 지수 **481**　　과학 | 지구 과학

○월 ○일

방학이어서 형과 함께 박물관에 갔다. 박물관에서 수많은 화석과 지층 조각을 볼 수 있었다. 나는 화석을 ⊙꼼꼼히 살펴보았다. 어떤 화석은 동물이 남아 있는 것처럼 생겼다. 조개를 닮은 것도 있었다. 나는 화석과 지층을 다룬 책이 내용을 다음과 같이 생각났다.

→ 박물관에서 화석과 지층을 보게 된 '나'

우리는 화석과 지층을 통해 지구의 나이를 짐작해 볼 수 있습니다. 화석은 옛날에 살았던 생물의 죽은 몸이 흔적으로 묻혀 돌처럼 단단한 형태로 된 것입니다. 생물이 죽으면 화석이 될 수 있습니다. 공룡과 같은 동물, 고사리와 같은 식물, 모기 같은 곤충 등이 그러합니다. 생물의 발자국 등과 같은 생물의 흔적도 화석이 될 수 있습니다. 화석을 보석하면 과거에 살았던 생물의 크기, 습성, 먹이 등을 알아낼 수 있습니다. 과학자들은 화석을 보석하고 있습니다. 지금으로부터 약 10억 년 전으로 짐작하고 있습니다.

지층은 서로 다른 토양이 쌓여 암석으로 되어 있는 층이 만들어진 것을 말합니다. 지층은 강이나 바다에 자갈, 모래, 진흙 등이 쌓여 만들어집니다. 이렇게 쌓인 토양이 오랜 시간 단단하게 굳어지면 암석이 됩니다. (ⓒ)

오랫동안 이러한 현상이 반복되면 지층이 만들어지게 됩니다. 지층은 지구의 힘 때문에 바닷속에 있다가 육지로 올라오기도 하고 암석이 깎이기도 합니다.

지층은 생물이 없어도 만들어질 수 있습니다. (ⓓ) 지층은 생물이 살기 이전의 지구에 어떤 일이 있었는지를 알 수 있게 해 주는 자료입니다. 과학자들이 지층을 이용해 측정하여 현재 알고 있는 지구의 나이는 46억 살 정도입니다.

→ 책의 내용 - 지구의 나이를 짐작할 수 있게 해 주는 화석과 지층

나는 우리나라에서 발견된 공룡 발자국 화석 옆에 있는 ⓔ해설을 살펴보았다. 공룡 화석이 발견된 때에 단서가 된다는 것을 알게 되었다. 그리고 지층과 화석이 살았던 지구에서 생물을 연구 하는 데에 단서가 된다는 것을 알게 되었다. 형은 지층과 화석이 사람이 살기 이전의 지구가 어떤 환경이었는지를 연구하는 데에도 도움이 된다고 말해 주었다. 우리가 살기 전의 지구의 모습에 대해 알 수 있어서 재미있었다.

→ 화석과 지층에 대한 설명을 통해 지구의 역사를 알게 된 '나'

내용 파악하기

1. 이 글의 내용으로 알맞지 않은 것은 무엇인가요? (②)

① 생물이 흔적도 화석이 될 수 있다.
② 지층은 생물의 흔적이 있어야 만들어질 수 있다.
③ 화석을 통해 다세포 생물이 등장한 시기를 짐작할 수 있다.
④ 화석을 보석하면 과거에 지구에 살았던 생물의 특징을 알 수 있다.
⑤ 지층을 통해 생물이 살기 이전의 지구에 어떤 일이 있었는지를 알 수 있다.

[해설] 지층은 서로 다른 토양이 쌓여 암석으로 되어 있는 층이 만들어진 것으로, 생물의 흔적이 없어도 만들어질 수 있습니다.

감각적 표현 파악하기

2. ⊙과 바꾸어 쓸 수 있는 말로 가장 알맞은 것은 무엇인가요? (④)

① 천천히
② 적당히
③ 간단하게
④ 하나하나
⑤ 대강대강

[해설] '꼼꼼히'는 '빈틈이 없이 차분하고 조심스러운 모양'을 뜻합니다. 이와 바꾸어 쓸 수 있는 말로 가장 알맞은 것은 '하나하나'입니다. '하나하나'는 '이것저것 차례로', 또는 '꼬박꼬박 차례차례'라는 뜻입니다.

이어 주는 말 파악하기

3. ⓒ과 ⓔ에 들어갈 이어 주는 말이 알맞게 짝지어진 것은 무엇인가요? (③)

	ⓒ	ⓔ
①	또	그러나
②	그리고	그러나
③	그리고	그래서
④	그래서	그렇지만
⑤	그렇지만	왜냐하면

[해설] ⓒ의 앞 문장은 자갈, 모래, 진흙 등이 쌓여 토양이 된다고 설명하고, 뒤 문장은 이러한 현상이 반복되면 지층이 만들어진다고 설명하고 있으므로, 둘이서 설명하고 있고, 뒤 문장이 ⓒ에는 시간적인 순서로 일어난 두 내용을 연결할 때에 쓰는 말인 '그리고'가 들어가야 합니다. ⓔ의 앞 문장은 지층은 생물이 없어도 만들어질 수 있다고 설명하고, 뒤 문장은 지층이 생물이 살기 이전의 지구에 어떤 일이 있었는지를 알 수 있게 해 주는 자료임을 설명하고 있습니다. 따라서 ⓔ에는 앞의 내용이 뒤의 내용의 근거가 될 때에 쓰이는 말인 '그래서'가 들어가야 합니다.

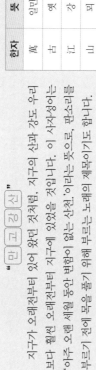

어휘 익히기

1 낱말 뜻 알기

다음 빈칸에 알맞은 낱말을 〈보기〉에서 찾아 쓰세요.

> 보기
>
> 짐작　흔적　습성　단서

1. 그 길에는 사람이 지나간 (흔적)이/가 없었다.
   뜻 어떤 것이 있었거나 지나가고 난 뒤에 남은 자국.

2. 사건을 해결할 수 있는 결정적인 (단서)을/를 찾았다.
   뜻 사건이나 문제를 푸는 데 도움이 되는 것.

3. 그 많은 글자 어떤 일이 생겼는지 (짐작)할 수 있었다.
   뜻 사정이나 형편 같은 것을 어림잡아 헤아림.

4. 철아진 선생님은 죽산도 부근 어류의 생태와 (습성)을/를 연구하였다.
   뜻 어떤 동물이 지닌 특별한 성질.

2 관용 표현 알기

다음 빈칸에 알맞은 사자성어를 쓰세요.

"만 고 강 산"

지구가 오래전부터 있어 왔던 것처럼, 지구의 산과 강도 우리 보다 훨씬 오래전부터 지구에 있었을 것입니다. 이 사자성어는 '아주 오래 세월 동안 변함이 없는 산천.'이라는 뜻으로, 판소리를 부르기 전에 여러 목을 풀기 위해 부르는 노래의 제목이기도 합니다.

한자	뜻	음
萬	일만	만
古	옛	고
江	강	강
山	뫼	산

3 한자어 익히기

다음 한자어를 소리 내어 읽고 빈칸에 따라 써 보세요.

化石			
化	化		
될 화	될 화		
石	石		
돌 석	돌 석		

화석(化石): 옛날에 살았던 동물이나 식물이 땅속에 문혀 돌처럼 군은 것. 또는 돌에 찍혀 남아 있는 발자국이나 흔적.
· 이 화석은 몇 억 년 전의 것이니?
· 공룡, 익룡, 새 발자국 화석이 한 지층에서 잇따라 발견되었다.

글의 형식 파악하기

4. ㉢과 같은 글이 전하고자 하는 내용으로 가장 알맞은 것은 무엇인가요? (⑤)

① 박물관의 발자취
② 박물관이 만들어진 목적
③ 박물관을 찾아오는 길 안내
④ 박물관 관람 시간 및 관람료
⑤ 박물관에 있는 전시품에 대한 정보

해설 박물관의 전시품 옆에 있는 해설은 전시품에 대한 정보를 제공해 줍니다.

주요 문제 파악하기

5. 이 글에 나타난 '화석'에 대한 설명으로 알맞으면 ○표, 알맞지 않으면 ✕표 하세요.

(1) 모기와 같은 곤충은 너무 작아서 화석이 될 수 없다. (✕)
(2) 동물의 발자국은 생물의 흔적이므로 화석이 될 수 있다. (○)
(3) 화석은 옛날에 살았던 생물이 죽어 흙에 묻혀 단단한 형태로 된 것이다. (○)

해설 이 글에서는 화석을 '옛날에 살았던 생물이 죽어 흙에 묻혀 돌처럼 단단하게 굳어져 만들어진 것입니다. 물이 ...

시각 자료 해석하기

6. 이 글의 내용을 바탕으로 지층이 만들어지는 과정을 순서에 맞게 기호를 쓰세요.

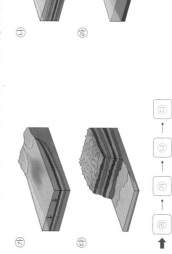

㉮　㉯　㉰　㉱

(　㉯　) → (　㉰　) → (　㉮　) → (　㉱　)

05회 읽기 방법 익히기

1 시각 자료 해석하기

그림이나 사진, 도표와 같은 시각 자료가 글과 함께 제시되는 경우가 있습니다. 글로는 분명하게 나타낼 수 없는 내용이 시각 자료에 담겨 있는 경우도 있습니다. 따라서 시각 자료가 제시된 경우에는 시각 자료가 담고 있는 내용이 무엇인지 파악해야 합니다. 그리고 그 내용과 글의 내용을 연결하여 읽어야 합니다. 이처럼 시각 자료를 글과 관련지어 해석하면 글의 내용을 좀 더 쉽게 이해할 수 있습니다.

★ 시각 자료를 글과 관련지어 해석하려면,
(1) 그림이나 사진, 도표와 같은 시각 자료를 통해 알 수 있는 것이 무엇인지 확인해 봅니다.
(2) 글에 드러난 정보와 시각 자료를 연결하여 글의 내용을 이해해 봅니다.

1 다음 글에 제시된 시각 자료를 글의 내용과 연결하여 바르게 해석한 친구에게 V표 하세요.

시소는 긴 널빤지의 양쪽 끝에 사람이 앉아 서로 위아래로 움직이면서 노는 놀이 기구입니다. 나와 무게가 비슷한 사람과 시소를 탈 때에는 시소의 중심에서 떨어진 위치에 앉아도 시소의 균형을 잡을 수 있습니다. 그런데 나보다 무거운 사람이나 가벼운 사람과 시소를 타면 시소의 균형이 잘 맞지 않습니다. 이럴 때에는 무거운 사람이 시소의 중심 쪽으로, 가벼운 사람이 시소의 바깥쪽으로 이동하면 됩니다. 그러면 양쪽의 균형이 맞아 재미있게 시소를 할 수 있습니다.

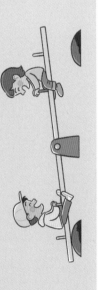

시연 ( ) : 시소 놀이를 하는 두 사람은 친구 사이니까 몸무게가 비슷할 거야.

정환 (V) : 두 사람이 중심에서 비슷하게 떨어진 위치에 앉았는데 시소가 한쪽으로 기울어져 있으니 두 사람의 몸무게는 비슷하지 않을 거야.

해설 제시된 그림에서 두 사람은 시소의 중심에서 비슷하게 떨어진 위치에 앉아 있는데 시소가 한쪽으로 기울어져 있습니다. 두 사람의 무게가 달라 시소가 기울어진 것입니다. 따라서 그림을 보고 두 사람의 몸무게가 비슷하지 않을 거라고 해석한 정환이가 알맞습니다.

---

2 다음 글을 읽고 물음에 답하세요.

이탈리아에 있는 피사의 사탑을 본 적이 있나요? 피사의 사탑은 높이가 58미터에 이르는 탑입니다. 이 탑이 세계적으로 유명한 이유는 1년에 1밀리미터 정도씩 기울어져 현재에는 5.5도 정도 기울어져 있기 때문입니다. 피사의 사탑은 공사가 시작되어 3층이 완성될 무렵 기울기 시작하였다고 합니다. 사람들은 고민 끝에 탑을 그대로 쌓아도 무너지지 않을 것이라 생각하고 공사를 계속하였습니다. 그리고 700여 년이 지난 지금까지도 쓰러지지 않고 있답니다. 탑이 이렇게 기울어졌는데도 무너지지 않는 이유는 무엇일까요? 그것은 바로 무게 중심 때문입니다.

무게 중심은 물체의 어떤 곳을 매달거나 받쳤을 때 물체가 균형을 이루는 점을 말합니다. 어떤 물체이든 무게 중심이 되는 부분을 받치면 균형을 이루게 됩니다. 피사의 사탑은 무게 중심이 바닥 내부에 있기 때문에 쓰러지지 않고 안정된 상태를 오랫동안 유지하고 있는 것입니다.

(1) 물체가 균형을 이루도록 하기 위해 받쳐야 할 곳을 무엇이라고 하는지 쓰세요.

(무게 중심)

해설 물체의 어떤 곳을 매달거나 받쳤을 때 물체가 균형을 이루는 점을 '무게 중심'이라고 합니다. 따라서 '무게 중심'을 받치면 물체는 균형을 이룹니다.

(2) 피사의 사탑을 나타낸 사진으로 알맞은 것에 V표 하세요.

㉮ (V)

㉯ ( )

㉰ ( )

해설 피사의 사탑은 이탈리아에 있는 높이 58미터에 이르는 탑으로 5.5도 정도 기울어져 있습니다. 탑이 기울어진 모습이 사진에 ㉮에 있습니다. ㉯는 이탈리아의 콜로세움, ㉰는 그리스의 파르테논 신전입니다.

2 다음 두 글을 읽고 물음에 답하세요.

가 강낭콩을 심을 때는 먼저 작은 돌로 화분의 아랫부분에 있는 물 빠짐 구멍을 막아야 해. 그리고 기름흙을 화분의 절반보다 좀 더 많이 넣고 씨앗을 심어야 해. 그다음에 물뿌리개로 물을 흠뻑 뿌려 준 후 햇빛이 잘 드는 곳에 놓아두면 된단다. 강낭콩이 잘 자라길 바랄게.

— 사랑하는 삼촌이

나 강낭콩을 심을 때는 물 빠짐이 좋고 해가 잘 드는 밭을 골라야 한다. 씨앗은 30센티미터 간격으로 3~4개 정도 심고 흙은 2센티미터 정도의 두께로 덮는다. 씨앗을 심기 전에 한나절 정도 물에 담갔다 심으면 좋다. 물을 따라 자라는 줄 강낭콩은 지난해 오이나 토마토 등을 재배할 때 사용했던 지지대가 있는 곳에 재배하면 수월하다.

— ○○ 백과사전

(1) 가와 나에서 공통적으로 설명하고 있는 것은 무엇인가요? (①)

① 강낭콩 씨앗 심기
② 강낭콩 화분 고르기
③ 강낭콩을 물에 담그는 이유
④ 강낭콩 화분에 돌을 넣는 이유
⑤ 강낭콩이 잘 자라는 밭 고르기

해설 가와 나는 모두 강낭콩 씨앗을 심는 방법을 설명하고 있습니다.

(2) 가와 나의 차이에 대한 설명으로 가장 알맞은 것은 무엇인가요? (①)

① 가는 강낭콩을 화분에 심는 방법을, 나는 강낭콩을 밭에 심는 방법을 설명하고 있다.
② 가는 화분을, 나는 지지대를 활용하여 물 빠짐이 쉽도록 하는 방법을 설명하고 있다.
③ 가는 편지로, 나는 백과사전으로 강낭콩 씨앗이 자라서 열매를 수확하여 먹기까지의 과정을 설명하고 있다.
④ 가는 삼촌이 강낭콩 씨앗을 선물한 까닭을, 나는 오이나 토마토를 심은 밭에 강낭콩을 심는 까닭을 설명하고 있다.
⑤ 가는 강낭콩을 물 빠짐이 잘되는 곳에 심어야 하는 이유를, 나는 씨앗을 심기 전에 강낭콩을 물에 불려야 하는 이유를 설명하고 있다.

해설 가는 편지로, 나는 백과사전으로 강낭콩 씨앗을 심는 방법으로, 강낭콩을 화분에 심는 방법으로, 강낭콩을 밭에 심는 방법을 설명하고 있습니다.

---

2 두 글의 차이 파악하기

동일한 대상에 대한 정보를 담고 있는 두 글을 읽으면 대상을 보다 폭넓게 이해할 수 있습니다. 두 글을 읽을 때에는 대상에 대한 두 글의 초점과 정보가 어떤 점에서 같고 어떤 점에서 다른지 살펴보아야 합니다. 대상에 대한 두 글의 초점 또는 정보가 비슷할 경우, 그 대상을 설명하는 세부 내용이 어떻게 다른지, 세부 내용을 어떻게 다르게 표현하고 있는지 살펴보아야 합니다.

★ 두 글의 초점과 정보의 차이를 파악하려면,

(1) 대상에 대한 두 글의 초점과 정보를 확인해 공통점과 차이점을 파악합니다.
(2) 두 글에서 대상을 설명하는 세부 내용이 어떻게 다른지, 세부 내용을 어떻게 다르게 표현하고 있는지 파악합니다.

1 다음 두 글에 나타난 정보를 바르게 파악한 친구에게 √표 하세요.

가 자라마다 조금씩 다르기는 하지만, 씨앗이 싹이 트려면 온도와 습도가 알맞아야 합니다. 알맞은 온도와 습도가 되면 씨앗은 싹이 터서 자라기 시작합니다. 온도가 맞춰해도 습도가 부족하면 싹이 트지 않습니다. 흙 속에 묻힌 씨앗의 주변이 젖어 있어도 일정한 온도가 되지 않으면 싹을 틔울 수가 없습니다. 이러한 식물이라도 이러한 조건이 맞지 않으면 싹을 틔울 수가 없습니다.

나 엄마는 씨앗이 싹이 터서 잘 자라기 위해서는 온도와 습도가 알맞아야 한다고 말씀해 주셨다. 어서 빨리 싹이 트도록 화분을 따뜻한 곳으로 옮겨야겠다고 생각했다.

재연 : 가는 여러 가지 예를 들어 설명하고 있어서 나보다 구체적이야.
(   )

여준 : 나는 엄마의 설명이어서 가보다 쉬운 말로 표현되어 있어.
(   )

가은 : 가와 나는 모두 씨앗이 싹 트기 위해서는 온도와 습도가 알맞아야 한다고 설명하고 있어.
(√)

해설 가와 나는 모두 씨앗이 싹 트기 위해서는 온도와 습도가 알맞아야 한다고 설명하고 있습니다.

기후 변화가 만든 최고의 바이올린

이 글의 중심 화제는 기후 변화입니다. 기후 변화와 관련된 음악, 미술, 사회, 과학을 공부해요. 최고의 바이올린으로 불리는 '스트라디바리우스'의 탄생 배경을 기후 변화와 관련지어 이동하며 보세요.

몇 해 전 유럽에서 활동하는 한국인 바이올리니스트가 영국 런던에서 20억 원이 넘는 '스트라디바리우스(Stradivarius)' 바이올린을 도난당했다고 보도된 적이 있어요. 이 사건은 큰 화제가 되었고 한동안 바이올린의 행방은 모연 묘연했지요. 다행히 3년 만에 바이올린은 다시 주인 품으로 돌아왔지요. 이처럼 종종 우리는 뉴스를 통해 '스트라디바리우스'라는 악기와 관련된 소식을 접할 수 있어요. 스트라디바리우스는 도대체 얼마나 아름다운 소리를 가졌기에 이렇게 유명한 악기가 되었을까요?

"연주회장이 아무리 넓어도 꽉져 나가는 천상의 아름다운 소리를 지니고 있다." 미국의 가장* 바이올리니스트가 스트라디바리우스를 두고 한 말이에요. 그 외에도 수많은 사람이 이 악기가 최고라고 꼽는 이 악기의 신비한 소리의 찬사를 보내며 밝히기 위해 많은 돈을 과학자가 노력해 왔어요. 다양한 가설과 주장 중에 악기가 만들어질 당시의 기후 변화가 이 악기의 정교한 소리에 영향을 주었을 것이라는 주장이 있어요.

ⓐ16세기 초부터 18세기까지의 유럽 전역은 그 전후 시기보다 더 추운 기후가 지속된 '소빙하기(little ice age)'였어요. 특히 17세기는 바로 이 시기가 1만 내 전 인류가 농경을 처음 시작한 이래 가장 혹독했어요. 하지만 하지들은 바로 이 시기가 스트라디바리우스의 신비한 소리의 비밀이라고 주장해요. 이 시기에는 긴 겨울과 시원한 여름으로 인해 나무들이 느리게 자라서 촘촘하고 밀도가 높고 좋은

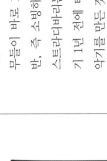
▲ 유명한 악기인 스트라디바리우스

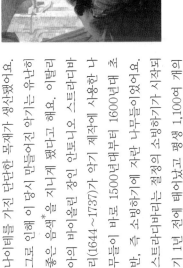
▲ 스트라디바리우스

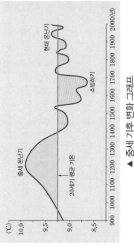
▲ 중세 기후 변화 그래프

나이테를 가진 단단한 목재가 생산됐어요. 그로 인해 이 당시 만들어진 악기는 유난히 좋은 음색*을 지니게 됐다고 해요. 이탈리아의 바이올린 장인 안토니오 스트라디바리(1644~1737)가 악기 제작에 사용한 나무들이 바로 1500년대부터 1600년대 초반, 즉 소빙하기에 자란 나무들이었어요. 스트라디바리는 설립의 소빙하기가 시작되기 1년 전에 태어났고 평생 1,100여 개의 악기를 만든 것으로 알려져 있는데, 특히 소빙하기가 끝날 무렵인 1700~1720년에 그가 제작한 바이올린은 최고의 명품으로 평가를 받고 있어요. 신기하게도 스트라디바리우스와 어깨를 견주는 명품 현악기인 과르네리(Guarnieri), 아마티(Amati)도 모두 비슷한 시기, 같은 지방에서 만들어졌다는 공통점을 지니고 있어요. 이런 명품 악기가 탄생하기까지 장인들의 기술과 남다른 비법도 있었지만, 이 당시의 기후 변화도 큰 영향을 주었을 것이라는 주장이 꽤 설득력 있게 느껴지지요.

→ 기후 변화가 명품 악기 탄생에 영향을 주었을 것이라는 주장

▲ 안토니오 스트라디바리

* 묘연: 소식이나 행방 따위를 알 길이 없음.
* 가장: 예술, 과학 따위의 어느 일정 분야에서 특히 뛰어난 사람.
* 음색: 소리의 감각적 특색.

1 이 글의 내용을 바탕으로 다음 빈칸에 알맞은 말을 쓰세요.

> 과학자들은 최고의 명품 악기라고 불리는 스트라디바리우스가 만들어진 배경으로 (기후 변화)를 주장하기도 한다. 이것은 일정 지역에서 검쳐서 오랜 기간에 검쳐서 진행되는 날씨의 변화를 의미한다.

해설 일정 지역에서 오랜 기간에 검쳐서 진행되는 날씨의 변화를 '기후 변화'라고 합니다.

2 다음 중 ㉠의 시기를 바르게 나타낸 것에 ∨표 하세요.

(1) 1501~1600년 (2) 1551~1650년 (3) 1651~1700년
( )　　　　　(∨)　　　　　( )

해설 '세기'는 백 년 동안을 세는 단위를 말합니다. 16세기는 1501~1600년에 해당하는 기간입니다.

3 다음 글을 읽고, 이 당시 나무들의 나이테 모습을 이전과 이후 나무들의 나이테와 비교할 수 있도록 생성하여 그려 보세요.

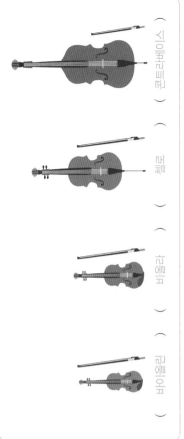

이 그림은 피터르 브뤼헐이 그린 「겨울: 눈 속의 사냥꾼들(1565)」입니다. 그림에는 450여 년 전의 벨기에 촌락의 겨울 풍경과 이 지역 사람들의 삶이 담겨 있습니다. 그림 속의 운하와 하늘을 회색빛을 띠는 푸른색으로 칠해져 있습니다. 소방하기를 겪으며 그 이전보다 더 혹독했던 겨울의 차가운 공기가 고스란히 느껴집니다.

해설 '이 당시'는 소빙하기를 겪던 시기입니다. 소빙하기에는 긴 겨울과 시원한 여름으로 인해 나무들이 느리게 자라서 밀도가 높고 촘촘한 나이테가 나타납니다.

▲ '이 당시' 이전과 이후 나무들의 나이테

예

▲ '이 당시' 나무들의 나이테

4 다음 글을 읽고, 아래의 빈칸에 해당 악기의 이름을 쓰세요.

현악기 제작의 명장 안토니오 스트라디바리는 생전에 1,100여 점의 바이올린, 비올라, 첼로, 하프, 기타를 제작했는데, 현재도 600~800여 점이 남아 있는 것으로 짐작됩니다. 그중 바이올린족 악기가 가장 많은데 이들은 구조는 비슷하지만 크기와 음색대의 차이가 있습니다. 바이올린족 악기에는 바이올린, 비올라, 첼로, 콘트라베이스가 있습니다. 먼저 바이올린은 네 가지 바이올린족 악기 중 가장 작습니다. 비올라는 바이올린보다 조금 더 큽니다. 첼로는 바이올린보다 약 2배 정도 더 큽니다. 콘트라베이스는 최저 음역용의 첼로로 바이올린보다 약 2배 정도 더 큽니다.

(바이올린)　(비올라)　(첼로)　(콘트라베이스)

해설 제시된 글의 내용을 통해 바이올린족 악기 중 바이올린이 가장 작고 콘트라베이스가 가장 크다는 것을 알 수 있습니다.

5 다음 글을 읽고, ( ) 안에서 알맞은 말을 골라 ○표 하세요.

'기후 변화'는 전 지구적 차원에서 기후가 변화하는 것을 의미합니다. '소빙하기'가 이전보다 지구의 평균 기온이 크게 낮아지는 기후 변화였다면, 현재의 지구는 평균 기온이 급격하게 상승하는 기후 변화가 나타나고 있습니다. 지금과 같이 지구가 온난해지는 기후 변화가 계속된다면 우리나라에도 다음과 같은 변화가 일어날 것입니다.

(1) 봄과 여름은 (길어, 짧아)지고, 가을과 겨울은 (길어, 짧아) 집니다.
(2) 해수면의 높이는 (상승, 하강)합니다.
(3) 연평균 기온은 (상승, 하강) 합니다.

1 여가를 슬기롭게 보내기 위해서는 어떻게 해야 할까요? 이 질문에 답하기 위해서는 '여가'의 의미부터 살펴볼 필요가 있어요. 여가란 반드시 해야 하는 일에서 벗어나서 자유롭게 활동하는 시간을 말해요. 학생인 여러분이 반드시 해야 하는 일에는 무엇이 있나요? 학교생활이나 공부가 대표적인 예이지요. 밥을 먹거나 잠을 자는 것, 씻는 것도 포함되고요. 여가는 이러한 일들로부터 벗어난 자유 시간이에요. 그리고 이 시간에 자발적으로 하는 활동을 여가 활동이라고 해요. 꼭 해야 하는 일은 아니지만 스스로 원해서 하는 활동이지요.

2 적절한 여가는 매우 중요해요. 항상 일만 하며 지낸다고 생각해 보세요. 매우 지치고 힘들겠지요? 일을 잘 해내기 위해서도 여가는 꼭 필요해요. 여가를 통해 일을 할 수 있는 힘을 얻을 수 있으니까요. 하지만 아무짓도 하지 않고 쉬기만 하면 여가 시간을 허비하게 돼요. 여가 활동을 하면 여가 시간을 알차게 쓸 수 있어요. 적절한 여가 활동은 삶의 의지를 북돋고 몸과 마음을 건강하게 하거든요. 그러므로 어떤 여가 활동을 하는지는 매우 중요해요.

3 우리나라 청소년들은 어떤 여가 활동을 하고 있을까요? 2019년에 통계청과 여성 가족부에서 국민들이 자유 시간에 어떤 여가 활동을 하는지 조사했어요. ㉠아래의 표를 보면, 79.2%에 이르는 청소년들이 컴퓨터 게임을 하거나 인터넷을 사용하며 자유 시간을 보낸다고 답했음을 알 수 있어요. 휴식을 위하거나 텔레비전을 시청하는 경우도 않고요. 이때 1, 3위 활동은 몸과 마음을 건강하게 만들어 주는 활동이라고 보기 어려워요. 또한 신체 활동과도 거리가 멀어 보이고요. 성인이 되면 그 비중이 더욱 줄어들어요. 스포츠 활동은 5위로, 15.1%만 하고 있다고 답했고요.

▲ '당신은 자유 시간에 어떤 활동을 하나요?'에 대한 설문 조사 결과(여러 개 선택 가능)

(단위: %)

	컴퓨터 게임, 인터넷 사용	휴식	텔레비전 시청	자기 개발 활동	스포츠 활동	기타
청소년	79.2	60.8	59.9	32.5	15.1	0.2
성인	68.9	63.3	59.0	34.0	10.6	0.0

4 여가를 슬기롭게 보내는 방법 중 하나는 스포츠 활동을 하는 거예요. 왜일까요? 우선, 스포츠 활동은 몸을 튼튼하게 해요. 체력도 길러 주죠. 제일게 운동하는 것이기 때문에 스포츠 활동은 여럿이 함께 하는 경우가 많아요. 함께 땀 흘리면서 사람들과 가까운 사이가 될 수도 있어요.

5 이렇게 스포츠 활동은 우리의 몸과 마음, 그리고 인간관계까지 건강하게 만듭니다. 이제부터 스포츠 활동을 하며 여러분의 여가를 즐겨 보면 어떨까요?

내용 파악하기

1. 이 글의 내용으로 알맞지 않은 것은 무엇인가요? (④)
① 적절한 여가는 일에도 도움이 된다.
② 여가는 자유롭게 활동하는 시간이다.
③ 여가 활동은 자발적으로 하는 활동이다.
④ 모든 여가 활동은 몸과 마음을 건강하게 한다.
⑤ 여가 활동은 인간관계에도 영향을 미칠 수 있다.

낱말 관계 파악하기

2. 1 문단에서 '여가 활동'과 반대되는 말을 찾아 쓰세요.
(꼭(반드시) 해야 하는 일)

세부 내용을 단서로 추론하기

3. 이 글의 내용으로 보아, 여가 활동이 아닌 것은 무엇인가요? (⑤)
① 인터넷 검색하기
② 읽고 싶던 책 읽기
③ 친구들과 뛰어놀기
④ 동생과 배드민턴 치기
⑤ 가족과 저녁 식사하기

어휘 익히기

1 낱말 뜻 알기
다음 빈칸에 알맞은 낱말을 〈보기〉에서 찾아 쓰세요.

보기: 자발적 허비 북돋고 비중

1. 올림픽 경기장에 울려 퍼지는 애국가가 애국심을 (북돋고) 있다.
   뜻 기운이나 정신을 더욱 높여 주고.

2. 하루 종일 게임만 하는 것은 소중한 시간을 (허비)하는 것이다.
   뜻 돈, 물건, 시간 같은 것을 헛되이 씀.

3. 독서 동아리가 잘 운영되기 위해서는 많은 학생이 (자발적) 참여가 필요하다.
   뜻 스스로 나서서 하는, 또는 그런 것.

4. 나의 일상생활에서 가장 많은 (비중)을/를 차지하는 시간은 공부 시간이다.
   뜻 다른 것과 견주어 볼 때 차지하는 크기나 중요성.

2 관용 표현 알기
다음 빈칸에 알맞은 말을 쓰세요.

"물 쓰듯 하다"

물은 공기 다음으로 우리 주변에서 흔하게 볼 수 있는 것이에요. 그래서 그 소중함을 모른 채 아끼지 않고 함부로 쓰기도 하지요. 이 말은 돈, 물건, 시간 등 귀중하게 다루어야 할 것을 마구 해 대 게 쓰인다는 뜻이에요.

3 한자어 익히기
다음 한자어를 소리 내어 읽고 빈칸에 따라 써 보세요.

여가(餘暇): 일에서 벗어나 자유롭게 활동하는 시간.

餘	暇
남을 여	겨를 가

餘	暇
남을 여	겨를 가

• 사람마다 좋아하는 여가 활동이 다르다.
• 열심히 공부하는 청소년들에게는 여가가 늘 부족하다.
• 일을 잘 해내기 위해서는 적절한 휴식과 여가가 필요하다.

★

① 시각 자료의 내용 파악하기

4. ㉠에 대한 설명으로 알맞지 않은 것은 무엇인가요? (②)
① 조사를 진행한 곳은 통계청과 여성 가족부이다.
② 모든 활동에서 청소년보다 성인의 참여도가 더 높게 나타났다.
③ 자유 시간에 많이 하는 활동은 청소년과 성인이 모두 동일하다.
④ 청소년과 성인 모두에게 자유 시간 활동으로 스포츠 활동은 인기가 없는 편이다.
⑤ 청소년 중 자기 개발 활동과 성인의 스포츠 활동을 하다고 답한 사람은 절반도 채 되지 않는다.

해설 (⑤을 보면, 청소년의 참여도보다 성인의 참여도가 더 높게 나타난 활동은 휴식과 개발 활동 두 가지뿐입니다.

중심 내용 파악하기

5. 각 문단의 중심 내용으로 알맞지 않은 것은 무엇인가요? (③)
① 1문단: 여가 및 여가 활동의 의미
② 2문단: 여가 활동의 가지
③ 3문단: 여가 활동의 종류와 선택 이유
④ 4문단: 여가 활동으로서 스포츠 활동의 가지
⑤ 5문단: 여가 활동으로 스포츠 활동 제안

해설 3문단에는 통계청과 여성 가족부에서 국민들이 자유 시간에 어떤 활동을 하는지에 대해 조사한 결과가 제시되어 있습니다. 이를 통해 국민들이 많이 하는 여가 활동의 종류와 비중을 알 수 있습니다. 그러나 여가 활동이 선택 이유는 알 수 없습니다.

글에 나타나지 않은 내용 질문하기

6. 이 글을 읽은 후 더 알고 싶은 내용을 떠올린 것으로 알맞은 것에 √표 하세요.
(1) 여가 시간에 운동을 하면 어떤 점이 좋을까? ( )
(2) 우리나라 청소년들은 어떤 여가 활동을 하고 있을까? ( )
(3) 청소년들이 여가 활동으로 신체 활동을 많이 하지 않는 이유는 무엇일까? (√)

해설 (3은 스포츠 활동이다 ...)는 글에서 설명한 내용과 관련 좋은 점을 제시하고 있으면서 그 답이 글에 제시되어 있지 않은 질문입니다. (2에 대한 답은 (1)에 대한 답 4문단을 통해, (2)에 대한 답은 3문단을 통해 알 수 있으므로, (1)

정답과 해설

ERI 지수 412   예술 | 음악

1 여러분은 언제 노래를 부르나요? 노래는 우리를 기분 좋게 하거나 위로합니다. 그래서 우리는 기쁘거나 슬플 때 노래를 부르지요. 그런데 우리 조상들은 슬플 때도 노래를 불렀어요. ㉠농사를 지을 때, 물고기를 잡을 때, 나물을 캘 때 노래를 바로 만들었지요. 혼자 웃음 만들 때도 노래를 불렀어요. 심심함을 달래고 즐거운 흥을 돋우기 위해서였지요. 이렇게 힘을 함께 할 때 부르는 노래를 '일노래'라고 해요.

2 우리 조상들은 왜 일노래를 불렀을까요? 일을 하면 힘들고 지칩니다. 그런데 노래는 이러한 일의 고통을 줄여 줘요. 노래를 부르면 지루함을 달랠 수 있고, 지친 마음을 회복시켜 주도 하게 만들어 주지요. 또한 노래는 여러 사람이 함께 일할 때 같이 노래를 부르면 일의 능률을 높일 수도 있어요. 또 사람들이 많이 하는 일일수록 노래의 수도 많았어요. 옛날에는 많은 사람이 농사를 지었지요. 그래서 농사의 과정마다 다양한 일노래가 있었어요. 노래 심을 때나 김을 맬 때, 벼를 벨 때 부르는 일노래가 각각 달랐어요. 각 과정의 특성에 맞게 일노래를 다르게 만들었기 때문이지요.

3 일노래의 종류는 일의 종류만큼 다양해요. 일노래에는 그 일을 담는 방식이 담겨 있어요.

㈎ 농사의 과정에서 부르는 일노래의 특성을 살펴볼까요?
역의 노래를 통해 일노래의 특성을 살펴볼까요?

4
질하네 못하네 / 에아루우아 질하네
질하네 못하네 / 에아루우아 질하네
질하기는 말 질해요 / 우리아 농부들 참 질하네
질하네 못하네 / 에아루우아 질하네
— 논매는 소리 「질하네」

㉯노랫말의 특성이 어떠한가요? 일단 매우 단순해요. 또 농사일을 잘한다고 칭찬하는 말이 자주 보여요. 서로를 칭찬하며 힘든 농사일을 함께 견디는 것이지요. 이때 특히 같은 노랫말이 계속 반복되고 있죠? 왜 그럴까요? 일노래는 일의 도움을 받기 위해 부르는 노래예요. 그래서 같은 말을 노래 부르는 방식도 일의 특성에 맞게 정해지요. 넓은 땅에서 빠르게 노래하기를 하려면 어떻게 해야 할까요? 모든 사람이 같은 행동을, 같은 속도로 하는 것이 좋겠지요? 그래서 같은 말을 되풀이한 거예요. 같은 말을 되풀이하면 행동과 속도를 맞추기 쉽거든요. 노래를 통해 일이 고단함을 울고, 나아가서는 일의 효율도 높이려고 했던 우리 조상들의 지혜를 알 수 있지요?

내용 파악하기

1. 이 글을 읽고 알 수 있는 내용이 아닌 것은 무엇인가요? (③)
① 노래는 사람의 기분을 좋게 하는 힘을 가지고 있다.
② 우리 조상들은 슬플 때 부를 노래를 바로 만들었다.
③ 일할 때 부르는 노래는 항상 여러 사람이 함께 부른다.
④ 여러 사람이 함께 일할 때 일노래를 부르면 도움이 된다.
⑤ 일의 종류에 따라 부르는 다양한 일노래를 만들어서 불렀다.

해설: 1 문단에 일노래를 부르는 다양한 경우가 제시되어 있습니다. 이 중 혼자 웃음 만들 때 부른 일노래도 있었다고 하였으므로 일노래는 항상 여러 사람이 함께 부른다는 것은 알맞지 않습니다.

설명 방법 파악하기

2. 글쓴이가 글의 내용을 전달하기 위해 사용한 방법으로 알맞은 것에 모두 √표 하세요.
(1) 중요한 용어의 뜻을 정리하여 제시하였다. (√)
(2) 일노래를 부르는 상황과 특성을 구체적인 예를 들어 설명하였다. (√)
(3) 묻고 답하는 방식을 활용하여 문단별 내용을 효과적으로 제시하였다. (√)
(4) 하나의 기준을 가지고 일노래의 종류를 분명하게 나누어 설명하였다. ( )

해설: 3문단에서는 농사를 지을 때 부르는 일노래의 종류가 다양해, 농사의 각 과정에 일노래가 있다고 하였습니다.

문단 관계 파악하기

3. 3 문단과 4 문단의 관계를 다음과 같이 설명할 때, ( ) 안에서 알맞은 말을 골라 ○표 하세요.

문단 관계를 파악하기 위해서는 우선 각 문단의 중심 내용을 파악해야 해. 3 문단에서는 농사지을 때 부르는 일노래에 대한 (일반적인, 구체적인) 설명을 제시하고 있어. 그리고 4 문단에서는 충청도 지역의 일노래에 대하여 '질하네'라는 노래 특성에 맞춰 구체적인 예를 들어 설명하였지. 두 문단의 중심 내용을 살펴보면 3 문단의 (역사, 특성)을/를 설명하고 있지. 두 문단의 관계를 가장 잘 보여 주는 문장은 ㉮, ㉯야. 그러므로 두 문단은 (설명과 예시, 주장과 근거) 관계라고 할 수 있어.

1 낱말 뜻 알기

다음 빈칸에 알맞은 낱말을 <보기>에서 찾아 쓰세요.

보기
조상   회복   고단함   효용

1. 병사들은 배고픔과 (고단함)에 지쳐 있었다.
   뜻 지쳐서 피곤하고 힘이 없음.

2. 하루빨리 몸을 (회복)해야 다시 일할 수 있다.
   뜻 약해지거나 나빠진 것을 본디 상태로 돌이켜 되찾음.

3. 날씨가 더워지면 음식의 (효용)이 많이 떨어진다.
   뜻 음식들이 노래에 견주어 실제로 얻는 결과의 좋은 정도.

4. 예로부터 이어져 내려오는 전통에는 (조상)의 지혜가 담겨 있다.
   뜻 자신이 살고 있는 시대 이전에 살았던 윗어른.

2 관용 표현 알기

다음 빈칸에 알맞은 사자성어를 쓰세요.

"일 거 양 득"

우리 조상들은 노래를 통해서 고단함을 풀고 일의 효율도 높이려고 했어요. 이 사자성어는 한 번 들어서 두 가지를 얻는 뜻으로, 한 가지 일을 하여 두 가지 이익을 얻음을 이르는 말이에요.

한자	뜻	음
一	하나	일
擧	들	거
兩	두	양
得	얻을	득

3 한자어 익히기

다음 한자어를 소리 내어 읽고 빈칸에 따라 써 보세요.

歌唱   歌唱
노래 가   부를 창

歌唱(가창): 노래를 부름.
• 오늘 가창 시험을 보았다.
• 나는 음악 시간 중에서도 가창 시간을 제일 좋아한다.
• 그는 뛰어난 가창력으로 사람들의 마음을 사로잡았다.

문장 관계 파악하기

4. 다음 중 두 문장의 연결 관계가 ㉠과 같은 것은 무엇인가요? (④)
① 나는 책 읽는 것을 좋아한다. 내 동생은 책 읽는 것을 싫어한다.
② 나는 책 읽는 것을 좋아한다. 소설책을 읽는 것을 가장 좋아한다.
③ 나는 책 읽는 것을 좋아한다. 쉬는 시간에는 도서실에 가서 읽을 책을 고른다.
④ 나는 책 읽는 것을 좋아한다. 작가와의 만남에 직접 참여해 보는 것도 좋아한다.
⑤ 나는 책 읽는 것을 좋아한다. 책을 통해 많은 간접 경험을 쌓을 수 있기 때문이다.

해설 ㉠에서 앞 문장은 우리 조상들이 입노래를 부른 다양한 종류를 제시하였고, 뒤 문장은 입노래를 부른 또 다른 경우를 제시하고 있습니다. 두 문장은 비슷한 정보를 제시하므로 '또한'과 같은 말을 넣어 이어 줄 수 있습니다. ④의 두 문장도 '또한'과 같은 말을 넣어 이어 줄 수 있습니다. ①은 '그러나', ②는 '특히', ③은 '그래서', ⑤는 '왜냐하면'과 같은 말을 넣어 이어 줄 수 있습니다.

생략된 내용 짐작하기

5. 앞뒤 내용으로 보아, ㉡에 들어갈 문장으로 가장 알맞은 것은 무엇인가요? (③)
① 그러나 농사와 관련된 입노래는 인기가 없었어요.
② 그러나 농사와 관련된 입노래의 수는 많지 않아요.
③ 그래서 농사와 관련된 입노래의 수가 특히 많아요.
④ 그래서 사람들은 농사를 지을 때 노래를 불렀어요.
⑤ 그래서 사람들은 농사와 관련된 입노래를 좋아했어요.

해설 ㉡의 앞에는 일의 종류만큼 입노래의 종류도 다양하고, 사람들이 많이 하는 일일수록 노래의 수도 많으며, 옛날에는 농사를 짓는 사람이 많았다는 내용이 제시되어 있습니다. 그리고 ㉡ 뒤에는 농사의 과정마다 다양한 입노래가 있다는 내용이 제시되어 있습니다. 따라서 ㉡에는 농사와 관련된 입노래의 수가 많았다는 내용이 들어가야 합니다.

글의 내용 적용하기

6. 이 글을 읽고 <보기>의 입노래에 대해 보인 반응으로 알맞지 않은 것에 ✓표 하세요.

보기
어야하디야 어야하디야 / 어그여디여 상사야 어야하여야디야
당선에서 멸치를 보고 어야하여야디야 / 망선에서 그물을 진다 어야하여야디야
서쪽 고리는 서쪽으로 어야하여야디야 / 동쪽 고리는 동쪽으로 어야하여야디야
땅배에서 그물을 담그면 어야하여야디야 / 제주에서 주자까지 어야하여야디야
온갖 고기가 다 떤다 어야하여야디야

(1) 바다에서 멸치를 잡을 때 부르는 노래 같아. ( )
(2) 같은 말을 되풀이하는 걸 보니, 같이 일하는 사람들의 행동과 속도를 맞추는 게 중요했던 것 같아. ( )
(3) 이 글의 '노래는 소리'와 마찬가지로 노랫말을 통해 어느 지역에서 전해져 내려오는 노래인지 알 수 있어. (✓)

해설 <보기>에 쓰인 노랫말 중 제주라는 말을 통해 제주도 지역의 노래임을 알 수 있습니다. 그러나 이 글이 4문단에서 노랫말을 통해 충청도 지역의 노래라는 것을 알 수 있다는 것은 알 수 없습니다.

ERI 지수 **460** 예술 | 미술

안녕, 여러분? 우리는 '조형 삼총사'야. 어떤 모양을 만들어 내는 것을 '조형'이라고 해. 그림이든 조각이든 어떤 모양을 만들 때에는 우리가 필요하지. 이제부터 우리에 대해 소개해 보자!

나의 이름은 '점'이야. 모든 모양 만들기의 시작은 나야. 네모 모양을 만들려면 여러 개의 선이나 네모진 면이 필요하지. 이 선과 면은 모두 필요하지. 나를 여러 개 이으면 '선'이 되고, 그 선과 선을 이으면 '면'이 되거든. 그래서 ㉠나는 조형 삼총사의 첫째야. 내가 꼭 있는 일을 소개할게. 나는 어떤 위치를 표현하는 일을 해. 내가 곧 어디에 찍혀 있는지가 곧 위치를 나타내지. 또 나는 역동적인 움직임을 나타낼 수도 있어. (㉡) 점과 점 사이의 거리를 좁게 하면 빠른 움직임이, 반면, 거리를 넓게 하면 느린 움직임이 표현되지.

이번에는 나, '선'을 소개할게. 여러 개의 점을 이으면 내가 만들어지지. 그러나 나는 점보다 할 수 있는 일이 많아. 먼저 나는 점과 달리 길이를 가지고 있어. 길이를 그림 때 얼마나 멀리 하느냐, 주름이 어떤 방향으로 생기는지도 나타낼 수 있어. 나는 점에 비해 느낌을 잘 표현해. 모양과 방향으로 다양한 느낌을 표현할 수 있어. (㉢) 직선으로는 간결함이나 딱딱한 느낌을, 곡선으로는 부드러운 느낌을 표현할 수 있어. 또 직선의 방향에 따라서도 다양한 느낌을 표현할 수 있어. 가로 직선으로는 넓음, 안정감, 평화로움을 표현할 수 있고, 세로 직선으로는 곧음, 긴장감, 엄숙함을 표현할 수 있지. 그리고 곡선으로는 유연함이나 자유로움을 표현할 수 있어. 이처럼 나를 잘 이용하면 다양한 표현이 가능하네!

이제 내 차례구나. 나는 '면'이야. 나는 여러 선으로 둘러싸여 만들어지지. 여러 선이 만든 빈 공간을 채우면 내가 되거든. 그래서 나는 빈 공간을 채우거나 채우지 않은 지가 선과 나를 구분하는 기준이 되기도 해. 이렇게 나양 선은 떼려야 뗄 수 없는 사이야. 하지만 나는 선과는 달리 공간을 채우면서 넓게 표현할 수 있어. 여러 개의 면을 자르거나 기울기를 다르게 하면서도 다양한 느낌을 표현할 수 있는 거지.

이렇게 우리 셋이 의해 외형적 모양인 '형'을 만들 수 있어. 원형, 삼각형, 사각형 등을 만들 수 있는 거지. 이제 우리에 대해 잘 알겠지?

'점'으로 표현 '선'으로 표현 '면'으로 표현

➡ 점, 선, 면으로 만들어지는 '형'

내용 파악하기

1. 이 글의 내용으로 알맞지 <u>않은</u> 것은 무엇인가요? (③)
① 조형에 꼭 필요한 기본 요소는 점, 선, 면이다.
② 점, 선, 면은 서로 밀접한 관계를 가지고 있다.
③ 조형에서 점, 선, 면이 하는 일은 모두 동일하다.
④ 점과 선, 그리고 면이 모이면 형을 만들 수 있다.
⑤ '조형'이란 어떤 모양을 만들어 내는 것을 말한다.

해설: 2~4문단에서 각각 점, 선, 면의 특성과 그 요소들이 조형에서 하는 일을 소개하고 있습니다. 점, 선, 면이 표현하거나 나타낼 수 있는 것이 모두 다르므로 ③은 알맞지 않습니다.

세부 내용 파악하기

2. '점'이 ㉠과 같이 말한 까닭으로 가장 알맞은 것은 무엇인가요? (⑤)
① 조형의 세 요소 중에서 점의 크기가 가장 작기 때문이다.
② 점은 선이나 면과 달리 위치를 표현할 수 있기 때문이다.
③ 점은 역동적인 움직임이나 속도감을 나타낼 수 있기 때문이다.
④ 점은 선이나 면에 비해 더 다양한 것을 표현할 수 있기 때문이다.
⑤ 점들을 이으면 선이 되고, 그 선들을 이으면 면이 되기 때문이다.

해설: ㉠의 앞 문장에서 여러 개의 점을 이으면 선이 되고, 그 선들을 이으면 면이 된다고 하였습니다. 그러므로 ㉠의 앞 문장이 ㉠과 같이 말한 까닭에 해당하는 문장이라고 할 수 있습니다.

세부 내용을 단서로 추론하기

3. '선'을 중심으로 다음 그림을 설명한 내용으로 알맞지 <u>않은</u> 것은 무엇인가요? (⑤)

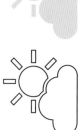

① 직선, 곡선 등 다양한 선을 사용하였다.
② 선을 통해 얼굴형과 입의 모양을 표현하였다.
③ 세로 직선으로 그려진 길은 곧고 딱딱한 느낌을 준다.
④ 점, 선, 면 중에서 선을 활용한 느낌 표현이 두드러진다.
⑤ 곡선으로 그려진 하늘을 통해 자유로움을 느낄 수 있다.

해설: 제시된 그림이나 곡선으로 그려진 하늘은 자유로움을 나타낸다고 볼 수 있습니다.

어휘 익히기

1 낱말 뜻 알기

다음 빈칸에 알맞은 낱말을 〈보기〉에서 찾아 쓰세요.

보기: 역동적 　간결 　곡선 　입체적

1. 우리나라의 학교 교육은 (역동적) 변화를 경험하고 있다.
   뜻 힘 있고 활발하게 움직이는. 또는 그런 것.

2. 단정하고 (간결)한 모습은 사람들에게 좋은 인상을 남긴다.
   뜻 간단하고 깔끔함.

3. 우리나라 한옥의 지붕은 우아한 (곡선)의 아름다움을 보여 준다.
   뜻 모나지 않고 부드럽게 굽은 선.

4. 실제 사람의 얼굴처럼 그림을 그리려면 눈, 코, 입을 (입체적)(으)로 표현해야 한다.
   뜻 길이, 넓이, 두께가 있는 물체를 보는 듯한 느낌이 드는. 또는 그런 것.

2 관용 표현 알기

다음 빈칸에 알맞은 말을 쓰세요.

"티끌 모아 태산"

이 속담은 아무리 작은 것이라도 모이고 모이면 나중에 큰 것이 됨을 이르는 말이에요. 작고 보잘것없어 보이는 것이라고 하찮게 여겨서는 안 돼요. 그것들이 모여 큰 가치를 갖게 될 수도 있음을 알아야 한다는 교훈을 담고 있어요.

3 한자어 익히기

다음 한자어를 소리 내어 읽고 빈칸에 따라 써 보세요.

造形

조형(造形): 여러 가지 재료를 써서 어떤 모양을 만드는 것.
• 미술 작품을 잘 만들려면 조형의 원리를 아는 것이 중요하다.
• 이중섭 화가의 그림에서는 조형의 아름다움이 분명하게 느껴진다.
• 큰 도시의 중앙에는 도시를 상징하는 조형물들이 있는 경우가 많다.

造 지을 조 　形 형상 형

造 지을 조 　形 형상 형

★

이어 주는 말 파악하기
4. ㉢과 ㉣에 공통으로 들어갈 말로 가장 알맞은 것은 무엇인가요? (④)

① 한편
② 그래서
③ 그러나
④ 예를 들어
⑤ 이어는 달리

해설 ㉢과 ㉣ 뒤에는 모두 앞 문장의 내용을 예를 들어 구체적으로 설명하는 문장이 제시되어 있습니다. 그러므로 ㉢과 ㉣에 공통으로 들어갈 알맞은 말은 예를 들어 입니다.

글의 내용 적용하기
5. 이 글을 읽고 〈보기〉에 대해 알맞지 않은 반응을 보인 친구는 누구인가요? (③)

보기

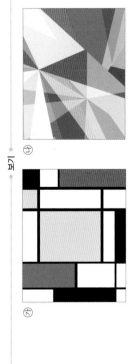

① 선주: ㉮를 통해 선과 선을 이으면 면이 된다는 것을 알 수 있어.
② 민호: ㉯를 통해 면의 모양이나 크기가 다양하다는 것을 알 수 있어.
③ 지성: ㉮와 ㉯를 통해 면이 입체감을 나타낸다는 것을 알 수 있어.
④ 지후: ㉮와 ㉯를 통해 면은 공간을 채우면서 넓이를 갖는다는 것을 알 수 있어.
⑤ 사랑: ㉮와 ㉯를 통해 면은 여러 선으로 둘러싸여 만들어진다는 것을 알 수 있어.

해설 4문단의 내용을 통해 면은 여러 개의 면을 넓게 이어 그으거나 기울기를 다르게 해서 합치면 입체감을 표현할 수 있음을 알 수 있습니다. 그러나 ㉮와 ㉯는 기울기를 다르게 하지 않은 평면에 여러 면이 합쳐진 상태입니다. 따라서 ㉮와 ㉯를 통해 해서는 면이 입체감을 나타낸다는 것을 알 수 없습니다.

글에 나타나지 않은 내용 질문하기
6. 이 글을 읽은 후 더 알고 싶은 내용을 떠올린 것으로 가장 알맞은 것은 무엇인가요? (②)

① 점과 면의 차이는 무엇일까?
② 점으로만 그림을 그릴 수 있을까?
③ 선과 면은 어떤 점이 같고 다를까?
④ 선으로는 무엇을 나타낼 수 있을까?
⑤ 점, 선, 면을 통해 만들 수 있는 모양은 무엇인가?

해설 이 글에는 점, 선, 면의 특성 및 관계, 점, 선, 면이 하는 일 등이 제시되어 있습니다. ②를 제외하고는 모두 이 글에 답이 제시되어 있으므로, 더 알고 싶은 내용으로는 ②가 가장 알맞습니다.

ERI 지수 486 예술 | 수학

1, 1, 2, 3, 5, 8, 13, 21, 34, 55, …

위의 숫자들은 어떤 규칙에 따라 제시된 것일까요? '55' 다음에는 어떤 숫자가 올까요? 언뜻 보면 숫자들 사이에 어떤 특별한 규칙이 없어 보여요. 그러나 이 숫자들은 규칙에 따라 나열되어 있답니다. 규칙을 찾을 때에는 숫자들 간의 관계를 알아내야 해요. 이때 무엇을 더했거나 뺐는지를 생각해 보는 것이 도움이 되죠. 곱하기와 나누기도 생각해 보면 좋고요.

규칙을 찾았나요? 1에 1을 더하면 2, 1에 2를 더하면 3, … 바로 앞의 두 숫자를 더하면 뒤의 숫자가 만들어지는 규칙이에요. 이제 '55' 다음에 어떤 수가 올지 예상되지요? 이렇게 규칙에 따라 차례대로 만들어지는 수를 '수열'이라고 해요. 앞의 수열은 '피보나치'라는 사람이 만들었어요. 그래서 '피보나치수열'이라고 부르지요.

피보나치수열은 자연 현상 속 규칙과 관련이 있어요. 특히 식물들이 존재하는 방식과 관련되어 있어요. 우선, 이 수열은 꽃잎 개수의 규칙과 관련이 있어요. 다양한 꽃들의 꽃잎 개수를 세어 보면, 대부분 3장, 5장, 8장, 13장 등이에요. 예를 들어 백합은 3장, 채송화와 복숭아꽃은 5장이에요. 수련이나 코스모스는 8장이고요. 전체 식물의 90% 이상이 이 규칙을 따르요.

(㉠) 꽃잎이 4장, 7장, 9장인 꽃을 찾기 어려운 거예요. 클로버의 꽃도 3장이에요. 그래서 네잎클로버를 찾기 어려운 거지요. 그런데 꽃잎의 개수는 왜 이러한 규칙을 따르게 되었을까요? 꽃이 싹을 틔우기 위해서는 햇빛이 필요해요. 그런데 꽃잎이 너무 많으면 햇빛이 가려져요. 꽃잎이 서로를 가리기 때문이에요. 그래서 꽃잎의 개수가 중요해요. 그렇다면 서로를 가리지 않으면서 햇빛을 많이 받을 수 있는 꽃잎의 개수는 몇 개일까요? 놀랍게도 3장, 5장, 8장 등 피보나치수열에 있지요. 이렇게 피보나치수열로 꽃잎의 개수에 숨겨진 규칙을 설명할 수 있어서, 사람들은 이 수열을 생명의 수열이라고도 말해요.

생명의 규칙은 해바라기 씨앗들이 놓여 있는 모습에도 씨도 찾을 수 있어요. 해바라기 꽃에는 씨앗이 촘촘하게 박혀 있어요. 씨앗들이 놓여 있는 모습이 어떤가요? 시계 방향과 시계 반대 방향으로 휘어지는 선을 발견할 수 있지요. 이 선의 개수는 21개와 34개 또는 34개와 55개 이지요. 이 수들은 모두 피보나치수열에 관련된 수지요. 왜일까요? 이렇게 씨앗을 배열해야 비바람에 잘 견딜 수 있는 생명의 규칙을 만드는 것이지요.

이처럼 피보나치수열은 자연 현상 속에 숨겨져 있는 생존 규칙과 관련이 있어요. 자연 현상 속에도 수의 규칙이 숨어 있다니, 정말 신기하죠?

반시계 방향으로 화전 55개

시계 방향으로 화전 34개

중심 화제로 파악하기

1. 이 글의 화제로 가장 알맞은 것은 무엇인가요? (④)

① 수를 배열하는 방법
② 꽃잎 개수에 숨겨진 비밀
③ 자연 현상과 수학의 관계
④ 자연 현상과 피보나치수열
⑤ 해바라기 씨앗의 배열 규칙

[해설] 이 글에서는 수의 나열 규칙 중 하나인 피보나치수열을 설명하고, 이 수열과 관련이 있는 여러 자연 현상이 제시하고 있습니다. 따라서 이 글의 화제로는 자연 현상과 피보나치수열이 가장 알맞습니다.

세부 내용을 단서로 추론하기

2. 이 글을 통해 알 수 있는 사실이 아닌 것은 무엇인가요? (④)

① 규칙에 따라 수가 나열되는 것을 수열이라고 한다.
② 피보나치수열에 따르면, '55' 다음에 올 수는 '89'이다.
③ 식물들의 생명 활동과 피보나치수열은 깊은 관련성이 있다.
④ 피보나치수열을 통해 모든 식물의 꽃잎 개수를 설명할 수 있다.
⑤ 네잎클로버는 피보나치수열을 따르지 않는 예외적인 경우이다.

[해설] 이 글에는 전체 식물이 90% 이상이 피보나치수열을 따른다고 했을 뿐, 네잎클로버처럼 피보나치수열을 따르지 않는 예외적인 경우도 있음을 제시하고 있습니다. 그러므로 피보나치수열을 통해 모든 식물의 꽃잎 개수를 설명할 수 있다는 것은 알맞지 않습니다.

설명 방법 파악하기

3. 글쓴이가 대상을 설명하기 위해 사용한 방법으로 알맞은 것에 모두 ∨표 하세요.

(1) 시각 자료를 활용하여 글을 쉽게 이해하도록 하였다. (∨)
(2) 중요한 용어의 뜻을 풀이하여 글을 쉽게 이해하도록 하였다. ( )
(3) 피보나치수열을 따르는 자연 현상의 예를 구체적으로 제시하였다. (∨)
(4) 피보나치수열과 관련된 여러 규칙을 만들어지는 시간 순서대로 제시하였다. ( )

1 낱말 뜻 알기

다음 빈칸에 알맞은 낱말을 〈보기〉에서 찾아 쓰세요.

> 보기
>
> 언뜻   나열   존재   생존

1. 환경 오염은 인간의 (생존)을/를 위협하고 있다.
   뜻 살아 있음. 또는 살아남음.

2. 외계인의 (존재)에 대한 인간의 궁금증은 끝이 없다.
   뜻 이 세상에 실제로 있는 것.

3. 그저 정보를 (나열)하기만 한 글은 좋은 글이 아니다.
   뜻 죽 벌여 놓음.

4. 오랜만에 고향에 가니 (언뜻) 그때의 기억이 떠오른다.
   뜻 잠깐 나타나거나 문득 생각나는 모양.

2 관용 표현 알기

다음 빈칸에 알맞은 말을 쓰세요.

"콩 심은 데 [콩] 나고 팥 심은 데 [팥] 난다"

콩을 심은 곳에는 콩이 나고, 팥을 심은 곳에는 팥이 납니다. 콩을 심은 곳에 콩 아닌 팥이 날 리 없고, 팥을 심은 곳에 팥 아닌 콩이 날 리가 없지요. 이 속담은 모든 일에는 원인이 있고, 그 원인에 따라 결과가 발생한다는 것을 이르는 말이에요.

3 한자어 익히기

다음 한자어를 소리 내어 읽고 빈칸에 따라 써 보세요.

規	則
규	법칙
규	칙

規則(규칙): 숫자나 모양이 배열되어 있을 때 일정하게 변하는 법칙.
· 수학 규칙은 반복적이고 일정하게 적용된다.
· 자연 현상에는 우리가 알지 못하는 규칙이 숨어 있다.
· 다음에 어떤 수가 올 것인지 예측하기 위해서는 규칙을 알아야 한다.

規	則
규	법칙
규	칙

이어 주는 말 파악하기

4. ㉠에 들어갈 알맞은 말을 〈보기〉에서 찾아 쓰세요.

> 보기
>
> 또한   그래서   그러나

(그래서)

해설 ㉠의 앞 문장이 뒤 문장의 원인에 해당합니다. 두 문장은 원인과 결과의 관계이므로 ㉠에는 '그래서'가 들어가야 합니다.

사실과 의견 구분하기

5. 다음 중 사실을 나타내는 문장에는 '사', 의견을 나타내는 문장에는 '의'를 쓰세요.

(1) 1에 1을 더하면 2, 1에 2를 더하면 3이 돼요. (사)
(2) 다양한 꽃들의 꽃잎 개수를 세어 보면, 대부분 3장, 5장, 8장, 13장 등이에요. (사)
(3) 자연 현상 속에도 수의 규칙이 숨어 있다니, 정말 신기하죠? (의)

해설 (3)에서 자연 현상과 피보나치수열의 관계에 대해 신기하다고 말하는 것은 의견에 해당합니다.

예시를 활용하여 중심 내용 추론하기

6. 다음은 이 글에 사용된 예시를 활용하여 중심 내용을 추론하는 과정입니다. ㉮~㉰에 들어갈 알맞은 말을 쓰세요.

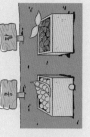

이 글은 꽃잎의 개수와 (㉮)의 배열에 숨겨진 규칙을 구체적인 예로 들어, 자연 현상 속에서 발견할 수 있는 (㉯)을 설명하고 있어. 두 예는 모두 이 수열이 식물들이 존재하는 방식과 관련된 (㉰) 구체적이라는 점을 강조하고 있어. 그러므로 이 글의 중심 내용은 (㉯)을 통해 살펴본 자연 현상 속 (㉰)을 정리할 수 있어.

㉮: (해바라기 씨앗)
㉯: (피보나치수열)
㉰: (생존)

해설 이 글은 꽃잎의 개수와 해바라기 씨앗이 배열에 숨겨진 규칙을 피보나치수열과 관련지어 설명하고 있습니다.

05회 읽기 방법 익히기

1 문단 관계 파악하기

글 전체의 의미를 짜임새 있게 이해하기 위해서는 문단 관계를 파악하는 것이 중요합니다. 문단 관계를 파악하기 위해서는 각 문단의 중심 내용을 바탕으로 앞 문단과 뒤 문단의 의미 관계를 파악해야 합니다. 문단 간의 의미 관계에는 나열 관계, 시간 순서에 따른 관계, 주장과 근거(또는 예시) 관계, 의견과 반대 의견 관계, 원인과 결과 관계, 문제와 해결 방안 관계 등 여러 가지가 있습니다.

★ 문단 관계를 파악하려면,
(1) 각 문단의 중심 내용을 파악합니다.
(2) 앞 문단과 뒤 문단의 관계를 나타내는 말이나 이어 주는 말(표현)을 찾습니다.
(3) 문단별 중심 내용과 관계를 나타내는 말을 종합하여 문단 간의 연결 관계를 추론합니다.

1 다음 글의 문단 관계를 파악하는 방법을 잘못 말한 친구에게 ∨표 하세요.

이번에는 나, '선'을 소개할게. 여러 개의 점을 이으면 내가 만들어져. 그러나 나는 점보다 할 수 있는 일이 많아. 먼저 나는 점과 다르게 사물의 형태를 표현할 수 있어. 얼굴을 그릴 때도 눈이 일 해 보자. 나는 눈, 코, 입의 모양을 나타낼 수 있어. 얼굴형도 나타낼 수 있지. 또 웃을 때 눈이 얼마나 휘는지, 주름이 어떤 방향으로 생기는지도 나타낼 수 있어. 나는 점에 비해 느낌을 잘 표현해. 모양과 방향으로 다양한 느낌을 표현할 수 있거든.

이제 내 차례구나. 나는 '면'이야. 나는 여러 선으로 둘러싸여 만들어져. 여러 선이 만드는 빈 공간을 채우면 내가 되기도 해. 그래서 빈 공간을 채우는지 채우지 않는지가 선과 나를 구분하는 기준이 되기도 해. 이렇게 나랑 선은 떼려야 뗄 수 없는 사이야. 하지만 나는 선과는 달리 공간을 나타낼 수 있어. 공간을 채우면서 넓이를 갖기 때문이지. 또 나는 입체적 표현도 가능해.

(1) 신아: 일단 각 문단의 중심 내용을 파악하는 게 중요해. 첫 번째 문단은 '선'에 관한 내용이고, 두 번째 문단은 '면'에 관한 내용이야. ( )
(2) 수정: 각 문단의 내용을 파악한 다음에는 두 문단의 관계를 나타내는 말을 찾아야 해. 두 문단의 관계를 나타내는 말은 '이제 내 차례구나.'야. ( )
(3) 진아: 두 문단의 중심 내용과 관계를 나타내는 말을 종합하면, 두 문단의 관계가 원인과 결과 관계임을 알 수 있어. (∨)

해설 첫 번째 문단과 두 번째 문단의 앞부분에는 각 문단의 중심 내용에서 문단에서 중심적으로 다루는 화제가 '선'과 '면'임이 제시되어 있습니다. 그리고 '이제 내 차례구나.'라는 글을 통해 두 문단의 관계가 대등하게 정보를 차례대로 제시하는 나열 관계임을 알 수 있습니다.

2 다음 글을 읽고 물음에 답하세요.

1 한 사람의 행복과 공동체 전체의 행복 중 하나만 선택해야 한다면 무엇을 선택해야 할까? 공동체 전체의 행복을 위해 한 사람의 행복을 희생해야 한다고 말하는 사람들은 모든 사람이 가진 '행복할 권리'를 이야기한다. 모든 사람은 자신의 행복을 추구할 권리를 가지고 있으므로 공동체 전체의 행복을 위해 자신의 행복을 포기해서는 안 된다고 말한다.

2 반면, 공동체 전체의 행복을 선택해야 한다고 주장하는 사람들은 '행복의 크기'가 중요하다고 말한다. 한 사람의 행복의 크기와 공동체를 구성하는 많은 사람의 행복의 크기를 비교할 때, 공동체의 행복의 크기가 클 것이라는 것이다. 예를 들어, 한 사람의 행복의 크기를 10이라고 하자. 100명으로 구성된 공동체 전체의 행복의 크기는 100이다. 한 사람의 행복을 포기하면 1을 포기하는 것이지만, 공동체 전체의 행복을 포기하면 100을 포기하게 되는 것이다. 이들은 모두의 행복이 소중하다는 점을 생각했을 때, 100보다는 1을 포기하는 것이 낫다고 말한다.

(1) 각 문단의 내용을 아래 표에 맞게 정리해 보세요.

	1문단	2문단
중요하게 생각하는 기준	행복할 권리	행복의 크기
중심 내용	모든 사람은 자신의 행복을 추구할 권리를 가지고 있으므로, 공동체 전체의 행복을 위해 자신의 행복을 포기하지 않는 사람을 맞춰야 한다.	공동체 전체의 행복을 포기하는 것이 한 사람의 행복을 포기하는 것이므로 한 사람의 행복을 포기하는 것이 낫다.

해설 **2**문단은 행복의 크기를 중요하게 생각하는 사람들이 주장을 설명하고 있습니다. 그들은 공동체 전체의 행복의 크기와 한 사람의 행복의 크기를 양적으로 비교하여 공동체 전체의 행복보다 한 사람의 행복을 포기하는 것이 낫다고 말한다고 하였습니다.

(2) **1**문단과 **2**문단의 관계를 나타내는 말을 찾아 밑줄을 그으세요.
해설 **1**문단과 **2**문단은 한 사람의 행복과 공동체 전체의 행복 중 하나만 선택해야 하는 상황에서 서로 다른 관점과 입장을 가진 사람들의 주장을 설명하고 있습니다. 두 문단의 관계를 나타내는 말은 **2**문단의 서두 부분에 있는 '반면'입니다.

(3) **1**문단과 **2**문단의 관계로 알맞은 것은 무엇인가요? (④)
① 나열 관계
② 원인과 결과 관계
③ 시간 순서에 따른 관계
④ 의견과 반대 의견 관계
⑤ 문제와 문제 해결 방안 관계
해설 **1**과 **2**의 내용을 종합하면 두 문단의 관계가 '이전과 반대 의견 관계'임을 알 수 있습니다.

2 예시를 활용하여 중심 내용 추론하기

글의 중심 내용을 파악하는 방법은 다양합니다. 글에 제시된 예시는 글의 화제 및 중심 내용과 관련된 구체적인 정보를 담고 있습니다. 그러므로 예시를 활용하여 글의 중심 내용을 추론할 수 있습니다.

★ 예시를 활용하여 중심 내용을 추론하려면,

(1) 글에서 제시된 것들을 찾아 꼼꼼하게 읽습니다.

(2) 글의 화제와 관련하여 여러 예시에서 공통적으로 설명하는 내용을 파악합니다. 즉 글의 예시들이 화제와 관련하여 공통적으로 설명하는 것이 무엇인지, 화제에 대한 어떤 태도를 취하는지를 파악합니다.

(3) 여러 예시를 종합하여 글의 중심 내용을 추론합니다.

---

1 다음 글에서 예시를 활용하여 중심 내용을 알맞게 추론한 친구에게 √ 표 하세요.

국어 공부를 할 때에는 글을 꼼꼼하고 깊게 읽는 게 중요해요. 꼼꼼하게 읽는 것은 어떻게 읽는 것일까요? 우선 꼼꼼하게 읽는다는 것은 글과 관련된 모든 내용을 하나하나 살펴보며 읽는 것을 뜻해요. 예를 들어, 모르는 낱말이 나왔을 때 그 의미를 찾아보고, 글 속에서 그 낱말의 의미를 이해하는 것이 해당될 수 있어요. 또한 인물이 한 말이 의미를 문맥 안에서 파악하는 것도 해당될 수 있지요. 또 글 안에 있는 비유적 표현이 의미를 파악하는 것, 그래프나 표, 그림 등 다양한 시각 자료가 사용되었는지를 파악하는 것도 모두 꼼꼼하게 읽는 것에 해당되지요. 한편, 깊게 읽는다는 것은 글을 읽으며 다양하고 독특하게 생각하는 것을 뜻해요. 예를 들어, 글에 제시되지 않은 부분에 대해 자신의 관점이나 판단이나 입장을 정해 이해하는 것이 해당되지요. 이렇게 깊게 읽으면 글을 더 잘 이해할 수 있을 뿐만 아니라, 생각하는 힘을 기를 수도 있답니다.

이 글에서 여러 예시가 공통적으로 설명하는 것은 '읽기'야. 그러므로 이 글의 중심 내용은 '읽기'의 중요성이라고 할 수 있어.

(주호)

이 글에서는 국어 공부를 할 때 글을 꼼꼼하고 깊게 읽는 여러 방법을 예로 제시했어. 이를 종합해 보면 국어 공부를 할 때의 읽기 방법이 이 글의 중심 내용이라고 할 수 있어.

(가은)

오래전부터 화가들은 조개껍질을 그리는 것을 좋아했어요. 일정한 규칙성을 보이는 조개껍질의 무늬와 모양을 아름답다고 여겼기 때문이에요. 화가들이 특히 좋아했던 조개껍질은 앵무조개 껍질이에요. 왜일까요? 바로 앵무조개 껍질의 모양이 최오리가 지는 것 같은 '나선'을 닮았기 때문이에요. 그럼 화가들은 왜 나선 모양을 아름답다고 생각했을까요? 나선에는 사람이 가장 아름답다고 생각하는 수학적 비율이 숨겨져 있기 때문이에요.

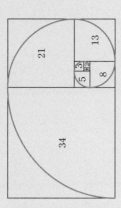

피보나치수열을 따르는 여러 개의 정사각형을 활용하면 나선 모양을 만들 수 있어요. 달팽이 껍질처럼 빙글빙글 돌아가는 모습의 나선이 보여지요? 이렇게 만들어진 나선은 인간이 가장 안정감을 느끼고 아름답다고 생각하는 비율, 즉 '황금 비율'을 따른다고 해요. 앵무조개 껍질도 바로 이 황금 비율을 가진 나선 모양이지요.

우리가 아름답다고 생각하는 것이 이 나선을 닮아 있어요. 앵무조개와 같은 바닷속 생물이 나 해바라기와 같은 식물에서 나선의 모습을 발견할 수 있어요. 또한 '나선 은하'처럼 우주에서도 나선을 발견할 수 있고요. 그리고 전체 화가 레오나르도 다빈치가 그린 「모나리자」라는 그림에서도 이 나선이 발견된다고 합니다. 나선이 만들어 내는 아름다움을 느낄 수 있겠지요?

(1) 이 글의 화제는 무엇인지 한 낱말로 쓰세요.

(나선)

(2) 이 글의 화제와 관련하여 제시된 예시를 모두 찾아 쓰세요.

앵무조개 껍질, 해바라기, 나선 은하, 「모나리자」, 그림 등

(3) 여러 예시를 종합하여 이 글의 중심 내용을 정리해 보세요.

↑ 이 글의 다양한 예시들을 통해 (나선의 아름다움)을 설명하고 있다.

해설 이 글은 여러 예시를 통해 '나선의 아름다움'을 설명하고 있습니다. 여러 예시가 공통적으로 설명하는 것은 '나선의 아름다움'입니다.

MEMO

정답과 해설

★ 주차별 읽기 방법을 생각하며 읽으면 더 큰 학습 효과를 얻을 수 있습니다.

4단계 기본 — ❸ 주차 학습 중 —

시각 자료 해석하기

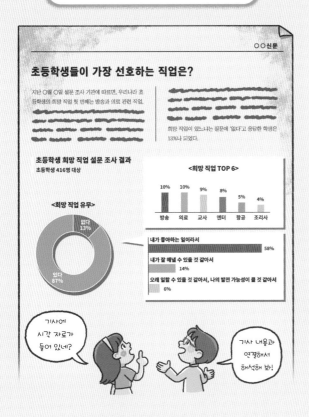

두 글의 차이 파악하기

4단계 기본 — ❹ 주차 학습 중 —

문단 관계 파악하기

예시를 활용하여 중심 내용 추론하기

문단 관계 파악하기

글 전체의 의미를 짜임새 있게 이해하기 위해서는 문단 관계를 파악하는 것이 중요합니다. 문단 관계를 파악하기 위해서는 각 문단의 중심 내용을 바탕으로 앞 문단과 뒤 문단의 의미 관계를 파악해야 합니다. 문단 간의 의미 관계에는 나열 관계, 시간 순서에 따른 관계, 주장과 근거(또는 예시) 관계, 의견과 반대 의견 관계, 원인과 결과 관계, 문제와 문제 해결 방안 관계 등 여러 가지가 있습니다.

★ 문단 관계를 파악하려면,
❶ 각 문단의 중심 내용을 파악합니다.
❷ 앞 문단과 뒤 문단의 관계를 나타내는 말이나 이어 주는 말(표현)을 찾습니다.
❸ 문단별 중심 내용과 관계를 나타내는 말을 종합하여 문단 간의 연결 관계를 추론합니다.

시각 자료 해석하기

그림이나 사진, 도표와 같은 시각 자료가 글과 함께 제시되는 경우가 있습니다. 글로는 분명하게 나타낼 수 없는 내용이 시각 자료에 담겨 있는 경우도 있습니다. 따라서 시각 자료가 제시된 경우에는 시각 자료가 담고 있는 내용이 무엇인지 파악해야 합니다. 그리고 그 내용과 글의 내용을 연결하여 읽어야 합니다. 이처럼 시각 자료를 글과 관련지어 해석하면 글의 내용을 좀 더 쉽게 이해할 수 있습니다.

★ 시각 자료를 글과 관련지어 해석하려면,
❶ 그림이나 사진, 도표와 같은 시각 자료를 통해 알 수 있는 것이 무엇인지 확인해 봅니다.
❷ 글에 드러난 정보와 시각 자료를 연결하여 글의 내용을 이해해 봅니다.

예시를 활용하여 중심 내용 추론하기

글의 중심 내용을 파악하는 방법은 다양합니다. 글에 제시된 예들은 글의 화제 및 중심 내용과 관련된 구체적인 정보를 담고 있습니다. 그러므로 예시를 활용하여 글의 중심 내용을 추론할 수 있습니다.

★ 예시를 활용하여 중심 내용을 추론하려면,
❶ 글에서 예로 제시된 것들을 찾아 꼼꼼하게 읽습니다.
❷ 글의 화제와 관련하여 여러 예시에서 공통적으로 설명하는 내용을 파악합니다. 즉 글의 예시들이 화제와 관련하여 공통적으로 설명하는 것이 무엇인지, 화제에 대해 어떠한 태도를 취하는지를 파악합니다.
❸ 여러 예시의 의미를 종합하여 글의 중심 내용을 추론합니다.

두 글의 차이 파악하기

동일한 대상에 대한 정보를 담고 있는 두 글을 읽으면 대상을 보다 폭넓게 이해할 수 있습니다. 두 글을 읽을 때에는 대상에 대한 두 글의 초점과 정보가 어떤 점에서 같고 어떤 점에서 다른지 살펴보아야 합니다. 대상에 대한 두 글의 초점 또는 정보가 비슷할 경우, 그 대상을 설명하는 세부 내용이 어떻게 다른지, 세부 내용을 어떻게 다르게 표현하고 있는지 살펴보아야 합니다.

★ 두 글의 초점과 정보의 차이를 파악하려면,
❶ 대상에 대한 두 글의 초점과 정보를 확인해 공통점과 차이점을 파악합니다.
❷ 두 글에서 대상을 설명하는 세부 내용이 어떻게 다른지, 세부 내용을 어떻게 표현하고 있는지 따져 봅니다.